国家教师资格考试指导教材

信息技术学科知识与教学能力

（高级中学）

主编　乔爱玲

参编　刘　菁　刘月芹　王　楠
　　　吴　陶　陈　丝　尹阳春
　　　石寅霞　安克艺　赵　宸
　　　白月梅　罗海旭　杨　萍
　　　张露尹　杨　玲　杜　晴
　　　陈佳均　徐　婷　王　萍

图书在版编目(CIP)数据

信息技术学科知识与教学能力.高级中学/乔爱玲主编.—北京：北京大学出版社，2020.4
国家教师资格考试指导教材
ISBN 978-7-301-30958-2

Ⅰ.①信…　Ⅱ.①乔…　Ⅲ.①计算机课—教学法—高中—中学教师—资格考试—自学参考资料　Ⅳ.①G633.672

中国版本图书馆 CIP 数据核字（2019）第 261000 号

书　　　　名	信息技术学科知识与教学能力（高级中学）
	XINXI JISHU XUEKE ZHISHI YU JIAOXUE NENGLI（GAOJI ZHONGXUE）
著作责任者	乔爱玲　主编
责任编辑	巩佳佳
标准书号	ISBN 978-7-301-30958-2
出版发行	北京大学出版社
地　　　　址	北京市海淀区成府路 205 号　100871
网　　　　址	http://www.pup.cn　新浪微博:@北京大学出版社
电子信箱	zyjy@pup.cn
电　　　　话	邮购部 010-62752015　发行部 010-62750672　编辑部 010-62754934
印刷者	河北涿县鑫华书刊印刷厂
经销者	新华书店
	787 毫米×1092 毫米　16 开本　17.75 印张　553 千字
	2020 年 4 月第 1 版　2020 年 4 月第 1 次印刷
定　　　　价	49.00 元

未经许可，不得以任何方式复制或抄袭本书之部分或全部内容。
版权所有，侵权必究
举报电话: 010-62752024　电子信箱: fd@pup.pku.edu.cn
图书如有印装质量问题，请与出版部联系，电话: 010-62756370

前　　言

　　中小学教师资格考试(以下简称"教师资格考试")是评价申请教师资格的人员是否具备从事教师职业所必需的学科专业知识和教育教学基本素质及能力的考试,通过教师资格考试是教师职业准入的前提条件。申请各级各类学校教师资格的人员须分别通过相应类别的教师资格考试。教师资格考试坚持育人导向、能力导向、实践导向和专业化导向,坚持科学、公平、安全、规范的原则。目前,全国大部分省(自治区、直辖市)已经加入教师资格全国统考行列。

　　信息技术正驱动着社会各个领域发生深层次变革。飞速发展的信息技术加快了全球范围内的知识更新和技术创新。我们生活在信息的世界里,每天都通过各种各样的信息认识新事物、学习新知识。在信息社会中,人们不仅要掌握生产经营的知识和技能,还要掌握获取、加工、管理、表达、交流信息的基本方法,能根据需要选择适当的信息技术解决实际问题。这样,人们才能合理地使用信息技术为社会服务,成为信息社会的合格公民。

　　正因如此,信息技术在中学教学实践中越来越受到关注。中学信息技术课程的主要任务是培养学生对信息技术的兴趣和意识,让学生了解和掌握信息技术基本知识和技能,了解信息技术的发展及其应用对人类日常生活和科学技术的深刻影响。通过信息技术课程使学生掌握获取信息、传输信息、处理信息和应用信息的能力,教育学生正确认识和理解与信息技术相关的文化、伦理和社会等问题,负责任地使用信息技术。为培养学生具备良好的信息素养,信息技术作为支持终身学习和合作学习的重要手段,将为学生适应信息社会的学习、工作和生活打下必要的基础,这些都对中学信息技术教师提出了更高的标准与要求。

　　中学信息技术学科教师资格考试包括笔试和面试两部分。笔试主要考查考生对信息技术基础知识、基本教育教学能力等内容的掌握情况;面试则侧重考查考生实际教学能力,运用所学知识分析和解决教学实际问题的能力。考试既要求考生对信息技术学科有坚实的知识基础,也要求考生具备灵活扎实、随机应变的教学能力。

　　为了帮助广大考生巩固信息技术学科知识及信息技术课程、教育教学相关知识,提高教学能力,更有力地备战中学信息技术学科教师资格考试,我们根据信息技术课程标准和教师资格考试大纲,结合历年考试真题和考点编写了《信息技术学科知识与教学能力(高级中学)》《〈信息技术学科知识与教学能力(高级中学)〉练习册》《信息技术学科知识与教学能力(初级中学)》《〈信息技术学科知识与教学能力(初级中学)〉练习册》。

　　结合信息技术发展及教师资格考试要求,本系列丛书以现行考试大纲为编写依据,科学、系统、严谨地阐释了考试大纲所考核的知识体系与能力素养,希望能够帮助广大考生在较短时间内,全面提升解题能力,准确高效地备考,顺利通过考试。本系列丛书的编写特色如下:

第一,体系清晰,严谨规范

丛书在编写上注重结构设计。依据知识体系结构,丛书采用模块、章和节的三层结构,模块布局清晰合理,章节内容详略得当,有效突出知识性和实用性。同时,对于书中所涉及的概念、定义、公式等,我们都进行了严格把控,确保表述的规范性和严谨性。

第二,内容全面,与时俱进

丛书根据教师资格考试的特点和命题情况,按照考点总体设计,知识内容全面,设计符合考情。考虑信息技术学科自身特点,教材根据前沿教育理念和最新发展动态,更迭知识内容以凸显学科发展的前沿性,为考生能力发展提供支撑。

第三,重点突出,实效便捷

丛书以"依据考试大纲内容"和"紧扣历年真题"为编撰原则,梳理考试大纲中的题型类别、考查考点以及能力要求;并对教师资格考试历年真题进行统计分析,梳理考点频率和难度分布。每章之初,都提供了考纲内容和考纲解读,帮助考生对整章学习重点做到"成竹在胸";每章最后,对重难点提供备考指南,帮助考生深化梳理考试要点,做到"有备而战"。

第四,资源丰富,注重拓展

丛书不仅涵盖了考试大纲中涉及的全部内容,还针对基础知识提供了衍生拓展的学习内容,考生可以扫描书中"知识拓展"二维码,查看拓展知识实现延伸学习。根据历年考试真题,高中和初中教材中设有"真题测试"二维码,考生扫码后即可查看针对本知识点的历年真题及参考答案和解析,有利于考生立足实战、充分备考。

最后,建议考生在备考过程中,依据教材中的指导,标记、理解并记忆核心考点知识,整体把握核心知识内容。在进行真题与模拟预测卷练习时,考生不仅要多加练习,更要理解题目所涉及的知识点,实现灵活运用。

"诗书勤乃有,不勤腹空虚。"希望本丛书能对考生备考带来帮助,也祝每一位考生都能获得理想的成绩。由于编者能力有限,书中定存在不足和疏漏之处,恳请读者批评指正。

编者
2020 年 3 月

目　录

模块一　信息技术学科知识

第一章　信息与信息技术 …………………………………………………………………（3）
　　第一节　信息与信息技术 ………………………………………………………………（3）
　　第二节　信息技术的发展历史及发展趋势 ……………………………………………（6）
　　第三节　信息技术活动的伦理道德与法律法规 ………………………………………（8）
第二章　信息技术基础知识 ………………………………………………………………（13）
　　第一节　计算机概述 …………………………………………………………………（13）
　　第二节　计算机数制与编码 …………………………………………………………（19）
第三章　程序设计与算法 …………………………………………………………………（32）
　　第一节　程序设计基础 ………………………………………………………………（32）
　　第二节　算法 …………………………………………………………………………（34）
　　第三节　C 语言 ………………………………………………………………………（36）
　　第四节　VB 程序设计语言 ……………………………………………………………（49）
　　第五节　数据结构 ……………………………………………………………………（64）
　　第六节　软件工程 ……………………………………………………………………（68）
第四章　多媒体技术应用 …………………………………………………………………（73）
　　第一节　多媒体技术基础 ……………………………………………………………（73）
　　第二节　多媒体计算机及其关键设备 ………………………………………………（76）
　　第三节　图像处理 ……………………………………………………………………（77）
　　第四节　动画制作 ……………………………………………………………………（83）
第五章　网络技术应用 ……………………………………………………………………（93）
　　第一节　网络技术基础 ………………………………………………………………（93）
　　第二节　因特网的应用 ………………………………………………………………（103）
　　第三节　网站设计与开发 ……………………………………………………………（106）
第六章　数据库及数据库管理技术 ………………………………………………………（117）
　　第一节　数据管理与数据库 …………………………………………………………（117）
　　第二节　数据库的设计与建立 ………………………………………………………（119）
　　第三节　数据维护 ……………………………………………………………………（124）
　　第四节　数据库的新技术 ……………………………………………………………（126）
第七章　人工智能基础知识 ………………………………………………………………（130）
　　第一节　人工智能简介 ………………………………………………………………（130）
　　第二节　人工智能语言基础 …………………………………………………………（136）
第八章　Office 基础知识 …………………………………………………………………（140）
　　第一节　字处理软件 Word ……………………………………………………………（140）
　　第二节　电子表格系统 Excel …………………………………………………………（146）

第三节　PowerPoint 演示文稿 …………………………………………………………… (151)

模块二　高中信息技术课程与教学的理论与实践

第九章　**高中信息技术课程** …………………………………………………………………… (161)
  第一节　高中信息技术课程的课程性质及基本理念 ……………………………… (161)
  第二节　高中信息技术课程的学科核心素养与课程目标 ………………………… (163)
  第三节　高中信息技术课程的课程结构与课程内容 ……………………………… (166)
  第四节　高中信息技术课程的学业质量 …………………………………………… (181)
  第五节　高中信息技术课程的实施建议 …………………………………………… (184)

第十章　**高中信息技术教育教学** ……………………………………………………………… (197)
  第一节　中学信息技术课程的教学原则和教学策略 ……………………………… (197)
  第二节　高中信息技术学科的特点和课程教学的特点 …………………………… (206)
  第三节　高中信息技术课程教学的方法及理论基础 ……………………………… (208)
  第四节　信息技术教育研究 ………………………………………………………… (211)

第十一章　**信息技术教学设计** ………………………………………………………………… (218)
  第一节　教学设计概述 ……………………………………………………………… (219)
  第二节　信息技术教学设计前期分析 ……………………………………………… (220)
  第三节　信息技术教学目标设计 …………………………………………………… (224)
  第四节　教学策略和教学方法的选择 ……………………………………………… (230)
  第五节　教学媒体的选择与应用 …………………………………………………… (234)
  第六节　高中信息技术教学设计的综合应用 ……………………………………… (237)

第十二章　**信息技术教学实施** ………………………………………………………………… (246)
  第一节　信息技术课堂学习指导 …………………………………………………… (247)
  第二节　信息技术课堂组织调控 …………………………………………………… (250)
  第三节　信息技术教学实施的综合运用 …………………………………………… (254)

第十三章　**信息技术教学评价** ………………………………………………………………… (265)
  第一节　教学评价的概念与类型 …………………………………………………… (265)
  第二节　教学评价的功能与信息技术教学评价的原则 …………………………… (267)
  第三节　信息技术教学评价的两个方面 …………………………………………… (269)

模块一　信息技术学科知识

第一章　信息与信息技术

考纲内容

本章内容属于信息技术学科专业知识,在考纲中要求如下:

1. 了解信息技术发展史及国内外发展动态,掌握与高中信息技术课程相关的基础知识和基本理论。
2. 掌握与信息活动相关的法律法规、伦理道德。
3. 掌握信息技术学科的基本理论和基本方法,并能用于分析和解决相关问题。

考纲解读

对于信息技术学科的教学,教师首先要了解信息技术发展历史以及现状,掌握其与高中信息技术课程相关的知识和理论,才能有效地开展教育教学工作;此外,还要掌握与信息活动相关的法律法规、伦理道德,以保证教育教学工作的安全、正常进行。

第一节　信息与信息技术

一、信息的概念和基本特征

(一) 信息的概念

人类的生活离不开信息,信息既是人类生存的基本条件,也是人类生存的基本需求,不可或缺。对信息这个概念,从不同的学科与角度来看会有不同的解释。从哲学角度讲,信息、物质与能量是构成客观世界的三大支柱;通信领域对信息的研究认为:与物质、能量同一层次的信息,就是事物运动的状态和方式。

知识拓展
1.1

信息是对客观世界中各种事物的运动状态和变化的反映,是客观事物之间相互联系和相互作用的表征,表现的是客观事物运动状态和变化的实质内容。

(二) 信息的基本特征

一般而言,不管世界上的信息如何丰富,它们通常都具有如下一些基本特征。

1. 普遍性

信息是普遍存在的,只要有事物的地方就有信息的存在。

2. 载体依附性

信息是事物运动的状态和方式,而不是事物本身,它不能独立存在,需要依附于一定的载体。信息的载体可以是多种多样的,如语言、文字、图像、声波、光波、电磁波、纸张、胶片、磁带、磁盘等。

3. 价值性

信息具有价值性,可以为人类所用。人们接收信息后,经过大脑分析、抽象,产生印象,然后可以形成概念、做出判断、引起行动等。

4. 时效性

信息在特定的时间范围内是有效的,否则是无效的,这是信息区别于物质与能量的特性。

5. 传递性

信息的传递是与物质和能量的传递同时进行的,离开了物质和能量等载体,信息的传递就不可能实现。

6. 共享性

信息可以同时被多个接收者接收并被多次使用,而且在一般情况下,信息的传递对信息的持有者来说不会造成任何的损失,也不会改变信息的内容,即信息可以无损使用、公平分享。

7. 真伪性

信息有真伪之分,即有些信息能真实地反映客观事物,有些信息则因各种原因与客观事物不相符。客观反映现实事物的程度是信息的准确性。

除此之外,信息还具有以下特征:信息可以被识别;信息可以被度量;信息可以从一种形态(如文字、语言等)转换成另一种形态(如录像、电视等);信息可以被储存;信息可以被处理;信息可以再生成;等等。

真题测试 1.1

二、信息技术的概念

从狭义上说,信息技术是指获取信息、处理信息、存储信息、传输信息的技术。从广义上说,凡是与信息的获取、加工、存储、传递和利用等有关的技术都可以称为信息技术,它包括计算机和智能技术、感测技术、控制技术和通信技术。

真题测试 1.2

三、信息获取

在信息获取过程中,人们必须根据问题的不同特点,选择相应的信息来源查询和获取信息。信息获取的一般过程如图 1.1 所示。

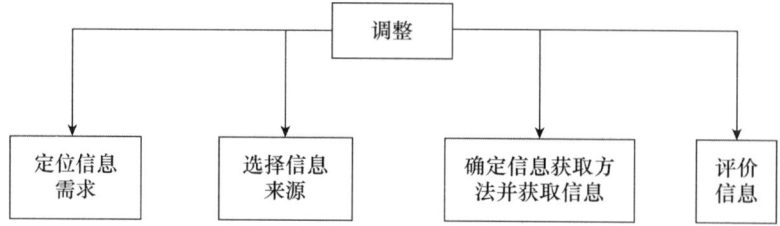

图 1.1 信息获取的一般过程

1．定位信息需求

定位信息需求就是要确定获取什么时间、什么地点以及什么样的信息，具体要确定以下三点：

(1) 信息的时间范围；

(2) 信息的地域范围；

(3) 信息的内容范围。

2．选择信息来源

按照不同的标准，信息来源可以分为不同的类型。这里具体介绍信息来源的两种分类情况，如表1.1和表1.2所示。

表1.1　信息来源的第一种分类

类型	举例
媒体	报纸、图书、期刊、广播、电视、音像制品、网络
他人	老师、父母、同学、朋友、专业人员
事物本身	动物、山河、风雨、表情、行为等

表1.2　信息来源的第二种分类

类型	举例	优点	缺点
文献型信息源	报纸、图书、期刊、公文、报表	全面、系统、可靠、清晰、明确	编辑、印刷、发行等需要较多时间
口头型信息源（个人信息源）	同学、朋友、亲戚、父母、老师	灵活、方便	信息带有主观成分
电子型信息源	广播、电视、电话、互联网	更新快、范围广、易复制、生动、直观	需要一定的设备
实物型信息源（现场信息源）	运动会、动物园、销售市场、各类公共场所及事件发生现场	直观、真切	信息零星、表面，往往稍纵即逝

3．确定信息获取方法并获取信息

(1) 信息获取的方法。

信息获取的方法主要有以下几种。

① 通过检索媒体获取信息，如通过互联网、广播、电视、书籍等获取所需信息。

② 通过与他人交流获取信息，如家长会时家长通过与老师交谈获取孩子在学校表现的相关信息。

③ 通过亲自探究事物本身获取信息，如通过亲临现场观察和体验，获取第一手信息。

(2) 信息获取的原则。

信息获取的原则主要包括以下几条。

① 主动及时原则；

② 真实性原则；

③ 准确性原则；

④ 全面系统性原则。

(3) 信息获取的工具。

信息获取的工具主要有以下几种。

① 扫描仪：用于扫描图片、印刷体文字，并能借助文字识别软件自动识别文字；

② 照相机：主要用于采集图像信息；

③ 摄像机：主要用于采集视频信息；

④ 录音设备：可用于采集音频信息；

⑤ 计算机：通过多种软件工具，可以把来自光盘、网络等的多种类型的信息采集到计算机中。

(4) 保存信息。

若是纸质或其他实物信息载体，可通过整理，然后分类保存。现在大部分信息都可以保存到计算机当中。计算机一般以文件的形式存储信息，不同的文件格式可以存储不同类型的信息。

4. 评价信息

评价信息主要可依据以下标准：

(1) 信息的准确性，即信息涉及的事物是否是客观存在的，信息的各个要素是否接近真实情况，有无人为偏差；

(2) 信息的客观性，即信息是否能揭示事物的本来面目，不带偏见；

(3) 信息的权威性，即信息是否来自可靠渠道，是否能够令人信服；

(4) 信息的时效性，即信息在某段时间或某一时期内是否是有效的；

(5) 信息的适用性，即信息对于问题的解决是否是有用的，作用大小如何。

四、信息安全

（一）信息安全的定义

信息安全是指信息系统受到保护，不因偶然的或恶意的原因被破坏、更改、泄露，系统连续、可靠、正常地运行，信息服务不中断，最终实现业务的连续性。

（二）信息安全三要素

1. 保密性

保密性即保证信息为获得授权者使用，而不被泄漏给未经授权者。

2. 完整性

完整性即保证信息从真实的发送者传送到真实的获得授权者手中，传送过程中没有被非法用户添加、删除、替换等。

3. 可用性

可用性即保证信息和信息系统随时为获得授权者提供服务，保证合法用户对信息和资源的使用不会被不合理地拒绝。

第二节 信息技术的发展历史及发展趋势

一、信息技术的发展历史

自从有了人类就有信息技术，信息技术在发展过程中共经历了以下五次革命。每一次信息技术的变革都对人类社会的发展产生巨大的推动力。

（1）第一次信息技术革命是语言的产生和应用。语言的产生是人类历史上最伟大的信息技术革命，它成为人类社会化活动的首要条件。

（2）第二次信息技术革命是文字的发明和使用。没有文字，人类文明就不能很好地流传下来。

（3）第三次信息技术革命是造纸术和印刷术的发明和应用。造纸术和印刷术的发明，解脱了古人手抄多遍的辛苦，同时也避免了因传抄多次而产生的各种错误。

（4）第四次信息技术革命是电报、电话、广播、电视的发明和普及应用。它使人类进入利用电磁波传播信息的时代。

（5）第五次信息技术革命是计算机的普及应用及计算机与现代通信技术的结合。它使得信息技术的传递更加快捷，是人类历史上最为重要的科技成果之一。

二、信息技术的发展趋势

现代信息技术出现至今仅有短短的几十年，但已被看作是科技发展史上发展最迅速、对人类影响最深刻的技术。未来，信息技术还将沿着个人化、网络化、智能化、数字化、高速化、虚拟化的方向继续多元发展。

1. 个人化

个人化即个人可移动性和全球性地使用信息技术。一个人在世界任何一个地方都可以拥有同样的通信手段，可以利用同样的信息资源和信息加工处理的手段。

2. 网络化

通信技术与计算技术将进一步交融，人们随时随地都能够安全、快捷、高效地享受信息服务。现有的各种信息网络也将不断融合，各种媒体信息的传播、处理、存储将整合到一个功能强大的信息网络之中。

3. 智能化

智能化的应用体现在利用计算机模拟人的智能，例如，机器人、医疗诊断专家系统、智能化的CAI教学软件、自动考核与评价系统、视听教学媒体以及仿真实验等。而未来，信息技术还将向着智能化继续发展，将出现更多以"智能制造"为标签的各种软硬件应用。

4. 数字化

数字化最主要的优点就是便于大规模生产和便于综合。过去生产一台模拟设备需要花很多时间，模拟电路每一个单独部分都需要进行单独设计、单独调测。而数字设备是单元式的，设计简单，成本较低，有助于大规模生产。另外，数字电路由二进制电路组成，便于综合。将来，数字化发展将更加迅速，各种说法也很多，如数字化世界、数字化地球等。

5. 高速化

高速度、大容量是计算机和通信技术的发展追求。目前，每秒能运算千万次的计算机已经进入普通家庭。在现代技术中，我们迫切需要解决的涉及高速化的问题是：抓住世界科技迅猛发展的机遇，重点在带宽"瓶颈"上取得突破，加快建设具有大容量、高速率、智能化及多媒体等基本特征的新一代高速带宽信息网络和高性能计算机等。

6. 虚拟化

信息技术的虚拟化主要体现在虚拟现实技术之中。虚拟现实技术是一种可以创建和体验虚拟世界的计算机仿真系统，它利用计算机生成一种模拟环境，是一种多源信息融合、交互式的三维动态视景和实体行为的仿真系统,可使用户沉浸到该环境中。目前,虚拟现实技术可应用在医学、教育、工业、地理等多个领域,未来它将会成一种改变我们生活方式的新突破。

第三节 信息技术活动的伦理道德与法律法规

一、信息技术活动的伦理道德

真题测试
1.3—1.5

当前,以互联网、大数据、人工智能为代表的新一代信息技术日新月异,为各国的经济发展、国家管理、社会治理、人民生活带来了重大而深远的影响。现代信息技术的深入发展和广泛应用,深刻改变着人类的生存方式和社会交往方式,深刻影响着人们的思维方式、价值观念和道德行为。

（一）信息技术活动的伦理道德原则

随着信息技术的迅猛发展,信息技术活动愈发频繁,我们每天都离不开对信息技术的应用。在繁复多样的信息技术活动中,人们也难免遇到各种各样的问题。因此,人们在使用信息技术或参与信息技术活动时,一定要遵守以下信息技术活动的伦理道德原则。

1. 诚信原则

在信息技术活动中,虽然网络用户可以选择匿名,但要本着诚信原则,真诚待人,不传播虚假信息,不利用网络手段骗取他人信任或钱财等。

2. 安全原则

在信息技术活动中,要保证自身的安全,同时也要确保自己的行为不给他人带来危险。如不泄露个人或他人信息,不提供个人或他人位置、银行卡信息等。

3. 互助原则

通过网络,我们可以接触各种各样的人,信息技术的存在使得人与人彼此间的时空距离缩短,在信息技术活动中,我们应当互帮互助,尽可能地帮助有需要的人。

4. 以人为本原则

信息技术的发展以为广大人民带来便利为目标。信息技术是满足人们基本需求、维护人们根本利益、促进社会长远发展的重要手段。因此,在信息技术活动中,我们要时刻坚持以人为本的原则,不应沉迷网络,而应将信息技术作为为人服务的重要工具。[①]

（二）信息技术活动的伦理道德规范

在信息技术活动中,我们应注意遵守以下伦理道德规范。

（1）不访问含有不健康信息的网站,不下载含有不健康信息的内容（如含有不健康信息的图片、动画、视频等）。

（2）不访问、下载和传播有反动思想的内容。

（3）不传播病毒或获取制作病毒程序的各种代码。

（4）尊重他人的隐私,如不窃取他人的账号密码,不阅读他人收到的电子邮件等。

（5）未经许可不使用他人的计算机系统。

---

① 曾建平.人民观察：信息时代的伦理审视[N].人民日报,2019-7-12[2019-7-24].

二、信息技术活动的法律法规

信息技术的飞速发展使得信息安全方面的法律法规的地位和作用日益凸显。

1996年2月1日,中华人民共和国国务院第195号令发布了《中华人民共和国计算机信息网络国际联网管理暂行规定》,该规定共有十七条,用于加强对计算机信息网络国际联网的管理,保障国际计算机信息交流的健康发展。2013年9月2日最高人民检察院第十二届检察委员会第9次会议、2013年9月5日最高人民法院审判委员会第1589次会议通过了《最高人民法院、最高人民检察院关于办理利用信息网络实施诽谤等刑事案件适用法律若干问题的解释》,该司法解释共有十条,对办理利用信息网络实施诽谤、寻衅滋事、敲诈勒索、非法经营等刑事案件适用法律的若干问题做出了解释。2014年6月23日,最高人民法院审判委员会第1621次会议通过了《最高人民法院关于审理利用信息网络侵害人身权益民事纠纷案件适用法律若干问题的规定》,该规定共有十九条,为审理利用信息网络侵害人身权益民事纠纷案件提供了法律依据。

真题测试
1.6—1.8

这些法律法规可以帮助我们更好地了解如何开展信息技术活动。我们应该严格遵守相关法律法规,自觉用这些法律法规约束自己的信息技术活动,做一名遵法守法的合格公民。作为信息技术教师,我们在合法开展信息技术活动的同时,也要在日常的教育教学活动中引导学生遵守相关法律法规,自觉合法合规地使用信息技术,营造风清气正的网络环境。

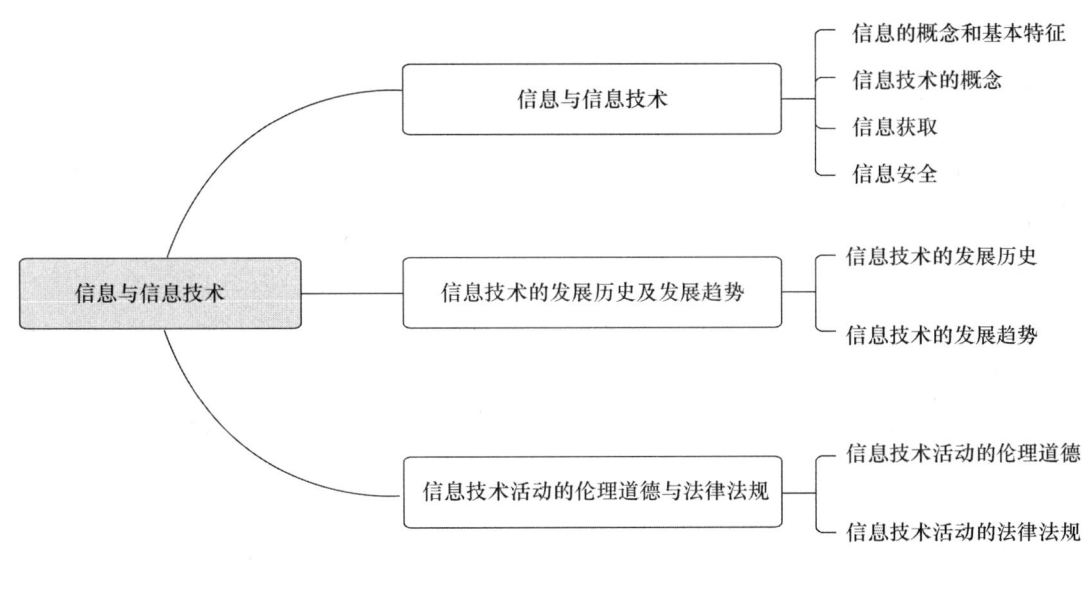

本章知识结构

本章小结

(一)本章重难点

本章的重点是信息的特征和信息技术活动的伦理道德与法律法规;难点是灵活判断生活中信息的特征,以及依据法律法规、伦理道德判断信息技术活动行为的正误。

(二)学习时要注意的问题

本章学习时要注意下列几个方面:

1. 熟记一些相关概念，如信息、信息技术、信息的特征、信息技术发展的历史等。
2. 能够运用所学概念进行相关判断，能通过案例加深对相应概念的理解，并能够运用相关原理对生活中的信息活动现象进行解释。

备考指南

本章分为三节，分别介绍了信息与信息技术、信息技术的发展历史及发展趋势、信息技术活动的伦理道德与法律法规。本章内容在考试中多以选择题、简答题出现。学习时应重点掌握信息技术相关概念，能够运用法律法规、伦理道德判断生活中与信息活动相关行为的正误。

自测训练

一、单项选择题

1. 下列关于信息的描述不正确的是（　　）。
   A. 许多历史事件以文字的形式记录于书本上，体现了信息的载体依附性
   B. 交通信号同时被许多行人接收，体现了信息的共享性
   C. 天气预报、股市行情可以体现信息的价值性
   D. 身边的信息总是体现信息的不完整性

2. 信息技术的四大基本技术是计算机和智能技术、感测技术、控制技术和（　　）。
   A. 生物技术
   B. 媒体技术
   C. 通信技术
   D. 传播技术

3. 《计算机信息网络国际联网安全保护管理办法》容许单位和个人利用国际互联网制作、复制、查阅和传播的信息有（　　）。
   A. 煽动民族仇恨、民族歧视，破坏民族团结的信息
   B. 公然侮辱他人或者捏造事实诽谤他人的信息
   C. 宣扬封建迷信、淫秽、色情、赌博、暴力、凶杀、恐怖，教唆犯罪的信息
   D. 可共享的学术性报告文档、励志小说

4. 人口普查时，社区工作人员逐户上门登记人口信息的过程属于（　　）。
   A. 信息采集
   B. 信息编码
   C. 信息发布
   D. 信息交流

5. 下列行为不违反《中华人民共和国计算机信息系统安全保护条例》的是（　　）。
   A. 故意输入计算机病毒危害系统安全
   B. 未经许可将他人邮箱地址公布于论坛上
   C. 不遵守计算机信息系统国际联网备案制度
   D. 未经许可出售计算机信息系统安全专用产品

二、简答题

1. 请简述信息的概念。

2. 请简述信息的基本特征。
3. 请简述信息技术的概念。
4. 请简述信息安全的三要素。
5. 请简要回答信息获取的方法主要有哪些。
6. 请简述信息获取的一般过程。

参考答案及解析

一、单项选择题

1.【参考答案】D。 解析：信息的基本特征包括普遍性、载体依附性、价值性、时效性、传递性、共享性、真伪性。将信息记录于书本上体现信息的载体依附性；信息同时被多人接收体现信息的共享性；信息因人而异体现它的价值性；信息不具有不完整性。故选D。

信息是对客观世界中各种事物的运动状态和变化的反映，是客观事物之间相互联系和相互作用的表征，表现的是客观事物运动状态和变化的实质内容。

2.【参考答案】C。 解析：信息技术的四大基本技术是计算机和智能技术、感测技术、控制技术和通信技术。故选C。

3.【参考答案】D。 解析：《计算机信息网络国际联网安全保护管理办法》第五条规定，任何单位和个人不得利用国际联网制作、复制、查阅和传播下列信息：（一）煽动抗拒、破坏宪法和法律、行政法规实施的；（二）煽动颠覆国家政权，推翻社会主义制度的；（三）煽动分裂国家、破坏国家统一的；（四）煽动民族仇恨、民族歧视，破坏民族团结的；（五）捏造或者歪曲事实，散布谣言，扰乱社会秩序的；（六）宣扬封建迷信、淫秽、色情、赌博、暴力、凶杀、恐怖，教唆犯罪的；（七）公然侮辱他人或者捏造事实诽谤他人的；（八）损害国家机关信誉的；（九）其他违反宪法和法律、行政法规的。

4.【参考答案】A。 解析：人口普查时，社会工作人员逐户上门登记人口信息的过程属于信息采集。故选A。

5.【参考答案】B。 解析：本题考查的是信息活动中的伦理道德和法律法规。《中华人民共和国计算机信息系统安全保护条例》第二十三条规定，故意输入计算机病毒以及其他有害数据危害计算机信息系统安全的，或者未经许可出售计算机信息系统安全专用产品的，由公安机关处以警告或者对个人处以5000元以下的罚款、对单位处以15000元以下的罚款；有违法所得的，除予以没收外，可以处以违法所得1至3倍的罚款。未经许可将他人邮箱地址公布于论坛上，属于侵犯他人隐私行为，并未违反条例。

二、简答题

1.【参考答案】 对信息这个概念，从不同的学科与角度来看会有不同的解释。从哲学角度讲，信息、物质与能量是构成客观世界的三大支柱；通信领域对信息的研究认为：与物质、能量同一层次的信息，就是事物运动的状态和方式。

2.【参考答案】
一般而言，不管世界上的信息如何丰富，它们通常都具有如下一些基本特征：
（1）普遍性。信息是普遍存在的，只要有事物的地方就有信息的存在。
（2）载体依附性。信息是事物运动的状态和方式，而不是事物本身，它不能独立存在，需要依附于一定的载体。
（3）价值性。信息有价值性，可以为人类所用。人们接收信息后，经过大脑分析、抽象，产生印象,然后可以形成概念、做出判断、引发冲动、激励创新、引起行动等。

(4)时效性。信息在特定的时间范围内是有效的,否则是无效的,这是信息区别于物质与能量的特性。

(5)传递性。信息的传递是与物质和能量的传递同时进行的,离开了物质和能量等载体,信息的传递就不可能实现。

(6)共享性。信息不同于物质和能量,可以被多个接收者接收并被多次使用,而且在一般情况下,信息的传递对信息的持有者来说不会造成任何的损失,也不会改变信息的内容,即信息可以无损使用、公平分享。

(7)真伪性。信息有真伪之分,有些信息能真实地反映客观事物,有些信息则因各种原因与客观事物不相符。客观反映现实世界的程度是信息的准确性。

3.【参考答案】狭义地讲,信息技术是指获取信息、处理信息、存储信息、传输信息的技术。广义地说,凡是与信息的获取、加工、存储、传递和利用等有关的技术都可以称为信息技术,它包括计算机和智能技术、感测技术、控制技术和通信技术。

4.【参考答案】(1)保密性:即保证信息为获得授权者使用而不被泄漏给未经授权者。(2)完整性:即保证信息从真实的发送者传送到真实的获得授权者手中,传送过程中没有被非法用户添加、删除、替换等。(3)可用性:即保证信息和信息系统随时为获得授权者提供服务,保证合法用户对信息和资源的使用不会被不合理地拒绝。

5.【参考答案】

(1)通过检索媒体获取信息,如通过互联网、广播、电视、书籍等获取所需信息。

(2)通过与他人交流获取信息;如家长会时,家长通过与老师交谈获取孩子在学校的表现的相关信息。

(3)通过亲自探究事物本身获取信息;如通过亲临现场观察和体验,获取第一手信息。

6.【参考答案】(1)定位信息需求;(2)选择信息来源;(3)确定信息获取方法并获取信息;(4)评价信息。

第二章 信息技术基础知识

考纲内容

本章内容属于信息技术学科专业知识，在考纲中要求如下：
1. 了解信息技术发展史及国内外发展动态，掌握与高中信息技术课程相关的基础知识和基本理论。
2. 掌握与信息活动相关的法律法规、伦理道德。
3. 掌握信息技术学科的基本理论和基本方法，并能用于分析和解决相关问题。

考纲解读

对于信息技术学科的教学，掌握信息技术学科基本知识与技能是基础，此外，还要熟悉信息技术学科的特征和应用领域，有整体的学科观，才能有针对性地开展教学。本章内容主要是信息技术的相关基础知识，其中，计算机系统组成、数制间的转换是历年考点所在。

第一节 计算机概述

一、计算机的产生和发展

20世纪最重要的科学技术大事件之一就是计算机的产生。世界上第一台电子计算机名叫埃尼阿克（ENIAC），于1946年诞生于美国宾夕法尼亚大学。

根据所采用的物理器件不同，计算机的发展主要经历了以下四个阶段。

1. 第一代（1946—1959年）：电子管计算机

电子管计算机开始于1946年，结构上以CPU为中心，特点是使用机器语言、速度慢、存储量小，主要用于科学研究与数值计算。

2. 第二代（1960—1964年）：晶体管计算机

晶体管计算机开始于1960年，结构上以存储器为中心，开始使用磁盘和磁带作为辅助存储器，使用高级语言，应用范围扩大到数据处理和工业控制，主要应用于商业、大学教学和政府机关。

3. 第三代（1965—1970年）：中小规模集成电路计算机

中小规模集成电路计算机开始于1965年，结构上仍以存储器为中心，增加了多种外部

知识拓展 2.1

设备,软件得到一定发展,处理图像、文字和资料的功能加强。相比于前两代计算机,体积更小、价格更低、可靠性更强、运算速度更快是第三代计算机的特点。

4. 第四代（1971年至今）：大规模、超大规模集成电路计算机

大规模、超大规模集成电路计算机又称电子计算机,其应用更加广泛,并出现了微型计算机。第四代计算机使用的元件同样是集成电路,但是其集成电路已经得到了大大改善,可以包含几十万到上百万个晶体管。

二、计算机的分类

按照不同标准,我们可将计算机分为不同类型。

1. 按照计算机的结构原理进行分类

按照结构原理的不同,计算机可分为模拟计算机、数字计算机和混合式计算机。

（1）模拟计算机。

模拟计算机通过电压的大小来表示数,数值的计算是通过电的物理变化过程来实现的。优点是速度快,便于解高阶的微分方程,在模拟计算和控制系统中应用较多。缺点是通用性不强,信息不易存储,计算的精度受到设备的限制,因此,模拟计算机的应用不普遍。

（2）数字计算机。

数字计算机利用算术和逻辑运算法进行计算,利用有无电信号来表示数。优点是运算速度快、精度高、灵活性大、易于存储。基于这些优点,数字计算机非常适合用于科学计算、信息处理、实时控制和人工智能等方面。通常我们所用的计算机都是数字计算机。

（3）混合式计算机。

混合式计算机是利用模拟技术和数字技术进行数据处理的计算机。混合式计算机兼有模拟计算机和数字计算机的特点。

2. 按照计算机的用途进行分类

按照用途不同,计算机可分为专用计算机和通用计算机。

（1）专用计算机。

专用计算机的设计和制造是为了解决一些专门的问题,因此,其特点是单一、使用面窄甚至专机专用。为了使专用计算机能够高速度、高质量地解决某些特定的问题,人们往往会增强其某些特定的功能,而忽略一些次要功能。例如,在军事控制系统中就广泛地使用了专用计算机。一般地,模拟计算机通常都是专用计算机。

（2）通用计算机。

通用计算机是指各行业、各种工作环境都能使用的计算机。平时人们购买的品牌机、兼容机都是通用计算机。通用计算机的功能多、配置全、用途广、通用性强。

3. 按照计算机的综合性能指标进行分类

按照计算机的运算速度、字长、存储容量、软件配置等综合性能指标,计算机可分为巨型机、大型机、小型机、微型机、工作站等几类。

（1）巨型机。

在很多高精方面,比如核武器制造、反导弹武器制造、空间技术、大范围天气预报、石油勘探等,都需要计算机有高速度与高容量。在这些领域中,一般大型通用机远远不能满足要求,需要用到巨型机。目前,巨型机的运算速度可达每秒几百亿次。在巨型机的帮助下,研究人员可以开展更复杂的运算,研究以前无法研究的问题,如研究更先进的国防尖端技术、估算100年以后的天气、详尽地分析地震数据、计算毒素对人体的作用等。巨型机在军事、

地理、医学上都有重大的用途。

（2）大型机。

大型机通用性强、具有很强的综合处理能力，主要应用在公司、银行、政府部门、社会管理机构和制造厂家等。通常，人们称大型机为"企业级"计算机。随着社会信息资源的剧增，信息通信、控制和管理等一系列问题逐渐出现，处理这些问题是大型机的专长。未来，在大型事务处理、企业内部的信息管理与安全保护、大型科学与工程计算等方面都会用到大型机，"企业"所有的应用一般都会使用到大型机。

（3）小型机。

小型机具有结构简单、设计试制周期短、可靠性高、对运行环境要求低、易于操作与维护、对用户要求低等特点。基于这些特点，小型机更适合广大普通用户使用，对计算机的推广普及起到了帮助作用。小型机应用范围广泛，还可以作为大型机、巨型机系统的辅助机，在企业管理以及大学和研究所的科学计算中也常常被使用。

（4）微型机。

世界上第一片 4 位微处理器 MPU(Micro Processing Unit)，也称 Intel 4004，1971 年在美国的 Intel 公司诞生，随后由 Intel 4004 组成的第一台微型计算机 MCS-4 也应运而生，从此，微型机走入大众的视野。微型机体积小、功耗低、成本低、性价比明显高于其他类型的计算机。如今的微型机功能较为强大，在某些方面可以和以往的大型机相媲美。

（5）工作站。

工作站是一种高端的通用微型计算机。工作站有较高的运算速度，既具有大、中、小型机的多任务、多用户能力，又兼具微型机的操作便利和良好的人机界面。工作站通常配有高分辨率的大屏、多屏显示器及容量很大的内存储器和外存储器，还可以连接多种输入、输出设备，图像交互处理的能力强大。基于上述特点，工作站在工程领域，特别是在计算机辅助设计领域得到了广泛应用。

三、计算机的应用领域

计算机技术自 20 世纪 90 年代以来得到了迅猛发展，各行各业中都有计算机的身影，使传统的工作、学习和生活方式不断地发生改变，这些改变推动着社会的进步与发展。计算机的主要应用领域如下。

1. 科学计算（或数值计算）

科学计算是指利用计算机来完成科学研究和工程技术中提出的数学问题的计算。在现代科学技术工作中，随着更加复杂的科学计算问题的出现，科学计算的数量也越来越大，人脑是无法快速完成这些计算的，为了解决这些科学计算问题，就需要发挥计算机的高速计算、大存储容量和连续运算的能力。

例如，为了确定建筑设计中的构件尺寸，可以通过弹性力学导出一系列复杂方程，计算机的科学计算能够完成单纯依靠人脑不能完成的这类方程的求解。除此之外，计算机的科学计算还引起弹性理论上的一次突破，出现了有限单元法。

2. 数据处理（或信息处理）

对各种数据进行收集、存储、整理、分类、统计、加工、利用、传播等一系列活动便是数据处理。数据处理是计算机应用的主要领域之一。

数据处理从简单到复杂已经历了三个发展阶段，如图 2.1 所示。

电子数据处理 (Electronic Data Processing, EDP)	它以文件系统为手段,实现一个部门内的单项管理
管理信息系统 (Management Information System, MIS)	它以数据库技术为工具,实现一个部门的全面管理,以提高工作效率
决策支持系统 (Decision Support System, DSS)	它以数据库、模型库和方法库为基础,帮助决策者提高决策水平,改善运营策略的正确性与有效性

图 2.1 数据处理的三个发展阶段

目前,在办公自动化、企事业计算机辅助管理与决策、情报检索、图书管理、电影电视动画设计、会计电算化等行业中,数据处理得到广泛的应用。

3. 辅助技术

计算机辅助技术一般包括计算机辅助设计、计算机辅助管理和计算机辅助教学等。

(1) 计算机辅助设计(Computer Aided Design,CAD)。

利用计算机系统辅助设计人员进行工程或产品设计,以实现最佳设计效果的过程被称为计算机辅助设计。在飞机、汽车、机械、电子、建筑和轻工业等领域,CAD 技术被广泛地应用。CAD 技术能够提高设计速度和设计质量,不仅可以在电子计算机的设计过程中实现体系结构模拟、逻辑模拟、插件划分、自动布线等功能,还可以在建筑设计中实现力学计算、结构计算、绘制建筑图纸等功能。

(2) 计算机辅助制造(Computer Aided Manufacturing,CAM)。

利用计算机系统进行生产设备的管理、控制和操作的过程被称为计算机辅助制造。在生活中,CAM 也有很多的重要功能,比如计算机可以控制机器的运行,可以对产品的数据进行处理、对产品进行检测。相比于人工操作,使用 CAM 技术后,产品的质量往往会得到提升,成本和生产周期降低,生产率得到提升。计算机集成制造系统(Computer Integrated Manufacturing System,CIMS)是把 CAD 和 CAM 技术集合起来,目的是做到设计生产的自动化,实现无人化工厂(或车间)。

(3) 计算机辅助教学(Computer Aided Instruction,CAI)。

计算机辅助教学是计算机辅助教育的一项功能,又称机助教学,它可以通过利用计算机模拟人类的教学活动来达到一定的教学目的。具体讲,就是以计算机技术为媒介,通过运行存入计算机的管理程序,来实现课堂教学、辅导答疑、实验仿真及测验、考试等教学活动。

4. 过程控制(或实时控制)

利用计算机及时采集检测数据,按最优值迅速地对控制对象进行自动调节或自动控制被称为过程控制。过程控制能够提高控制的自动化水平,达到改善劳动条件和提高产品质量及合格率的目的。在机械、冶金、石油、化工、纺织、水电、航天等方面计算机过程控制得到广泛的应用。

5. 人工智能(或智能模拟)

人工智能(Artificial Intelligence,AI)是研究、开发用于模拟、延伸和扩展人的智能的理论、方法、技术及应用系统的一门新的技术科学,是计算机科学的一个分支。它企图了解智

真题测试
2.1

能的实质,并生产出一种新的、能以与人类智能相似的方式做出反应的智能机器。该领域的研究包括机器人、模式识别、自然语言处理和专家系统等。目前,人类对人工智能的研究已经不断走向深入,一些人工智能技术已经开始应用在实际生产、生活当中,比如,具有一定思维能力、能模拟高水平医学专家进行疾病诊疗的智能机器人,能够进行深度学习的 AlphaGo 围棋机器人等。

6. 网络

计算机网络的诞生解决了单位、地区、国家中计算机与计算机之间的通信方式,实现了各种软件和硬件资源的共享,对国际间的文字、图像、视频和声音等各类数据的传输与处理起到促进作用。

四、计算机系统

完整的计算机系统包括硬件系统和软件系统两部分。

(一) 计算机硬件系统

计算机系统中由电子、机械和光电元件组成的各种计算机部件和设备的总称叫作计算机硬件系统,计算机硬件系统是计算机完成各项工作的物质基础。计算机硬件系统是计算机系统中的实际装置,它是看得见、摸得着的物理部件,也是计算机的"躯壳"。

计算机硬件系统主要由五部分构成:运算器、控制器、存储器、输入设备和输出设备。

1. 运算器

运算器是指在控制器控制下完成加、减、乘、除运算和逻辑判断的计算机部件。运算器是计算机的核心装置之一,在计算过程中,运算器不断从存储器中获取数据,经计算后将结果再返回存储器。

真题测试
2.2

2. 控制器

控制器是整个计算机的指挥中心。它负责从存储器中取出指令并对指令进行分析判断,然后产生一系列的控制信号,以控制计算机各部件自动、连续地工作。

3. 存储器

存储器是指计算机系统中具有记忆能力的部件,用来存放程序和数据。存储器分为内存储器和外存储器。

知识拓展
2.2

(1) 内存储器。

内存储器又称为主存储器,简称内存,一般只存放急需处理的数据和正在执行的程序。

内存又分为随机存储器(RAM)和只读存储器(ROM)。RAM 用于存储用户信息,可读可写,断电后信息丢失,不可恢复;ROM 用于存储系统信息,只可读不可写,断电后信息不丢失。

内存的存储容量一般都是 2 的整次方倍,如 256 M、512 M、2 G、4 G 等,一般而言,内存容量越大越有利于系统的运行。存储容量和存取时间是反映内存优劣的两个重要指标。

(2) 外存储器。

外存储器也称辅助存储器,简称外存,用来存储大量的暂不参加运算或处理但又需要长期保留的数据和程序。现在常用的外存有硬盘、光盘、U 盘和移动硬盘等。

4. 输入设备

输入设备是指向计算机中输入各种信息(如程序、文字、数据、图像等)的设备。常用的输入设备有键盘、鼠标、扫描仪、条形码输入器等。

5. 输出设备

输出设备是指用来输出计算机处理结果的设备。常用的输出设备有显示器、打印机、绘图仪等。

（1）显示器。

显示器是用来显示计算机输入输出信息的屏幕设备，又称监视器或显示终端。计算机的显示系统由显示器和显卡构成。

显示器按其原理可分为阴极射线管显示器和液晶显示器两大类，这两类都有单色和彩色之分。分辨率是显示器最重要的性能指标，分辨率越高，显示器的清晰度越高，显示效果就越好。常见的分辨率 1024×768 的含义是：在水平方向上有 768 行扫描线，每条扫描线上有 1024 个像素点。

（2）打印机。

打印机是从计算机获得硬拷贝的输出设备，它将计算机的信息打印到纸张或其他特殊介质上，以供阅读和保存。按打印原理不同打印机可以分为击打式打印机（如针式打印机）和非击打式打印机（如喷墨打印机、激光打印机）。打印机的主要性能指标有分辨率、打印速度、噪声等。

（3）绘图仪。

绘图仪是一种能按照人们要求自动绘制图形的设备。它可将计算机的输出信息以图形的形式输出。绘图仪主要可绘制各种管理图表和统计图、大地测量图、建筑设计图、电路布线图、各种机械图与计算机辅助设计图等。

（二）计算机软件系统

计算机软件系统包含了计算机所需的各种程序及有关资料。计算机软件系统总体上分为系统软件和应用软件两大类，如表 2.1 所示。

表 2.1　计算机软件系统的分类

计算机软件系统	说明
系统软件	系统软件是指控制和协调计算机及外部设备，支持应用软件开发和运行的系统，是无须用户干预的各种程序的集合。系统软件的主要功能是调度、监控和维护计算机系统，管理计算机系统中各种独立的硬件，使这些独立的硬件得以协调工作。系统软件是计算机系统必备的软件，主要包括操作系统、语言处理程序、支撑服务程序和数据库管理系统等
应用软件	应用软件是为了某种特定的用途而被开发的软件，如图像浏览器、Office、数据库管理系统等都属于应用软件。应用软件可以是一个特定的程序，也可以是一组功能紧密联系、可以相互协作的程序的集合，还可以是由众多独立程序组成的庞大的软件系统

下面我们重点介绍一下操作系统。

管理和控制计算机硬件与软件资源的计算机程序被称为操作系统（Operating System，OS）,任何软件的运行都需要操作系统的支持,操作系统是直接运行在"裸机"上的最基本的系统软件。

按照不同的标准，操作系统可分为不同的种类，如表 2.2 所示。

知识拓展 2.3

表 2.2 操作系统的分类

分类标准	种类
按操作系统的硬件结构来分类	网络操作系统(如 NetWare、Windows NT)、多媒体操作系统(如 Amiga)和分布式操作系统等
按操作系统的应用领域来分类	桌面操作系统、服务器操作系统、嵌入式操作系统
按操作系统所支持的用户数来分类	单用户操作系统(如 MSDOS、Windows)和多用户操作系统(如 UNIX、Linux、MVS)
按操作系统的源码开放程度来分类	开源操作系统(如 Linux、Free BSD)和闭源操作系统(如 Mac OS X、Windows)
按操作系统的环境来分类	批处理操作系统(如 MVX、DOS/VSE)、分时操作系统(如 Linux、UNIX、XENIX、Mac OS X)和实时操作系统(如 IRMX、VRTX)

第二节 计算机数制与编码

一、数制及数制转换

数制也称计数制,是用一组固定的符号和统一的规则来表示数值的方法。通常采用的数制有十进制、二进制、十六进制和八进制。

为了达到减低成本的目的,计算机利用电子器件的"开"和"关"的两个物理状态来表示二级制数的两个基本数码 0 和 1,所以,计算机内部存储数据和运算时都用的是二进制。除此之外,二进制的逻辑运算和算术运算是最可靠的,因为只有两个状态时系统的稳定性较高,也更容易控制。

(一) 常见的数制

1. 十进制

十进制数的基数为 10,共有 10 个数码,分别是 0,1,2,3,4,5,6,7,8,9。十进制采用逢十进一的进位规则。十进制数常常用 $(N)_D$ 或 $(N)_{10}$ 表示,可以用公式表示为:

$$(N)_D = \sum_{i=-\infty}^{+\infty} K_i \times 10^i$$

式中,10 为基数;10^i 为第 i 位的权;K_i 为基数"10"的第 i 次幂的系数。

例如:$(143.75)_{10} = 1\times 10^2 + 4\times 10^1 + 3\times 10^0 + 7\times 10^{-1} + 5\times 10^{-2}$

2. 二进制

二进制数的基数为 2,共有两个数码,分别为 0 和 1。二进制采用逢二进一的进位规则。二进制数常用 $(N)_B$ 或 $(N)_2$ 表示,可以用公式表示为:

$$(N)_B = \sum_{i=-\infty}^{+\infty} K_i \times 2^i$$

式中,2 为基数;2^i 为第 i 位的权;K_i 为基数"2"的第 i 次幂的系数。

例如:$(101.11)_2 = 1\times 2^2 + 0\times 2^1 + 1\times 2^0 + 1\times 2^{-1} + 1\times 2^{-2}$

3. 十六进制

十六进制的基数为 16，共有 16 个数码，分别是 0,1,2,3,4,5,6,7,8,9,A,B,C,D,E,F。十六进制采用逢十六进一的进位规则。十六进制常常用 $(N)_H$ 或 $(N)_{16}$ 表示，可以用公式表示为：

$$(N)_H = \sum_{i=-\infty}^{+\infty} K_i \times 16^i$$

式中，16 为基数；16^i 为第 i 位的权；K_i 为基数"16"的第 i 次幂的系数。

> 例如：$(2A.7F)_{16} = 2 \times 16^1 + 10 \times 16^0 + 7 \times 16^{-1} + 15 \times 16^{-2}$

4. 八进制

八进制的基数为 8，共有 8 个数码，分别是 0,1,2,3,4,5,6,7。八进制采用逢八进一的进位规则。八进制常常用 $(N)_O$ 或 $(N)_8$ 表示，可以用公式表达为：

$$(N)_O = \sum_{i=-\infty}^{+\infty} K_i \times 8^i$$

式中，8 为基数；8^i 为第 i 位的权；K_i 为基数"8"的第 i 次幂的系数。

> 例如：$(732)_8 = 7 \times 8^2 + 3 \times 8^1 + 2 \times 8^0$

（二）各种数制之间的转换

1. 二进制数、八进制数及十六进制数转换为十进制数

将二进制数、八进制数、十六进制数按位权进行多项式展开，然后将二进制数、八进制数、十六进制数的数码乘以与其对应的位权，再将之相加，即可得到转换后的十进制数。

> 例如：将 $(110101.11)_2$ 转换成十进制数的过程为：
> $(110101.11)_2 = 1 \times 2^5 + 1 \times 2^4 + 0 \times 2^3 + 1 \times 2^2 + 0 \times 2^1 + 1 \times 2^0 + 1 \times 2^{-1} + 1 \times 2^{-2} = (53.75)_{10}$
>
> 将 $(54.21)_8$ 转换成十进制数的过程为：
> $(54.21)_8 = 5 \times 8^1 + 4 \times 8^0 + 2 \times 8^{-1} + 1 \times 8^{-2} = (44.265625)_{10}$
>
> 将 $(6FC1)_{16}$ 转换成十进制数的过程为：
> $(6FC1)_{16} = 6 \times 16^3 + 15 \times 16^2 + 12 \times 16^1 + 1 \times 16^0 = (28609)_{10}$

2. 十进制数转换成二进制数、八进制数及十六进制数

（1）十进制数转换为二进制数。

① 整数部分的转换。

"连续除 2 取余，逆序排列法"是十进制数的整数转换为二进制数的办法。具体来说，就是将十进制数的整数部分不断除以 2，并记下余数，直至商为 0。每次得到的余数（必定是 0 或 1）就是对应二进制数的各位数码，最后将所得的余数由低位到高位逆序排列即可。

> 例如：将 $(87)_{10}$ 转化为二进制的过程如下：
> $87 \div 2 = 43$，余 1
> $43 \div 2 = 21$，余 1

$21÷2=10$,余 1
$10÷2=5$,余 0
$5÷2=2$,余 1
$2÷2=1$,余 0
$1÷2=0$,余 1
由下往上数(逆序排列),结果为:$(87)_{10}=(1010111)_2$

② 小数部分的转换。

"采用连续乘 2 取整,顺序排列"的办法可将十进制数的小数部分转换为二进制数。具体来讲,就是用十进数的小数部分不断乘以 2,并记录其整数部分,直到结果的小数部分为 0 或达到要求的精度为止,最后将所得到的整数由高位到低位顺序排列即可。

例如:将$(87.6875)_{10}$的小数部分转化为二进制数的过程如下:
$0.6875×2=1.3750$,小数点前多出一个 1
$0.3750×2=0.7500$,小数点前多出一个 0
$0.7500×2=1.5000$,小数点前多出一个 1
$0.5000×2=1.0000$,小数点前多出一个 1
由上往下数(顺序排列),结果为:$(0.6875)_{10}=(0.1011)_2$,最后结果为:$(87.6875)_{10}=(1010111.1011)_2$

(2) 十进制数转换为十六进制数。

十进制数转换为十六进制数的方法与十进制数转换为二进制数的方法非常类似,同样要将整数部分和小数部分分别进行转换。

① 整数部分的转换。

十进制数的整数部分转换为十六进制数可采用"连续除 16 取余,逆序排列"法,具体换算过程与十进制数转换为二进制数相同,即用十进制数的整数部分不断除以 16,每次得到的余数就是对应十六进制数的各位数码,最后将所得的余数由低位到高位逆序排列即可。

② 小数部分的转换。

采用"连续乘 16 取整,顺序排列"的方法可以将十进制数的小数部分转换为十六进制数。具体来说,就是用十进制数的小数部分不断乘以 16,并记录其整数部分,直到结果的小数部分为 0 或达到要求的精度为止,最后将所得到的整数从高位到低位顺序排列即可。

(3) 十进制数转换为八进制数。

十进制数转换为八进制数同样需要将整数部分和小数部分分别转换,方法与十进制数转换为二进制数、十六进制数一样,这里不再赘述。

3. 二进制数和十六进制数及八进制数之间的转换

(1) 二进制数与十六进制数之间的转换。

① 二进制数转换为十六进制数。

二进制数转换为十六进制数时,先将二进制数以小数点为界,分别向左、向右每四位分为一组,不足四位时用 0 补足(整数在高位补 0,小数在低位补 0),然后将每组的四位二进制数等值转换成对应的十六进制数。

例如：将$(110111000111.1011101)_2$转换成十六进制数的过程如下：

```
1101    1100    0111.   1011    1010
 D       C       7.      B       A
```

得到结果为：$(110111000111.1011101)_2 = (DC7.BA)_{16}$

② 十六进制数转换为二进制数。

十六进制数转换为二进制数时，只要把十六进制数的每一位用 4 位二进制数表示，便可得到对应的二进制数了。

例如：将$(894A.24)_{16}$转换成二进制数的过程如下：

```
 8       9       4       A.      2       4
1000    1001    0100    1010.   0010    0100
```

得到结果为：$(894A.24)_{16} = (1000100101001010.001001)_2$

（2）二进制数与八进制数之间的转换。

① 二进制数转换为八进制数。

二进制数转换为八进制数时，先将二进制数以小数点为界，分别向左、向右每三位分为一组，不足三位时用 0 补足（整数在高位补 0，小数在低位补 0），然后将每组的三位二进制数等值转换成对应的八进制数。

例如：将$(11001010010.10111)_2$转换成八进制数的过程如下：

```
011    001    010    010.   101    110
 3      1      2      2.     5      6
```

得到结果为：$(11001010010.10111)_2 = (3122.56)_8$

② 八进制数转换为二进制数。

八进制数转换为二进制数时，只要把八进制数中的每一位用 3 位二进制数表示，便可得到对应的二进制数了。

例如：将$(157.64)_8$转换成二进制数的过程如下：

```
 1      5      7.     6      4
001    101    111.   110    100
```

得到结果为：$(157.64)_8 = (1101111.1101)_2$

（三）二进制数的运算

1. 二进制数的算术运算

二进制数的算术运算与十进制数的算术运算的运算规则是相似的，但是它们的进位和借位规则不同。二进制数在算术运算中逢二进一，借一当二。

（1）二进制数的加法运算。

二进制数的加法运算的运算规则为：$0+0=0$，$0+1=1$，$1+1=0$（向高位进一）。

例如：计算二进制数 1010 和 1001 的和的过程如下：

```
    1 0 1 0
+   1 0 0 1
-----------
  1 0 0 1 1
```

（2）二进制数的减法运算。

二进制数的减法运算的运算规则为：$0-0=0$，$1-1=0$，$1-0=1$，$0-1=1$（向高位借一）。

例如：计算二进制数 1010 和 0111 的差的过程如下：

```
    1 0 1 0
-   0 1 1 1
-----------
    0 0 1 1
```

注意：由于无符号减法运算中无法表示负数，因此，减数一定小于被减数。在带符号二进制数的减法运算中，二进制数的正、负号也是用 0/1 表示的。此时，带符号的二进制数的最高位为符号位（0 为正，1 为负），如：$(+89)_{10} = (0\ 1011001)_2$，$(-89)_{10} = (1\ 1011001)_2$。

（3）二进制数的乘法运算。

二进制数的乘法运算的运算规则为：由左移被乘数与加法运算构成。

例如：计算二进制数 1010 和 0101 的积的过程如下：

```
          1 0 1 0
    ×     0 1 0 1
    -------------
          1 0 1 0
        0 0 0 0
      1 0 1 0
    0 0 0 0
    -------------
    1 1 0 0 1 0
```

（4）二进制数的除法运算。

二进制数的除法运算的运算规则为：由右移被除数与减法运算构成。

例如：计算二进制数 11010110 和 101 之商的过程如下：

```
              1 0 1 0 1 0
          ┌─────────────
    1 0 1 │ 1 1 0 1 0 1 1 0
            1 0 1
            ─────
              0 0 1 1 0
                  1 0 1
                  ─────
                  0 0 1 1 1
                      1 0 1
                      ─────
                      0 1 0 0
```

2. 二进制数的逻辑运算

逻辑加法运算、逻辑乘法运算和逻辑否定运算三者是二进制数逻辑运算中的基本运算。除此之外,"异或"运算也是二进制数逻辑运算中一种有用的运算。

(1) 逻辑加法运算。

逻辑加法运算又称"或"运算,我们通常用"＋"或"∨"来表示二进制数的逻辑加法。二进制数的逻辑加法运算规则如下:

$$1+0=1(或\ 1 \vee 0=1),$$
$$1+1=1(或\ 1 \vee 1=1),$$
$$0+0=0(或\ 0 \vee 0=0),$$
$$0+1=1(或\ 0 \vee 1=1).$$

从上述规则可以看出,逻辑加法存在"或"的意义。这就意味着,在给出的逻辑变量 A 和 B 中,只要 A 和 B 中有一个为 1,则 A 和 B 逻辑加的结果为 1;若两者都为 1,则逻辑加的结果也为 1。

(2) 逻辑乘法运算。

逻辑乘法运算又称"与"运算,我们通常用"×"或"∧"或"·"来表示二进制数的逻辑乘法运算。二进制数的逻辑乘法运算规则如下:

$$0 \times 0 = 0(或\ 0 \wedge 0=0、0 \cdot 0=0),$$
$$1 \times 0 = 0(或\ 1 \wedge 0=0、1 \cdot 0=0),$$
$$0 \times 1 = 0(或\ 0 \wedge 1=0、0 \cdot 1=0),$$
$$1 \times 1 = 1(或\ 1 \wedge 1=1、1 \cdot 1=1).$$

从上述规则可以看出,逻辑乘法存在着"与"的意义。这就意味着只有参与运算的逻辑变量都为 1 时,此时的逻辑乘法运算的结果才等于 1。

(3) 逻辑否定运算。

逻辑否定运算又称逻辑"非"运算,用于求出一个逻辑值或逻辑表达式的相反值。我们通用"¬"来表示二进制数的逻辑否定运算。逻辑否定运算的规则为:

$$\neg 0 = 1(非\ 0\ 等于\ 1),$$
$$\neg 1 = 0(非\ 1\ 等于\ 0).$$

(4) "异或"运算。

"异或"运算通常用"⊕"来表示。"异或"运算的规则为:

$$0 \oplus 0 = 0(0\ 同\ 0\ 异或,结果为\ 0),$$
$$0 \oplus 1 = 1(0\ 同\ 1\ 异或,结果为\ 1),$$
$$1 \oplus 0 = 1(1\ 同\ 0\ 异或,结果为\ 1),$$
$$1 \oplus 1 = 0(1\ 同\ 1\ 异或,结果为\ 0).$$

从上述规则可以看出,只有两个逻辑变量相异的情况下,"异或"运算才会输出 1。

(四) 机器数与真值

机器数是指一个数在计算机中的二进制表示形式,机器数中存在符号的,计算机用二进制数的最高位来表示符号,这个数若为正数,则最高位为 0,若为负数,则最高位为 1。

例如,十进制数＋5,计算机字长为 8 位,转换成二进制数就是 00000101。如果是－5,就是 10000101。此时 00000101 和 10000101 分别是＋5 与－5 的机器数。

因为机器数的第一位用来代表符号,所以机器数的形式值不等于其真正的数值。比如刚刚举例的机器数 10000101,其最高位上的 1 代表数值的符号,数值是－5 而不是直接将 10000101 转换为十进制的 133。因此,为了区别符号数和形式数,我们将带符号位的机器数对应的真正数值,称为机器数的真值。

例如:1001 0110 的真值=−001 0110=−22, 0001 0110 的真值=+001 0110=22

(五) 原码、反码和补码

1. 原码

原码表示法是一种最简单的机器数表示法,其最高位为符号位,符号位为 0 时表示该数为正,符号位为 1 时表示该数为负,数值部分与其值相同。

例如:当机器字长为 8 位二进制数时,
　　X=+1000101　　　　　　　　[X]原码=01000101
　　Y=−1000101　　　　　　　　[Y]原码=11000101
　　[+1]原码=00000001　　　　　[−1]原码=10000001
　　[+127]原码=01111111　　　　[−127]原码=11111111

因此,原码表示的整数范围是 $-(2^{n-1}-1) \sim +(2^{n-1}-1)$,其中 n 为机器字长。因此可以得到:8 位二进制原码表示的整数范围是 $-127 \sim +127$,16 位二进制原码表示的整数范围是 $-32767 \sim +32767$。

2. 反码

人们为了解决原码在计算异号数相加时的不足,提出了反码表示法。

在求反码时需要注意的是,正数的反码与原码相同,负数的反码是它的原码除符号位以外的其余位的按位取反。

例如:当机器字长为 8 位二进制数时:
　　M=+1000101　　[M]原码=01000101　　[M]反码=01000101
　　N=−1000101　　[N]原码=11000101　　[N]反码=10111010
　　[+1]反码=00000001　　　　[−1]反码=11111110
　　[+127]反码=01111111　　　[−127]反码=10000000

负数的反码与原码之间存在很大的区别,在求补码过程中,反码经常被作为中间形式。反码表示的整数范围与原码相同。

3. 补码

补码是一种用二进制表示有号数的方法,也是一种将数字的正负号变号的方式。正数的补码与其原码相同,但是在求负数的反码时需要在其反码的最低位上进行加 1 操作。引入补码以后,计算机中的加减运算都可以统一化为补码的加法运算,其符号位也参与运算。

真题测试
2.5—2.7

例如:X=+1010111,Y=−1010111
(1) 根据定义有:[X]原码=01010111　　[X]补码=01010111
(2) 根据定义有:[Y]原码=11010111　　[Y]反码=10101000
　　　　　　　　[Y]补码=10101001

需要注意的是,补码表示的整数范围是 $-2^{n-1} \sim +(2^{n-1}-1)$($n$ 为机器字)。

因此,$-128 \sim +127$(−128 表示为 10000000,无对应的原码和反码)是 8 位二进制补码表示的整数范围，-32768～+32767 是 16 位二进制补码表示的整数范围。当运算结果超出这些范围时，数得不到正常的表示，此时会产生溢出。

设计补码的目的是简化运算规则，因为使符号位能与有效值部分一起参加运算，减法运算可以变为加法运算，从而使计算机中运算器的线路设计得到进一步的简化。

二、计算机编码

（一）西文字符编码

字符的编码采用国际通用的 ASCII 码（American Standard Code for Information Interchange），又称美国信息交换标准代码。由于计算机中基本的处理单位是字节（Byte，1Byte＝8bit），因此，尽管标准 ASCII 码是 7 位编码，一般情况下我们仍然使用一个字节存放一个 ASCII 字符，我们通常将多出来的最高位保存为 0，可以在数据传输时作奇偶校验位，其余 7 位存放编码值。所以共有 2^7 个（即 128 个）不同的编码值，相应可以表示 128 个不同字符的编码。

ASCII 字符集和编码如表 2.3 所示：

表 2.3 ASCII 字符集和编码

ASCII 值	控制字符	ASCII 值	控制字符	ASCII 值	控制字符	ASCII 值	控制字符
0	NUT	32	（space）	64	@	96	`
1	SOH	33	!	65	A	97	a
2	STX	34	"	66	B	98	b
3	ETX	35	#	67	C	99	c
4	EOT	36	$	68	D	100	d
5	ENQ	37	%	69	E	101	e
6	ACK	38	&	70	F	102	f
7	BEL	39	,	71	G	103	g
8	BS	40	(	72	H	104	h
9	HT	41	)	73	I	105	i
10	LF	42	*	74	J	106	j
11	VT	43	+	75	K	107	k
12	FF	44	,	76	L	108	l
13	CR	45	-	77	M	109	m
14	SO	46	.	78	N	110	n
15	SI	47	/	79	O	111	o
16	DLE	48	0	80	P	112	p
17	DCI	49	1	81	Q	113	q
18	DC2	50	2	82	R	114	r
19	DC3	51	3	83	S	115	s
20	DC4	52	4	84	T	116	t
21	NAK	53	5	85	U	117	u
22	SYN	54	6	86	V	118	v
23	TB	55	7	87	W	119	w
24	CAN	56	8	88	X	120	x
25	EM	57	9	89	Y	121	y
26	SUB	58	:	90	Z	122	z
27	ESC	59	;	91	[	123	{
28	FS	60	<	92	/	124		
29	GS	61	=	93	]	125	}
30	RS	62	>	94	^	126	~
31	US	63	?	95	_	127	DEL

根据 ASCII 码字母和数字之间的关系,在已知一个字母或者数字的情况下能够快速地求出其余字母或数字的 ASCII 码,这是因为对应的大小写字母之间的 ASCII 码之间差 32。例如,知道"B"的 ASCII 码为 66,则"b"的 ASCII 码可以用 66+32 求出为 98。

（二）汉字编码

1. 汉字内码

在计算机中,汉字信息也以二进制的方式进行存储。我国于 1980 年公布了《信息交换用汉字编码字符集——基本集》,这是一套国家标准,适用于汉字处理、汉字通信等系统之间的信息交换。该标准中的汉字编码简称国标码。该标准规定用两个字节(16 位二进制)表示一个汉字,每个字节都只使用低 7 位(与 ASCII 码相同),即有 128×128＝16384 种状态。由于在汉字系统中也要使用 ASCII 码的 34 个控制代码,为了不发生冲突,这 34 个控制代码不能作为汉字编码,因此,在 ASCII 码中只剩 94 种汉字编码,编码表的大小为 94×94＝8836,表示国标码规定的 7445 个汉字和图形符号。在国标码中,共有汉字 6763 个(一级汉字是最常用的汉字,按汉语拼音字母顺序排列,共 3755 个;二级汉字属于次常用汉字,按偏旁部首的笔画顺序排列,共 3008 个),数字、字母、符号等共 682 个。

我们分别用两位的十进制区码(行码)和两位的十进制位码(列码)来表示每个汉字或图形符号,不足的地方补 0,组合起来就得到区位码。要得到信息交换码(国标码),需要将区位码按一定的规则转换成二进制代码。

国标码不能直接存储在计算机内,为了区别于 ASCII 码,方便在计算机内部处理和存储汉字,人们将国标码中的每个字节最高位改设为 1,这样就形成了汉字内码(机内码或内码),汉字内码是用来在计算机内部进行汉字的存储、运算的编码。汉字内码既与国标码之间存在着简单的对应关系,方便二者之间的转换;又与 ASCII 码之间存在着明显的区别,它具有统一的标准(汉字内码是唯一的)。

真题测试
2.8

2. 汉字外码

汉字外码的制定目的是方便汉字的输入,因此,汉字外码也称汉字输入码。不同的汉字外码有着不同的输入方式。常见的几种汉字外码输入法及其输入方式如表 2.4 所示。

表 2.4　常见的几种汉字外码输入法及其输入方式

常见汉字外码输入法	输入方式
区位输入法	每个汉字有唯一的区位码,若要输入一个汉字,直接输入该汉字的区位码即可
拼音输入法	以汉语拼音作为汉字的编码,通过输入汉语拼音来实现汉字的输入,如全拼输入法、双拼输入法等
字形输入法	将汉字按照笔画形状分解成若干个偏旁、部首及字根,然后将分解后的偏旁、部首及字根与键盘上的英文字母对应起来,从而实现通过键盘按字形输入汉字,如五笔输入法、郑码输入法等
混合输入法	该输入法将字形输入法和拼音输入法结合起来使用,如智能 ABC 输入法、自然码输入法等

需要注意的是,计算机要想对汉字外码进行存储和处理的操作,必须先将其转换成汉字内码。

3. 汉字字形码

若想将汉字在显示器或打印机上输出,需要把汉字按图形符号设计成点阵图,生成相应的点阵代码,这就是汉字字形码,也称汉字输出码。

知识拓展
2.4

(三) 汉字字库

汉字字库是全部汉字字码的集合,按照不同的标准,汉字字库可分为不同的种类。

按照存储的位置不同,汉字字库可以分为软字库和硬字库。

软字库比较常用,它以文件的形式存放在硬盘上;硬字库与软字库不同,它被固定在单独的存储芯片中,和其他必要的器件共同组成接口卡后插接在计算机上,这种卡被称为汉卡。

按照汉字的不同作用,汉字字库可以分为显示字库和打印字库。用于显示的字库被称为显示字库,显示一个汉字一般可以采用 16×16 点阵、24×24 点阵或 48×48 点阵。如果知道汉字点阵的大小,就可以用其计算出存储一个汉字所需占用的字节数。

例如,一个汉字使用 24×24 点阵来表示,即这个汉字用 24 行和 24 列的点来表示,一个点需要 1 位二进制代码,24 个点需用 24 位二进制代码(即 3 个字节),共 24 行,因此存储这个汉字需要 24 行×3 字节/行=72 字节。

已知汉字点阵的大小,求其所占字节的公式为:

$$所占字节数 = 点阵行数 \times 点阵列数 / 8$$

打印字库是指用于打印的字库。相比于显示字库,打印字库有更多的汉字,而且工作时也不需要调入内存。

本章知识结构

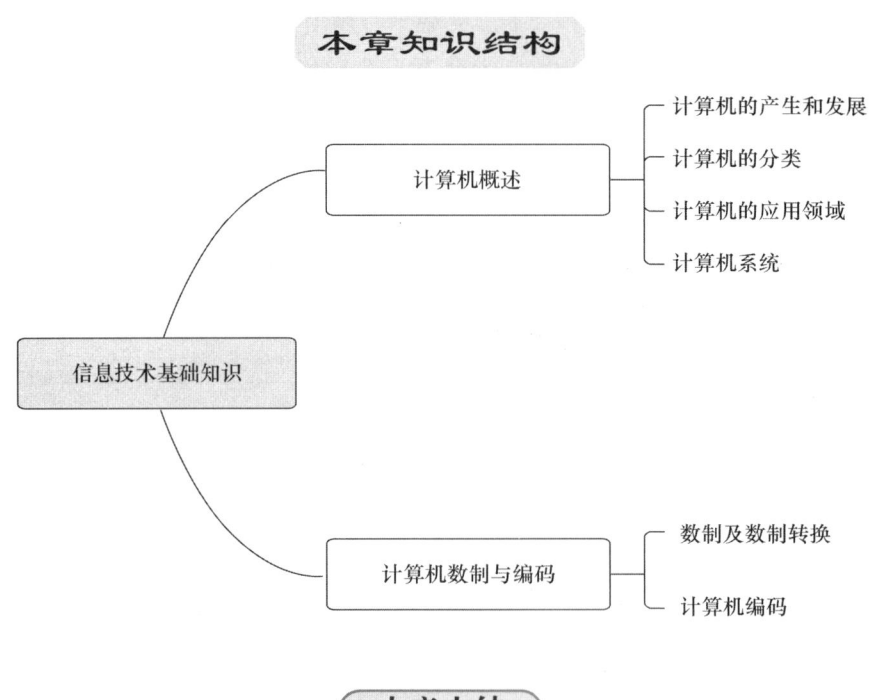

本章小结

(一) 本章重难点

本章的重点是常见计算机数制之间的转换;难点是通过不同数制转换掌握计算机编码原理,理解计算机各类信息的加工与表达方式。

(二) 学习时要注意的问题

学习本章时要注意下列两个方面:

1. 熟记计算机产生、发展的相关知识,以及操作系统等相关概念知识。

2. 理解计算机编码与数制原理,并能够熟练计算和灵活应用。

备考指南

本章分为两节,分别介绍了计算机的基础知识、计算机编码与数制。本章内容在考试中多以选择题、简答题的形式被考查。学习时应重点掌握数制间转换的计算,要在理解运算原理的基础上进行计算。

自测训练

一、单项选择题

1. 小红有一个 117 MB 的 U 盘,请问这个 U 盘能够存储(　　)字节的数据量。
   A. 117×8
   B. 117×1024×1024
   C. 117×1024
   D. 117×1024×8

2. 计算机病毒(　　)。
   A. 自生于计算机系统中
   B. 是针对计算机的安全漏洞特制的计算机程序
   C. 具有传染人体的功能
   D. 完全不会影响计算机的使用

3. 断电后会导致正在处理的信息丢失的存储器是(　　)。
   A. RAM   B. EPROM
   C. ROM   D. PROM

4. 信息技术的四大基本技术是计算机和智能技术、感测技术、控制技术和(　　)。
   A. 生物技术   B. 媒体技术
   C. 通信技术   D. 传播技术

5. 内存和外存相比,其主要特点是(　　)。
   A. 信息存储量大
   B. 信息保存更长久
   C. 存取速度快
   D. 数据和程序能够同时存储

6. 使用大规模和超大规模集成电路作为计算机元件的计算机是(　　)。
   A. 第一代计算机
   B. 第二代计算机
   C. 第三代计算机
   D. 第四代计算机

7. 计算机系统由哪几部分组成(　　)。
   A. 主机和外部设备
   B. 软件系统和硬件系统
   C. 主机和软件系统
   D. 操作系统和硬件系统

8. 计算机的软件系统包括( )。
   A. 操作系统与语言处理程序
   B. 应用软件、系统软件
   C. 程序、数据与文档
   D. 程序和数据

9. 以下哪一项列出的软件都是应用软件( )。
   A. DOS、Windows、Word、Excel、VFP
   B. Word、Excel、UNIX、游戏、杀毒软件
   C. 游戏、PowerPoint、Word、Excel
   D. Word、DOS、Excel、声音编辑软件

10. 八位二进制数码在计算机中称为( )。
    A. 一个字节
    B. 一个 bit
    C. 一个字长
    D. 一个 Word

11. 将十进制数 12 转换成二进制数,其值是( )。
    A. 1101　　　　B. 1100　　　　C. 0011　　　　D. 1010

12. 二进制数 1001 转换为十进制数为( )。
    A. 2　　　　B. 1　　　　C. 8　　　　D. 9

参考答案及解析

一、单项选择题

1. 【参考答案】B。解析:因为 1 MB=1024 KB,而 1 KB=1024 Byte,所以 117 MB=117×1024×1024 Byte,B 正确。故选 B。

2. 【参考答案】B。解析:计算机病毒是编制者在计算机程序中插入的破坏计算机功能或者数据的代码,这些程序或代码会影响计算机的使用,同时,这些代码或者计算机指令能够自我复制,但不会传染给人,B 正确。故选 B。

3. 【参考答案】A。解析:ROM 和 RAM 是计算机内存储器的两种型号,ROM 表示只能读出信息,不能写入信息的存储器,计算机关闭电源后其内的信息不会丢失,人们一般用它来存储固定的系统软件和字库等。RAM 表示的是读写存储器,人们可对其中的任一存储单元进行读或写的操作,计算机关闭电源后其内的信息将不再保存,再次开机需要重新装入。RAM 通常用来存放操作系统、各种正在运行的软件、输入和输出数据、中间结果及与外存交换的信息等,A 正确。故选 A。

4. 【参考答案】C。解析:信息技术的四大基本技术包括感测技术、通信技术、计算机和智能技术和控制技术,C 正确。故选 C。

5. 【参考答案】C。解析:与外存相比,内存的特点是存储容量小、读写速度快,C 正确,故选 C。

6. 【参考答案】D。解析:第四代计算机是大规模、超大规模集成电路计算机,也就是我们常见的电子计算机。尽管第四代计算机仍然使用的是集成电路元件,但是其集成电路规模较大,可以包含几十万到上百万的晶体管,D 正确。故选 D。

7. 【参考答案】B。解析:计算机系统由硬件系统和软件系统组成,B 正确。故选 B。

8.【参考答案】B。解析：系统软件和应用软件共同组成了计算机软件系统。在系统软件中包括三个系统，分别是操作系统、语言处理系统和数据库管理系统。应用软件是为解决某个应用领域中的具体任务而编制的程序，B正确。故选B。

9.【参考答案】C。解析：DOS、Windows和UNIX都是计算机操作系统，属于系统软件，VFP是数据库管理系统，只有C项列出的软件都是应用软件。故选C。

10.【参考答案】A。解析：八位二进制数为一个字节，它是计算机中基本的数据单位。故选A。

11.【参考答案】B。解析：十进制数的整数部分转换为二进制采用"连续除2取余，逆序排列法"，即十进制数的整数部分不断除以2，并记下余数，直至商为0。每次得到的余数（必定是0或1）就是对应二进制数的各位数码，但是要记得将所得的余数由低位到高位逆序排列。该题的具体运算过程如下：

12／2＝6 余 0
6／2＝3 余 0
3／2＝1 余 1
1／2＝0 余 1

最后将余数由低位向高位排序，得到答案1100，B正确。故选B。

12.【参考答案】D。解析：将二进制数按位权进行多项式展开，然后将二进制数码乘以与其对应的位权，再将之相加，就可以得到转换后的十进制数。该题的具体运算过程如下：

2的3次幂乘1，等于8；
2的2次幂乘0，等于0；
2的1次幂乘0，等于0；
2的0次幂乘1，等于1。
8＋0＋0＋1＝9。

D正确。故选D。

第三章　程序设计与算法

考纲内容

本章内容属于信息技术学科专业知识，在考纲中要求如下：
（1）了解信息技术发展史及国内外发展动态，掌握与高中信息技术课程相关的基础知识和基本理论。
（2）掌握与信息活动相关的法律法规、伦理道德。
（3）掌握信息技术学科的基本理论和基本方法，并能用于分析和解决相关问题。

考纲解读

算法与程序设计是高中信息技术学科非常重要的一部分，考纲要求考生掌握算法与程序设计基本知识和基本理论，并能够用其分析和解决相关问题。

考生须准确掌握的基本知识与技能：程序设计的基础知识、C 语言程序设计和 VB 语言程序设计的相关知识，具体包括数据类型、运算符、表达式、三种基本结构语句、数组等；此外，考生还要掌握数据结构和软件工程的基本知识。

第一节　程序设计基础

一、计算机指令、计算机程序及数据存储

（一）计算机指令及计算机程序

计算机指令：指挥计算机工作的指示和命令。
计算机程序：为了得到某种结果而由计算机执行的代码指令序列。

（二）计算机数据的存储单位

计算机中最小的信息单位是"位"（Bit）。1"位"仅表示 0 或 1 中的 1 个数，即 1 个二进制位，或存储 1 个二进制数位的单位。

计算机存储容量的基本单位是"字节"（Byte），是由相连的 8 个位组成的信息存储单位。

字节是目前计算机最基本的存储单位，也是计算机存储设备容量最基本的计量单位。一个字节可以容纳一个英文字符，一个汉字需要两个字节的存储空间。

二、计算机程序设计语言

计算机程序设计语言的发展经历了三个阶段,分别是机器语言、汇编语言和高级语言。

1. 机器语言

第一代程序设计语言是机器语言,是由硬件直接支持的二进制指令代码组成的,因此也称二进制语言。机器语言主要有如下几个特点。

(1) 可以被计算机直接识别和执行;
(2) 指令的二进制代码不易记忆,编写烦琐,易出错;
(3) 不同计算机有不同的机器语言,因此通用性差。

2. 汇编语言

汇编语言由指令的助记符(一般为指令的英文名称的缩写)及相应的语法规则组成。汇编语言主要有如下几个特点。

(1) 不能被计算机硬件直接识别和执行;
(2) 其指令与机器语言的指令一一对应,因此,汇编语言是面向机器编程的语言;
(3) 不同计算机具有不同的汇编语言,因此通用性差;
(4) 编写烦琐,不易记忆。

3. 高级语言

高级语言由表达各种意义的"词""数学公式"及特定的语法规则组成。高级语言包括 FORTRAN(第一个高级语言)、Basic、Pascal、ALGOL、COBOL、C、Ada 语言等。高级语言主要有如下几个特点。

(1) 用其编写的源程序必须通过"翻译"生成目标程序才能被计算机执行;
(2) 通用性强;
(3) 严格,小巧,没有二义性。

三、高级语言的编制与运行

(一) 高级语言源程序"翻译"过程

用高级语言编写的源程序不能被计算机硬件直接识别和执行,必须通过"翻译"生成目标程序,才能被计算机执行。高级语言源程序"翻译"过程有如下两种工作方式。

(1) 先编译后执行,其过程如图 3.1 所示。

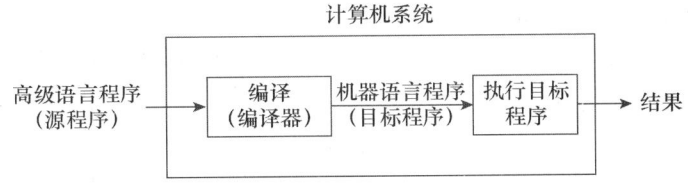

图 3.1　先编译后执行

(2) 边解释边执行,其过程如图 3.2 所示。

在图 3.1 和图 3.2 中,源程序是指该程序的源代码形式;目标程序是指从源代码编译、链接生成的最终程序。在图 3.2 中,可执行程序指一种可在操作系统存储空间中浮动定位的程序。

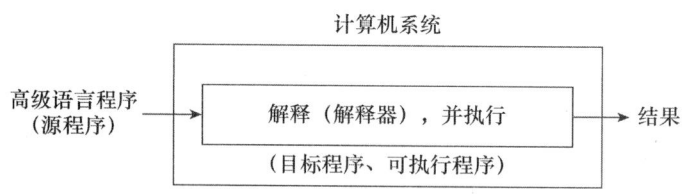

图 3.2 边解释边执行

（二）高级语言程序编制过程

高级语言程序编制过程包括编辑、编译、连接、运行四个步骤，如图 3.3 所示。

图 3.3 高级语言程序编制过程

（1）编辑是指编辑、修改程序源代码。

（2）编译是指将源程序"翻译"成能直接被计算机硬件识别和执行的二进制形式。高级语言程序编译又可分为五个阶段：词法分析、语法分析、语义检查及中间代码生成、代码优化、目标代码生成。

（3）连接是指用连接器将连接文件生成最终目标程序。

（4）运行是指运行可执行程序文件。

第二节 算　　法

一、算法概述

算法是指对解题方案的准确而完整的描述，简单地说，就是解决问题的操作步骤。算法具有以下五个特征。

（1）有穷性：在有穷个步骤内解决问题。

（2）确定性：每一条指令必须有确切的含义，不产生二义性。

（3）可行性：所有操作都是可以实现的。

（4）输入：包含零个或零个以上的输入数据。

（5）输出：产生一个或多个输出结果。

评价算法优劣的标准有以下两条。

（1）空间复杂性 s(n)：指算法所编制的程序在计算机中所占用的存储单元的总数。

（2）时间复杂性 f(n)：指算法所编制的程序在计算机中执行所耗费的时间。

二、算法的表示方法

算法有三种表示方法：流程图、自然语言和伪代码。

1. 流程图

流程图是算法的一种图形化表示方法，它使用一组预定义的符号来说明如何执行特定任务，流程图使用的符号及其含义如表 3.1 所示。

真题测试
3.2

表 3.1 流程图使用的符号及其含义

图框	名称	功能	举例
▢	起止框（圆弧形框）	表示算法开始或结束	开始
▭	处理框（矩形框）	表示一般处理功能	求和 s=a+b
▱	输入输出框（平行四边形框）	表示一个算法的输入和输出信息	输入半径 r
◇	判断框（菱形框）	表示根据条件选择不同的流向	是← x>y? →否
↓→	流程线（直向线）	表示流程的路径和方向	↓

图 3.4 为求 1+2+3+…+n 算法的流程图。

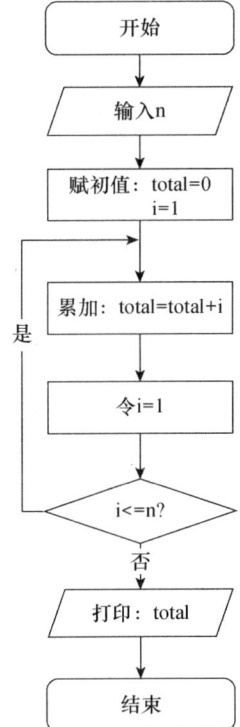

真题测试
3.3—3.7

图 3.4 求 1+2+3+…+n 算法的流程图

2. 自然语言

我们还可以用自然语言来描述算法,这种方法表示的算法易理解,但书写烦琐。下面是求 1+2+3+…+n 算法的自然语言表示。

真题测试
3.8

输入：输入一个正整数
输出：打印出1＋2＋3＋…＋n的结果 total
描述：
① 输入一个正整数 n
② 设初值：total＝0
③ 令 i＝1
④ 累加：total＝total＋i
⑤ 令 i＝i＋1
⑥ 若 i＜＝n 则转④执行；否则执行⑦
⑦ 打印 total
⑧ 结束

3. 伪代码

伪代码是介于自然语言和计算机程序语言之间的一种算法描述。下面是求 1＋2＋3＋…＋n 算法的伪代码。

```
开始
输入 n
0 = >total
1 = >i
if   i <= n
{
total = total + i
}
输出 total
结束
```

第三节　C　语　言

一、C 语言概述

（一）C 语言简介

C 语言是一种面向过程、抽象化的通用程序设计语言，广泛用于系统软件与应用软件的开发。1969—1973 年，为了移植与开发 UNIX 操作系统，美国计算机科学家丹尼斯·里奇与肯·汤普逊以 B 语言为基础，在贝尔实验室设计、开发出了 C 语言。

（二）C 语言的特点

1. 语言简洁紧凑，使用灵活方便

C 语言一共只有 32 个关键字和 9 种控制语句，程序书写自由，主要用小写字母表示。

2. 运算符丰富

C语言的运算符包含的范围很广泛,共有34个运算符。

3. 表达能力强

C语言具有丰富的数据结构类型,人们可以根据需要采用整型、实型、字符型、数组类型等数据类型。

4. 结构化语言

C语言使用结构化语言,结构化语言的显著特点是代码及数据的分隔化,即程序的各个部分除了必要的信息交流外彼此独立。

5. 生成的代码质量高

C语言生成的代码质量高,在代码效率方面可以和汇编语言相媲美。

6. 可移植性强

用C语言编写的程序很容易进行移植,在一个环境下运行的C语言程序不加修改或进行少许修改就可以在完全不同的环境下运行。

二、C语言程序设计

C语言程序设计有三种基本结构:顺序结构、选择结构和循环结构。

1. 顺序结构

顺序结构就是程序在执行时,按照程序的书写顺序由上而下一个语句接一个语句地依次执行,如图3.5所示。

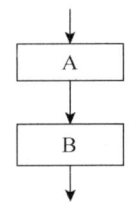

图3.5 顺序结构

2. 选择结构

选择结构是指在程序执行过程中,依据条件值的结果来确定程序的执行顺序,如图3.6所示。

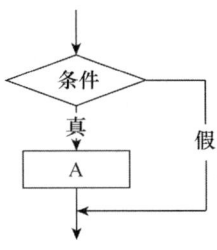

图3.6 选择结构

3. 循环结构

循环结构就是程序中某一语句需要反复地执行,一直到符合或不符合某一条件时,程序才离开被反复执行的部分,如图3.7所示。

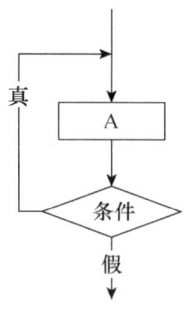

图 3.7 循环结构

三、C 语言的基本结构

（一）C 语言的运算符、数据类型及常用库函数

1. C 语言的运算符

C 语言的运算符及相关说明如表 3.2 所示。

表 3.2 　C 语言的运算符及相关说明

运算符	说明
算术运算符	用于各类数值运算，包括加（＋）、减（－）、乘（＊）、除（／）、求余（或称模运算，％）、自增（＋＋）、自减（－－）七种
关系运算符	用于比较运算，包括大于（＞）、小于（＜）、等于（＝＝）、大于等于（＞＝）、小于等于（＜＝）和不等于（！＝）六种
逻辑运算符	用于逻辑运算，包括与（＆＆）、或（‖）、非（！）三种
位操作运算符	参与运算的量，按二进制位进行运算，包括位与（＆）、位或（｜）、位非（～）、位异或（^）、左移（＜＜）、右移（＞＞）六种
赋值运算符	用于赋值运算，分为简单赋值（＝）、复合算术赋值（＋＝，－＝，＊＝，／＝，％＝）和复合位运算赋值（＆＝，｜＝，^＝，＞＞＝，＜＜＝）三类，共十一种
条件运算符	这是一个三目运算符，用于条件求值（?:）
逗号运算符	用于把若干表达式组合成一个表达式（,）
指针运算符	用于取内容（＊）和取地址（＆）两种运算
求字节数运算符	用于计算数据类型所占的字节数（sizeof）
特殊运算符	有括号（），下标[ ]等几种

2. C 语言的数据类型

C 语言提供了丰富的数据类型，在此我们主要介绍整型、实型、字符型这三种基本的数据类型。

（1）整型（integer）。

在 C 语言中，整型数据的标识符为 int。根据整型变量的取值范围，我们可将整型数据具体定义为六种类型，如表 3.3 所示。

表 3.3　整型数据类型

数据类型	定义标识符	占字节数	数值范围
短整型	short [int]	2(16 位)	$-2^{15} \sim 2^{15}-1$
整型	int	4(32 位)	$-2^{31} \sim 2^{31}-1$
长整型	long [int]	4(32 位)	$-2^{31} \sim 2^{31}-1$
无符号整型	unsigned [int]	2(16 位)	$0 \sim 2^{16}-1$
无符号短整型	unsigned short [int]	2(16 位)	$0 \sim 2^{16}-1$
无符号长整型	unsigned long [int]	4(32 位)	$0 \sim 2^{32}-1$

注：[ ]内为可选内容。

（2）实型。

实型数据即实数，包括正实数、负实数和零。根据实型变量的取值范围，我们可将实型数据具体定义为四种类型，如表 3.4 所示。

表 3.4　实型数据类型

数据类型	定义标识符	数值范围	占字节数	有效位数
单精度实型	float	$-3.4E-38 \sim 3.4E+38$	4(32 位)	6～7 位
双精度实型	double	$-1.7E+308 \sim 1.7E+308$	8(64 位)	15～16 位
长双精度实型	long double	$-3.4E+4932 \sim 1.1E+4932$	16(128 位)	18～19 位
布尔变量	bool	真 true 或假 false 之一	1(8 位)	—

（3）字符型。

字符常量是由单个字符组成的，所有字符采用 ASCII 编码，ASCII 编码共有 128 个字符。在程序中，我们通常用一对单引号将单个字符括起来，表示一个字符常量。如'a' 'A' '0'等。

3．C 语言的常用库函数

C 语言的常用库函数如表 3.5 所示。

表 3.5　C 语言的常用库函数

函数名	格式	功能说明	举例
绝对值函数	abs(x)	求一个数 x 的绝对值	abs(−5)=5
自然数指数函数	exp(x)	求实数 x 的自然指数	exp(1)=2.71828
向下取整	floor(x)	求不大于实数 x 的最大整数	floor(3.14)=3
向上取整	ceil(x)	求不小于实数 x 的最小整数	ceil(3.14)=4
自然对数函数	log(x)	求实数 x 的自然数对数	log(1)=0
指数函数	pow(x,y)	计算 x^y，结果为双精度实数	pow(2,3)=8
随机函数	rand( )	产生 0 到 RAND～MAX 之间的随机整数	
平方根值函数	sqrt(x)	求实数 x 的平方根	sqrt(25)=5

（二）C 语言语句

C 语言程序的实行部分是由语句组成的，程序的功能也是通过执行语句实现的。C 语言语句主要包括以下五类。

1. 表达式语句

表达式语句由表达式加上分号";"组成。其一般形式为:

表达式;

执行表达式语句就是计算表达式的值。

```
例 3.1
x = y + z;a = 52;//赋值语句
a + b;//加法运算语句,但计算结果不能保留,无实际意义
i++;//自增1语句,i值增1
i++;//是先运算 i 后再加 1
++i;//是先把 i 值增 1 后再运算
```

2. 函数调用语句

函数调用语句由函数名、实际参数加上分号";"组成。其一般形式为:

函数名(实际参数表);

执行函数调用语句就是调用函数体并把实际参数赋予函数定义中的形式参数,然后执行被调函数体中的语句,从而求取函数值。

```
例 3.2
printf("%d%f%s",a,b,c); /*调用名为"printf"的函数*/
```

3. 控制语句

控制语句用于控制程序的流程,以实现程序的各种结构方式,它们由特定的语句定义符组成。C语言有九种控制语句,可分成三类。① 条件判断语句:if 语句、switch 语句;② 循环执行语句:do while 语句、while 语句、for 语句;③ 转向语句:break 语句、goto 语句(此语句尽量少用,因为这不利于结构化程序设计,滥用它会使程序流程无规律、可读性差)、continue 语句、return 语句。

4. 复合语句

我们把多个语句用括号"{}"括起来组成的一个语句称为复合语句。在 C 语言程序中应把复合语句看成是单条语句,而不是多条语句,例如:

```
例 3.3
        {
            x = y + z;
            a = b + c;
            printf("%d%d",x,a);
        }
```

这是一条复合语句,复合语句内的各条语句都必须以分号";"结尾,此外,在括号"}"外不能加分号。

5. 空语句

我们把只有分号";"组成的语句称为空语句。空语句是什么也不执行的语句。在程序中,空语句可用来作空循环体。

例 3.4
$$while(getchar(\ \ )!=\backslash n);$$

本语句的功能是,当 getchar( ) 的值不是回车时,就进入 while 循环。这里的循环体为空语句。

（三）C 语言数据的输入输出

在 C 语言中,输入输出需要调用<stdio.h>库函数中的 scanf 函数和 printf 函数。

1. scanf 函数

scanf 函数的功能是格式化输入任意数据列表。其一般调用格式为:

$$scanf(格式控制符,地址列表);$$

① 地址列表中给出的地址可以为变量的地址,也可以为字符串的首地址。

② 格式控制符由"％"和格式字符组成,作用是将要输入的字符按指定的格式输入,如％d、％c 等。

2. printf 函数

printf 函数的功能是格式化输出任意数据列表。其一般调用格式为:

$$printf(格式控制符,输出列表);$$

① 格式控制符由输入格式说明和普通字符组成,必须用双引号括起来。其中,格式说明由"％"和格式字符组成,作用是将要输出的字符转换为指定的格式,如％d,％c 等;普通字符是在输出时原样输出的字符,一般在显示时起提示作用。

② 输出列表是真正要输出的内容。

（四）C 语言数组

数组是用于存储多个相同类型数据的集合。在 C 语言中,数组主要分为一维数组、二维数组和字符数组。

1. 一维数组

（1）一维数组的定义。

当数组中每个元素只带有一个下标时,我们称这样的数组为一维数组。一维数组的定义格式如下:

$$类型说明符\ \ 数组名[常量表达式];$$

① 数组名的命名规则与变量名的命名规则一致。

② 常量表达式表示数组元素的个数,必须是常量,不能是变量。

例 3.5

```
int a[10];
int b[n];
```

在例 3.5 中，数组 a 的定义是合法的，数组 b 的定义是非法的。

a 是一维数组的数组名，该数组有 10 个元素。由于每个数组的第一个元素的下标都是 0，因此一维数组 a 的第一个元素为 a[0]。例 3.5 中的一维数组 a 在内存中的存储情况如图 3.8 所示：

a[0]	a[1]	a[2]	a[3]	a[4]	a[5]	a[6]	a[7]	a[8]	a[9]

图 3.8　例 3.5 中一维数组 a 在内存中的存储情况

（2）一维数组的引用。

通过给出的数组名称和元素在数组中的位置编号（即下标），程序可以引用一维数组中的任何一个元素。一维数组元素的引用格式为：

> 数组名[下标];

> 例 3.6
>
> a[5];
> a[i+j];
> a[i++];
> 若 i、j 都是 int 型变量，则 a[5]、a[i+j]、a[i++]都是合法的元素

在一维数组的引用中，下标可以是任意值为整型的表达式，该表达式里可以包含变量和函数调用。引用时，下标值应在数组定义的下标值范围内。

数组的精妙在于下标可以是变量，人们可以通过对下标变量值的灵活控制，达到灵活处理数组元素的目的。C 语言不能一次引用整个数组，只能逐个引用数组元素。数组元素和普通变量完全相同，我们可以像使用同类型的普通变量那样使用数组元素，对其进行赋值和运算的操作。

（3）一维数组的初始化。

数组的初始化可以在定义时一并完成，其格式为：

> 类型说明符　数组名[常量表达式] = {值 1,值 2,…}

> 例 3.7
>
> int a[5] = {1,2,3,4,5}

在初始值列表中可以写出全部数组元素的值，也可以只写出部分数组元素的值。例如，以下方式可以对数组进行初始化：int x[10]={0,1,2,3,4}，此方法仅对该数组的前 5 个元素依次进行初始化，该数组中其余元素的值为 0。

若将数组元素全部初始化为 0，等号后可以简写为"{}"。例如，int a[5]={}，此语句将数组 a 的 5 个元素都初始化为 0。

2. 二维数组

（1）二维数组的定义。

当一维数组元素的类型也是一维数组时，便构成了"数组的数组"，即二维数组。二维数

组定义的一般格式为:

> 数据类型　数组名[常量表达式1][常量表达式2];

例 3.8

> int a[4][10];

例 3.8 中的数组 a 实质上是一个有 4 行 10 列的表格,该表格中可存储 40 个元素。第 1 行第 1 列的数组元素为 a[0][0],第 n 行第 m 列的数组元素为 a[n−1][m−1]。

(2)二维数组的引用。

二维数组的引用与一维数组的引用类似,区别在于,二维数组元素的引用必须给出两个下标,引用的格式为:

> 数组名[下标1][下标2];

在二维数组的引用中,每个下标表达式的取值不应超出下标所指定的范围,否则会导致越界错误。

例 3.9

> int a[3][5];

在例 3.9 中,a 是一个二维数组(相当于一个 3×5 的表格),共有 3×5=15 个元素,它们分别是:

a[0][0] a[0][1] a[0][2] a[0][3] a[0][4]
a[1][0] a[1][1] a[1][2] a[1][3] a[1][4]
a[2][0] a[2][1] a[2][2] a[2][3] a[2][4]

我们可以将二维数组 a 看成一个矩阵(表格),a[2][3]即表示第 3 行第 4 列的元素。

(3)二维数组的初始化。

二维数组的初始化和一维数组类似。我们可以将每一行分开,写在各自的括号里(如例 3.10),也可以把所有数据写在一个括号里。

例 3.10

> int direct[4][2] = {{1,0},{0,1},{−1,0},{0,−1}}

3. 字符数组

字符数组是指元素为字符的数组。字符数组是用来存放字符序列或字符串的。字符数组也有一维、二维之分。

(1)字符数组的定义。

字符数组的定义格式与一般数组相同,所不同的是:字符数组的类型是字符型。字符数组的第一个元素是 ch[0]。字符数组定义的具体格式为:

> char 数组名[常量表达式1]…

例 3.11
```
char ch1[5]; //数组 ch1 是一个具有 5 个字符元素的一维字符数组
char ch2[3][5]; //数组 ch2 是一个具有 15 个字符元素的二维字符数组
```

(2)字符数组的赋值。

字符数组的赋值分为数组的初始化和数组元素的赋值两种方式。

① 数组的初始化。

数组的初始化又有用字符初始化和用字符串初始化两种方式。例 3.12 为用字符初始化数组,例 3.13 为用字符串初始化数组。当初始值个数少于数组的元素个数时,从首元素开始赋值,剩余元素默认为空字符。

例 3.12
```
            char chr1[5] = {'a','b','c','d','e'};
```
例 3.13
```
            char chr2[5] = "abcd";
```

② 数组元素的赋值。

数组元素的赋值是给字符数组的各个元素赋一个字符值。

例 3.14
```
            char chr3[3];
            chr3[0] = 'a';
            chr3[1] = 'b';
            chr3[2] = 'c';
```

(五) C 语言函数

1. 函数的定义

在 C 语言中,函数的定义格式为:

```
数据类型    函数名(形式参数表)
    {
        函数体              //执行语句
    }
```

① 函数的数据类型是函数的返回值类型(若数据类型为 void ,则无返回值)。

② 函数名是标识符,一个程序中除了主函数名必须为 main 外,其余函数的名字按照标识符的取名规则可以任意选取,一般情况下,最好取有助于记忆的函数名。

③ 形式参数(以下简称"形参")表可以是空的(即函数为无参函数),也可以有多个。当有多个形参时,各个形参间用逗号隔开。不管有无形参,函数名后的圆括号都必须有。形参必须有类型说明。形参可以是变量名、数组名或指针名,它的作用是实现主调函数与被调函数之间的关系。

④ 函数中最外层一对花括号"{}"括起来的若干个说明语句和执行语句组成了一个函

真题测试
3.9

数的函数体。函数的功能由函数体内的语句决定。函数体实际上是一个复合语句,它可以没有任何类型说明,只有语句,也可以两者都没有,即函数为空函数。

⑤ 函数不允许嵌套定义,在一个函数内定义另一个函数是非法的;但函数允许嵌套使用。

⑥ 在没有被调用的时候,函数是静止的。此时的形参只是一个符号,它意味着在形参出现的位置应该有一个某种类型的数据。函数在被调用时才被执行,也就是说在函数被调用时才由主调函数将实际参数(以下简称"实参")值赋予形参。这与数学中的函数概念相似,如数学函数 $f(x)=2x+x+1$,只有当自变量被赋值以后,才能计算出函数 $f(x)$ 的值。

2. 函数的声明和调用

(1) 函数的声明。

调用函数之前先要声明函数原型。在所有函数定义之前或在主调函数中,我们可按如下格式对函数进行声明:

> 类型说明符　被调函数名(含类型说明的形参表);

如果是在所有函数定义之前声明了函数原型,那么该函数原型在本程序文件中任何地方都有效,也就是说,在本程序文件中任何地方都可以依照该原型调用相应的函数。如果是在某个主调函数内部声明了被调用函数原型,那么该函数原型就只能在这个函数内部有效。

例 3.15

```
int js(int n);
或
int js(int);
```

我们可以看到,函数声明与函数定义时的第一行类似,不同的是,函数声明只在末尾多了一个分号,成为一个声明语句而已。

(2) 函数的调用。

声明了函数原型之后,我们便可以按如下格式调用函数:

> 函数名(实参列表);

调用函数时,实参列表中应给出与函数原型的形参个数相同、类型相符的实参。实参一般应具有确定的值,它可以是常量、表达式,也可以是已有确定值的变量、数组或指针名。函数调用既可以作为一条语句(可以没有返回值),也可以出现在表达式中(必须有明确的返回值)。

(3) 函数的返回值。

在组成函数体的各类语句中,值得注意的是返回语句 return。它的一般格式是:

> return(表达式);

return 语句的功能是把程序流程从被调函数转向主调函数并把表达式的值带回主调函数,实现函数的返回。所以,圆括号内表达式的值实际上就是该函数的返回值。其返回值的类型即为它所在函数的函数类型。当一个函数没有返回值时,该函数中可以没有 return 语句,直接利用函数体的右花括号"}"作为没有返回值的函数的返回;也可以有 return 语句,但 return 后没有表达式。

知识拓展
3.1

3. 全局变量和局部变量

（1）全局变量。

定义在函数外部没有被花括号括起来的变量称为全局变量，全局变量的作用域是从变量定义的位置开始到文件结束。全局变量由于是在函数外部定义的，因此对所有函数而言都是外部的，可以在文件中位于全局变量定义后面的任何函数中使用。

（2）局部变量。

局部变量的作用域是在定义该变量的函数内部，换句话说，局部变量只在定义它的函数内有效。函数的形参也是局部变量。局部变量的存储空间是临时分配的，当函数执行完毕后，局部变量的空间就被释放，其中的值无法保留到下次使用。

（六）C语言的文件、结构体和共用体

1. 文件

文件是根据特定的目的而收集在一起的有关数据的集合。C语言将每一个文件看成是一个有序的字节流，每个文件都以文件结束标志结束。如果要操作某个文件，程序必须首先打开该文件。当一个文件被打开后，该文件就和一个字节流关联起来，这里的字节流实际上是一个字节序列。

在C语言中，对文件的操作主要有以下几个步骤。

（1）打开文件，将文件指针指向这个刚打开的文件，决定打开文件的类型，命令格式为：

```
FILE * freopen (const char * filename,const char * mode,FILE * stream);
```

filename为要打开文件的文件名；mode为文件打开的模式，和freopen中的模式（r/w）相同；stream为文件指针，通常使用标准流文件（stdin/stdout/stderr）。

（2）对文件进行读、写操作。

（3）在使用完文件后，关闭文件，命令格式为：

```
fclose(stdin);fclose(stdout); //关闭文件
```

2. 结构体

C语言中的结构体在数据存储方面相当于其他高级语言中的记录，但它有着面向对象的优势。结构体的定义有如下两种方式。

（1）定义结构体类型的时候同时定义变量，具体格式为：

```
struct 结构体类型名{          //其中struct是关键字
    成员表；                   //可以有多个成员
    成员函数；                 //可以有多个成员函数，也可以没有
}结构体变量表；               //可以同时定义多个结构体变量，用","隔开
```

（2）先定义结构体，再定义结构体变量，具体格式为：

```
struct 结构体类型名{
    成员表；
    成员函数；
};
    结构体名   结构体变量表         //同样可以同时定义多个结构体变量
```

3. 共同体

共用体也称联合,是一种数据格式,能够存储不同类型的数据,但同一时间只能储存一种类型数据。

例 3.16
```c
union color c
{
    int rgb[3];
    int cmyk[4];
};
```

"color c"可以定义一个颜色变量 c,c 可以有两种方式记录颜色:RGB 方式或者 CMYK 方式,但这两种方式不能同时使用。共同体的优势之一:当数据项使用多种格式(但不会同时使用)时,可以节省存储空间。

(七) C 语言指针

1. 指针变量

(1) 指针变量的定义。

定义指针变量的一般语法格式为:

```
类型说明符 *变量名;
```

例 3.17
```c
int *p = NULL;
```

例 3.17 定义了一个指针变量 p,p 指向一个内存空间,里面存放的是一个内存地址,现在赋值为 NULL(其实就是 0,表示特殊的空地址)。

(2) 指针变量的赋值。

把整型变量 a 的地址赋予指针变量 p 有以下两种方法。

① 指针变量初始化的方法。

```c
int a;
int *p = a;
```

② 赋值语句的方法。

```c
int a;
int *p;
p = &a;
```

指针变量和普通变量一样,使用之前既要定义说明,还必须被赋值,未经赋值的指针变量不能使用。

2. 数组指针变量

指向数组的指针变量称为数组指针变量。定义数组指针变量的一般格式为:

> 类型说明符 * 指针变量名;

例 3.18

```
int a[5];
int *pa = a;
```

例 3.18 定义了一个长度为 5 的整型数组 a,同时定义了一个整型指针变量 pa,指向数组 a 的起始地址。

数组指针变量的引用方法有如下两种。

(1) 下标法。

用 pa[i] 的形式访问数组 a 中的元素。

(2) 指针法。

采用 *(pa+i) 的形式,用间接访问的方法来访问数组元素。

3. 字符指针变量

指向字符的指针变量称为字符指针变量。

例 3.19

```
char *str = "I love China!";
```

对字符指针变量初始化,实际上是把字符串的第一个元素的地址(即存放字符串的字符串数组的首元素地址)赋给 str。例 3.19 中的语句等价于:

```
char *str;
str = "I love China!";
```

4. 函数指针

自定义函数可以返回指针类型的数据(即地址),返回指针值的函数的一般定义格式为:

> 类型名 * 函数名(参数列表);

例 3.20

```
int *a(int x, int y);
```

在例 3.20 中,a 是函数名,调用它后得到一个指向整型数据的指针(地址)。x 和 y 是函数 a 的形参,均为整型。函数指针的基本操作有如下三个。

(1) 声明函数指针。

声明函数指针,即声明要指定函数的返回类型以及函数的参数列表。

例 3.21

```
int (*fp)(int);
```

（2）获取函数指针的地址。

获取函数指针的地址使用函数名即可。

例 3.22

$$fp = test;$$

（3）使用函数指针来调用函数。

我们可以用（*fp）来间接调用其指向的函数。

5. 结构体指针

结构体指针变量是指指向一个结构体变量的指针变量。结构体指针变量的值是所指向的结构体变量的起始地址。通过结构体指针即可访问该结构体变量。结构体指针变量定义的一般格式为：

结构体名 * 结构体指针变量名；

例 3.23

```
struct student{
  char name[20];
  char sex;
  float score;
} * p;
```

第四节　VB 程序设计语言

一、面向对象程序设计语言概述

（一）面向对象程序设计语言的基本概念及术语

所谓面向对象，就是基于对象概念，以对象为中心，以类和继承为构造机制，来认识、理解、刻画客观世界和设计、构建相应的软件系统。面向对象程序设计语言的主要思想就是将数据（称为数据成员）以及处理这些数据的例程（称为成员函数）全部封装在一起形成一个类。面向对象程序设计语言的相关术语主要有如下几个。

（1）对象：具有某种特殊数据（属性）和操作行为（方法）的实体。

（2）类：具有相同操作功能（方法）和相同数据格式（属性）的对象的集合，即一组对象的抽象。

（3）方法：对数据的操作。

（4）消息：用程序语句实现的一个命令。

一个程序是由多个对象组成的，每个对象都包含有自己的数据成员和成员函数，其他对象不能直接对它的私有数据进行操作，只有对象自身的方法才能对其进行操作，不同对象之间的联系是通过消息来完成的。

（二）面向对象程序设计语言的特征

所有的面向对象程序设计语言都具有封装性、继承性和多态性这三个特征。

1. 封装性

封装性指的是把数据以及操作数据的方法代码组织到一起，即把数据和方法放在同一个对象中。

2. 继承性

继承性指的是一个新类可以从现有的类中派生出来，新类具有父类中的所有特性，直接继承了父类的数据和方法，新类的对象可以调用该类及其父类的成员变量和成员函数。

3. 多态性

多态性指的是一个接口能够做多种用途，而其特定的用途由其特定的环境所决定。从实质上说，就是一个接口，多种方法。

二、VB 基础知识

（一）VB 简介

Visual Basic(简称"VB")是 Microsoft 公司开发的一种通用的基于对象的程序设计语言，是一种结构化、模块化、面向对象、包含协助开发环境、以事件驱动为机制的可视化程序设计语言。

VB 有如下几个特点：

（1）VB 是一种可视化的、面向对象和采用事件驱动方式的结构化高级程序设计语言；

（2）VB 可用于开发 Windows 环境下的各类应用程序；

（3）VB 向人们提供事件驱动的编程机制和新颖易用的可视化设计工具。

（二）VB 的相关概念、基本控件和窗体

1. VB 的相关概念

（1）对象：具有特殊属性和行为方式的实体。VB 中常见的对象是窗体和控件。

（2）属性：用以描述对象的特征，用"属性值"体现其特征。VB 提供两种设置属性值的方法：一是在设计界面过程中，通过属性窗口设置；二是在编写代码过程中，通过编写代码来进行设置，具体格式为：

对象名.属性名 = 属性值

（3）事件：发生在对象上的事情以及可被控件识别的操作，每个对象有特定的事件。VB 中常见的事件有 click、command_click、load 等。

（4）方法：指使对象动作的命令，其实质是可供用户直接调用的过程或函数。VB 中常用的方法有 Print、Cls 等。

2. VB 的基本控件和窗体

VB 中常用的相关控件(如标签、文本框、命令按钮等)和窗体如图 3.9 所示。

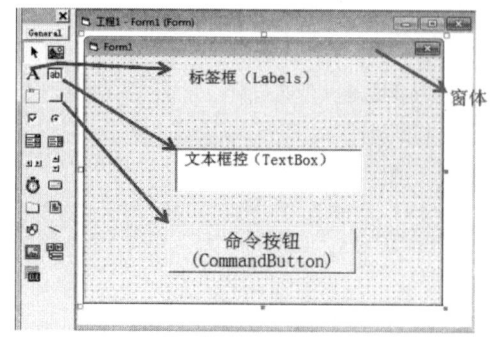

图 3.9　VB 常用的相关控件及窗体

窗体是进入 VB 程序设计界面的基础平台,在程序运行时就是程序的实际窗口。用户可以通过窗体的"属性"来定义窗体的外观,通过窗体的"方法"来定义窗体的行为,通过窗体的"事件"来定义与用户之间的交互。VB 程序设计的主要思路就是围绕各对象的属性、方法和事件展开的。

3. VB 程序设计的一般过程

VB 程序设计的一般过程包含以下三个步骤:

（1）设计程序界面；

（2）编写程序代码；

（3）调试、运行程序。

三、VB 的基本结构

（一）VB 的数据类型

VB 的数据类型如表 3.6 所示。

表 3.6 VB 的数据类型

数据类型	名称	字节数	取值范围和性质
整数型	Integer	2	－32768～32767 内的整数
长整数型	Long	4	－2147483648～2147483647 内的整数
单精度实数型	Single	4	绝对值在 1.401298E－45～3.402823E38 内的任何实数,有效数字约 6～7 位
双精度实数型	Double	8	绝对值在 10E－324～1.79E308 内的任何实数,有效数字约 14～15 位
字节型	Byte	1	0～255
变长字符串型	String		每个字符占 1 个字节,每个字符串最多可存放约 20 亿个字符
定长字符串	String * size		size 是小于 65535 的无符号整常数,为字符串长度
逻辑型	Boolean	2	判断的结果：其值为 true 或 false
日期型	Date	8	日期和时间：100.1.1—9999.12.31
货币型	Currency	8	－922337203685477.5808～922337203685477.5807
对象型	Object	4	任何对象的引用
变体型	Variant		若存放数值类型数据,占 16 个字节,最大可达 Double 的范围；若存放字符串类型数据,字符串长度与变长字符串相同

（二）VB 的常量和变量

1. 常量

（1）常量的概念。

常量是指在程序运行时其值不能改变的量。VB 中存在两种形式的常量：直接常量和符号常量。

① 直接常量是指在程序中直接使用的数据常量,包括数值常量、字符串常量、逻辑常量以及日期常量。

② 符号常量是指用一个符号来代替数值或字符串的常量。

（2）常量的命名规则。

VB 中常量的命名规则主要包括以下五条。

① 以字母开头,其后可以使用字母、数字或下划线（不能包含标点符号和空格）；

② 不区分字母的大小写；
③ 长度不得超过 255 个字符；
④ 不能使用 VB 保留字；
⑤ 同一作用域不能重名。
(3) 常量的声明。

VB 中常量声明的语法格式为：

> Const 常量名 As [数据类型] = 常数表达式

例 3.24

> Const PI As Single = 3.14159265358979

常量声明时，数据类型如省略，则由所赋值确定常量的类型。常数表达式由数值常数、字符串常数和运算符组成。

2. 变量

(1) 变量的概念。

变量是指在程序运行时其值可以改变的量，即用来保存临时数据的空间，也称内存变量。变量的命名规则与常量的命名规则相同。

(2) 变量的声明。

VB 中变量声明的语法格式为：

> Dim 变量名 As [数据类型]

例 3.25

> Dim N As Integer

变量声明时，若省略数据类型，VB 会自动将变量定义为 Variant 类型。

（三）VB 的运算符、表达式和常用函数

1. 算术运算符及其表达式

VB 的算术运算符及其表达式举例如表 3.7 所示。

表 3.7 VB 的算术运算符及其表达式举例

基本运算	运算符号	优先级	表达式举例	示例表达式的值
乘幂	^	1	2^3	8
取负	—	2	—a	a 的相反值
乘法	*	3	3 * 2.5	7.5
实数除法	/	3	5/2	2.5
整除	\	4	5\2	2
取余数	Mod	5	5 mod 2	1
加法	+	6	a+b	a+b 的值
减法	—	6	a—b	a—b 的值

注：算术运算符两边的操作数应该是数值型，若是数字字符或逻辑型，则自动转换为数值类型后再运算。

2. 字符运算符及其表达式举例

VB 的字符运算符及其表达式举例如表 3.8 所示。

表 3.8　VB 的字符运算符及其表达式举例

基本运算	运算符号	优先级	表达式举例	示例表达式的值
将两个字符或字符串拼接	＋	7	"g"＋"d"	"gd"
	＆	7	"g"＆"d"	"gd"

3. 关系运算符及其表达式

VB 的关系运算符及其表达式举例如表 3.9 所示。

表 3.9　VB 的关系运算符及其表达式举例

基本运算	运算符号	优先级	表达式举例	示例表达式的值
相等	＝	8	1＝2	False
不相等	＜＞	8	1＜＞2	True
小于	＜	8	1＜2	True
大于	＞	8	1＞2	False
小于等于	＜＝	8	10 mod 2 ＜＝20	True
大于等于	＞＝	8	10 \ 2＞＝7	False

真题测试 3.10

注：若两个操作数都是数值型，则按照大小比较；若两个操作数都是字符型，则按照字符的 ASCII 码值从左到右一一比较，汉字字符大于西文字符。

4. 逻辑运算符及其表达式

VB 的逻辑运算符及其表达式举例如表 3.10 所示。

表 3.10　VB 的逻辑运算符及其表达式举例

基本运算	运算符号	优先级	表达式举例	示例表达式的值
非	Not	9	Not(3＞2)	False
与	And	10	25＞＝10 And 25＜10	False
或	Or	11	25＞10 Or 2＜3	True

注：
（1）如果有多个条件，And 必须全部条件为真才为真；Or 则只需有一个条件为真就为真。
（2）如果逻辑运算符对数值进行运算，则以数字的二进制值逐位进行逻辑运算。And 运算常用于屏蔽某些位；Or 运算常用于把某些位置 1。

5. VB 的常用函数

VB 的常用函数如表 3.11 所示。

表 3.11　VB 的常用函数

函数名	功能	应用举例	返回值
Abs(x)	求 x 的绝对值	Abs(－3.5)	3.5
Int(x)	求不大于 x 的最大整数	Int(4.1) Int(－4.1)	4 －5
Sqr(x)	求 x 的算术平方根	Sqr(6)	2.44948
Asc(x)	字符转换为 ASCII 码	Asc("A")	65
Chr(x)	ASCII 码转换为字符	Chr(48)	"0"

续表

函数名	功能	应用举例	返回值
Val(x)	数字字符串转换为数值	Val("-170")	-170
Str(x)	数值转换为字符串	Str(-170)	"-170"
Len(x)	计算字符串的长度	Len("asd")	3
Mid(x,n,k)	取字符串 x 中第 n 个字符起长度为 k 的子串	Mid("abcd",3,1)	"c"
randomize	随机函数初始化		
Rnd	产生一个随机数(大于等于 0 ,小于 1)		

（四）VB 的赋值和输入输出

1. 赋值

VB 赋值语句的格式为：

> 变量名 = 表达式
> 或
> 对象名.属性名 = 表达式

例 3.26

> i = i + 1
> 或
> Lable1.Caption = "结果"

2. 输入输出

（1）InputBox 函数。

InputBox 函数的语法格式如下(□内的内容均可缺省)：

> 变量名 = InputBox(提示信息[,对话框标题][,输入区的默认值][,x 坐标][,y 坐标])

例 3.27　r=InputBox("请输入半径：","计算圆的面积",1,0,0)

该 InputBox 提示框如图 3.10 所示。

图 3.10　例 3.27 所得 InputBox 提示框

InputBox 函数的返回值默认为字符串,如果要把返回值进行其他类型的处理,需要事先声明返回值的类型或者对返回的字符串进行类型转换。一个 InputBox 函数只接受一个值的输入。

（2）MsgBox 函数。

MsgBox 函数提供了一个显示应用程序运行信息的标准途径,其语法格式如下（[]内的内容均可缺省）：

> 变量 = MsgBox(提示信息[,对话框类型][,对话框标题]),其中,对话框类型 = [按钮]
> [+图标]+[缺省按钮]+[模式]]

例 3.28　a=MsgBox("提示",17,"标题")

该 MsgBox 提示框如图 3.11 所示。

图 3.11　例 3.28 所得 MsgBox 提示框

消息对话框用于提示用户进行后面操作的选择,以作为继续执行程序的依据。

（3）Print 方法输出数据。

用 Print 方法在对象中显示输出文本的语法格式为：

> [对象名].Print[输出列表]

例 3.29

> Form1.Print″VB 程序设计″

输出列表中,输出项之间要用分隔符","或";"隔开。

例 3.30

> Print "abc","def"

（五）VB 的三种基本结构语句

VB 的三种基本结构语句分别是顺序结构语句、选择结构语句和循环结构语句。

1. 顺序结构语句

在顺序结构语句中,命令和语句将被按顺序逐条排列,程序执行时按语句的先后顺序逐条执行。

例 3.31
```
Const PI = 3.1415926
Dim R As Integer, Area As Single
R = Val(Text1.Text)
Area = PI * R * R
Label1.Caption = Area
```

2. 选择结构语句

在选择结构语句中,程序将判断条件是否成立,如果成立,执行成立的分支;否则执行另一分支。

(1)行 If 语句(简单分支)。

图 3.12 所示的单分支结构和图 3.13 所示的双分支结构均属于行 If 语句。

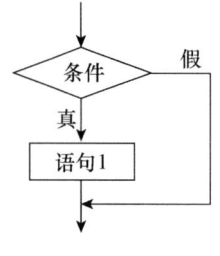
图 3.12　单分支结构

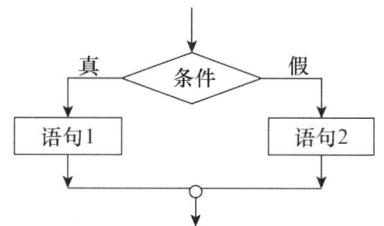
图 3.13　双分支结构

VB 中行 If 语句的语法格式为:

> If 条件表达式 Then 语句(单分支)
> 或
> If 条件表达式 Then 语句 1 Else 语句 2 (双分支)

例 3.32
```
If n<=10 Then i = i+1
        或
If x>0 Then s=1 Else s=2
```

(2)块 If 语句(多分支)。

图 3.14 所示的多分支结构属于块 If 语句。

VB 中块 If 语句的语法格式为:

```
If<表达式 1> Then
   <语句块 1>
ElseIf <表达式 2> Then
   <语句块 2>
   ...
```

```
ElseIf <表达式 n> Then
Else
<语句块 n+1>
End If
```

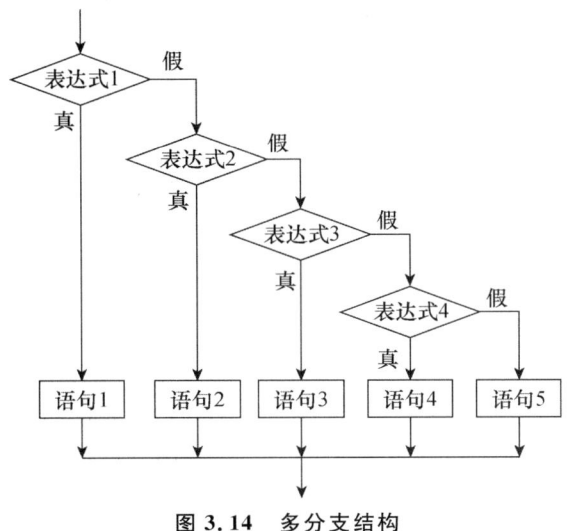

图 3.14 多分支结构

例 3.33
```
If x > 90 Then
Label1.Caption = "优秀"
Else If x > 80 Then
Label1.Caption = "良好"
Else
Label1.Caption = "及格"
End If
```

3. 循环结构语句

在循环结构语句中,程序会判断条件是否成立,如果条件成立,则重复执行循环体,直到条件不成立为止,退出循环体。VB 中的循环结构有 For 循环和 Do 循环两种常用形式。

(1) For 循环(当型循环)。

For 循环结构如图 3.15 所示。

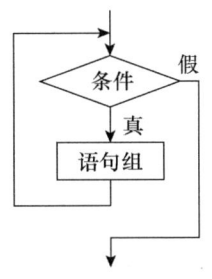

图 3.15 For 循环结构

VB 中 For 循环语句的语法格式为：

> For 循环变量 = 初值 To 终值 Step 步长
> 语句块
> Next 循环变量
> （如果步长为 1，step 1 可以省略）

例 3.34 计算 1＋3＋5＋…＋99

```
S = 0
For i = 1 To 100 Step 2
    s = s + i
Next i
```

（2）Do 循环（直到型循环）

Do 循环结构如图 3.16 所示。

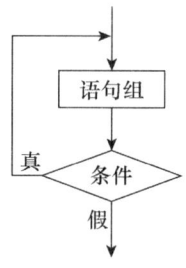

图 3.16 Do 循环结构

VB 中 Do 循环语句的语法格式为：

> Do While 条件表达式
> 语句块
> Loop

例 3.35 计算 1＋3＋5＋…＋99

```
s = 0, i = 1
Do While i <= 99
    s = s + i
    i = i + 2
Loop
```

（六）VB 的数组

1. 一维数组

（1）一维数组的定义。

数组是一组具有同一名字、相同类型的变量组成的集合。VB 中一维数组声明的语法格式为：

> Dim 数组名(上界 To 下界) As <数据类型>

例 3.36

> Dim a (1 To 10) As Integer

在 VB 中定义一维数组时,数组名的命名规则与变量的命名规则相同;数组的元素个数为上界－下界+1;缺省下界时,下标从 0 开始,此时的数组元素个数为上界－0+1＝上界+1。

（2）一维数组的引用。

VB 中一维数组的引用的语法格式为:

> 数组名(元素下标)

例 3.37

> a(i)

在 VB 中引用数组元素时,下标可以是整形变量、常量或表达式;引用下标不能越界。

（3）一维数组的初始化。

在 VB 中,数组的初始化一般与循环结构结合使用。

例 3.38

```
Dim a(9) As Integer
For i = 0 To 9 Step 1
  {  a(i) = i + 1
  }
```

2. 二维数组

VB 中二维数组声明的语法格式为:

> Dim 数组名(下标1,下标2,…) As [数据类型]

例 3.39

> Dim a(2,4) As Integer

例 3.39 声明了一个整型的二维数组,共占据 3×5 个整型变量的空间。

（七）VB 的过程

VB 程序是由过程组成的,每个过程由一组独立的程序代码组成,可以完成特定的任务。VB 过程分为两类:事件过程和通用过程。

1. 事件过程

事件过程是指由用户操作或程序中引发的事件而执行的 Sub 过程,它附加在窗体和事件上。定义事件过程的语法格式为：

> Private|Public Sub 对象名_事件名(参数列表)
>   <语句块>
> End Sub

例 3.40

>   Private Sub Command_Click(　　)(单击事件)
>   Print"hello world!"
>   End Sub

2. 通用过程

当多个不同的事件过程需要执行一段相同的代码时，为了避免代码重复，我们通常把这段代码独立出来，作为一个过程，即通用过程。通用过程包括 Sub 过程和 Function 过程两种类型。

（1）Sub 过程。

定义 Sub 过程的语法格式为：

> [Public|Private] Sub 过程名　[(参数列表)]
> <语句块>
> [Exit Sub]
> <语句块>
> End Sub

例 3.41

>   Public Sub Printf1(a As double)
>   Print a
>   End Sub

调用 SUB 过程的语法格式有以下两种：

>   Call 过程名 [(参数列表)]
> 或
>   过程名 [(参数列表)]

例 3.42

>   Call Printf(3) '参数必须在括号内
> 或
>   Printf 3'括号可以省略

(2) Function 过程。

定义 Function 过程的语法格式为：

> [Public|Private] Function 过程名 [(参数列表)] [As 数据类型]
> <语句块>
> [Exit Function]
> [<语句块>]
> End Function

例 3.43

> Private Function area(r As double) As double
> s = 3.14 * r * r
> End Sub

调用 Function 过程与调用 SUB 过程的语法一致。

Sub 过程和 Function 过程的主要区别是：Function 过程有返回值，有数据类型，返回值也可成为表达式的一部分；而 Sub 过程不需要返回值，调用时可单独作为一个语句。

四、VB 程序设计实例

（一）枚举算法

枚举算法是指按问题本身的性质，一一列举出该问题所有可能的解，并根据问题的条件对各解进行逐个检验，从中找出符合条件的解，舍弃不符合条件的解的一种算法。用枚举算法求解问题时应注意以下几点。

(1) 一一列举，逐个检验；
(2) 循环结构中嵌套分支结构；
(3) 确定列举范围，明确检验条件；
(4) 解的个数不宜过多。

例 3.44 找出 1~100 中所有能被 7 整除的数。
VB 程序实现如下：
```
Private Sub Command1_Click()
For i = 1 To 100 Step 1
    If (i Mod 7 = 0) Then
    Print i
    End If
Next
End Sub
```

（二）解析算法

解析算法是指找出表示问题的前提条件与结果之间关系的数学表达式，并通过表达式的计算来实现问题求解的一种算法。用解析算法求解问题时应注意以下几点。

(1) 明确问题的前提条件；
(2) 明确要求的解；
(3) 寻找前提条件与结果之间的数学表达式。

例3.45 出租车收费标准：起步价按1.5公里6元计，超出1.5公里部分每公里运价为1.9元。要求：输入公里数；输出乘车费用
VB程序实现如下：

```
Private Sub Command1_Click()
Dim x As Double, Dim y As Double
x = Val(Text1.Text)
If x < 1.5 Then y = 6
Else: y = 6 + (x - 1.5) * 1.9
End If
Text2.Text = Str(y)
End Sub
```

（三）排序

排序是将若干个数据元素按关键字的值以递增或递减次序排列的过程。排序可以提高数据查找的效率。排序算法有很多，这里主要介绍冒泡排序和选择排序。

1. 冒泡排序

冒泡排序算法描述如下。

(1) 比较相邻的元素，如果第一个比第二个大（小），就交换它们的位置；
(2) 对每一组相邻元素做比较，从第一对到结尾的最后一对，如此操作，最后的元素应该会是最大（最小）的数；
(3) 针对所有的元素重复以上的步骤，除了最后一个；
(4) 持续上述操作，每次对越来越少的元素重复上面的步骤，直到没有任何一对数字需要比较。

例3.46 冒泡排序VB程序（升序）如下：

```
For i = 1 To n - 1
  For j = 1 To n - i
    If a(j) > a(j+1) Then
      temp = a(j)
      a(j) = a(j+1)
      a(j+1) = temp
    End If
  Next j
Next i
```

对 n 个数进行一次冒泡排序，数据所要交换的次数最多为 $n(n-1)/2$ 次。

2. 选择排序

选择排序算法描述如下。

(1) 从待排序序列中,找到关键字最大(小)的元素;
(2) 如果最大(小)元素不是待排序序列的第一个元素,将其和第一个元素互换;
(3) 从余下的元素中,找出关键字最大(小)的元素,重复前两步,直到排序结束。

例 3.47 选择排序 VB 程序(升序)如下:

```
For i = 1 To n - 1
    imin = i
    For j = i + 1 To i
        If a(imin) > a(j) Then
            temp = a(j)
            a(j) = a(imin)
            a(imin) = temp
        End If
    Next j
Next i
```

对 n 个数进行一次选择排序,交换数据的次数为 $n-1$。

(四) 查找

查找即用关键字标识一个数据元素,查找时根据给定的某个值,在表中确定一个关键字的值等于给定值的记录或数据元素。若找到,则返回该值在给定数据表中的位置;若未找到,则返回相应提示信息。这里主要介绍一下顺序查找和折半查找这两种查找算法。

1. 顺序查找

顺序查找算法描述如下。

(1) 从数据表的第一条记录开始,将每个记录的关键字与给定的关键字进行比较;
(2) 如果某条记录的关键字和要查找的关键字相等,则查找成功并返回该记录在该数据表中的位置;
(3) 如果数据表中的所有记录都已遍历查找,还未发现关键字与要查找的关键字相等的记录,则查找失败并返回相应信息。

例 3.48 顺序查找 VB 程序如下:

```
Private Function Find(a(  ) As Single,x As Single) As Integer
Dim n%,p%
n = UBound(a)
p = 1
Do While x <> a(p) And p <= n
p = p + 1
Loop
If p > n Then p = 0
Find = p
End Function Next i
```

2. 折半查找

折半查找算法描述如下。

（1）折半查找的对象必须为有序数列，在升序排列的表中，将要查找的数据值与查找范围的中间元素值进行比较；

（2）若要查找的数据值和中间元素值正好相等，则返回中间元素值所在位置；

（3）若要查找的数据值比中间元素值小，则以整个查找范围的前半部分作为新的查找范围，执行（1），直到找到相等的值；

（4）若要查找的数据值比中间元素值大，则以整个查找范围的后半部分作为新的查找范围，执行（1），直到找到相等的值；

（5）如果最后找不到与要查找的数据值相等的元素，则返回错误提示信息。

例3.49 折半查找VB程序如下：

```
Function search(a() As Integer, x As Integer) As Integer
Dim bot%, top%, mid%
Dim find As Boolean    '代表是否找到
bot = LBound(a)
top = UBound(a)
find = False           '判断是否找到的逻辑变量,初值为False
Do While bot <= top And Not find
mid = (top + bot) \ 2
If x = a(mid) Then
find = True
Exit Do
ElseIf x < a(mid) Then
top = mid - 1
Else
bot = mid + 1
End If
Loop
If find Then
search = mid
Else
search = -1
End If
End Function
```

第五节 数据结构

一、数据结构概述

（一）数据结构的概念

数据结构，顾名思义，即"数据"和"结构"。数据是指需要处理的数据元素的集合，一般来说，这些数据元素具有某个共同的特征。所谓"结构"，就是关系，是集合中各个数据元素之间存在的某种关系（或联系）。

（二） 数据结构研究的内容

数据结构研究的内容主要包括以下三个方面。

（1）数据集合中各个数据元素之间所固有的逻辑关系，即数据的逻辑结构。数据的逻辑结构可分为线性结构（如线性表、栈、队列、串等）和非线性结构（如树、图等）。

（2）在对数据进行处理时，各数据元素在计算机中的存储关系，即数据的存储结构，也称数据的物理结构。数据的存储结构可分为顺序存储结构和非顺序存储结构（如链式存储结构）两类。

（3）对各种数据结构进行运算。

二、线性表

在数据结构中，我们习惯将线性结构称为线性表，线性表是最简单且最常用的一种数据结构。

（一） 线性表的概念

线性表是 $n(n \geqslant 0)$ 个相同类型的数据元素构成的有限序列，当 $n=0$ 时，线性表的数据元素个数为 0，此时的线性表称为空表。

（二） 非空线性表的特征

非空线性表主要具有如下特征：

(1) 只有一个根节点；

(2) 有且只有一个终端点；

(3) 除根节点与终端节点外，其他所有节点有且只有一个前件，也有且只有一个后件；

(4) 节点个数 n 称为线性表的长度。

（三） 线性表的顺序存储结构和链式存储结构

在计算机中，有两种存放线性表的方式：顺序存储和链式存储。

1. 线性表的顺序存储结构

线性表的顺序存储结构是指用一组地址连续的存储单元依次存储线性表的元素。用顺序存储结构存储的线性表也称为顺序表。顺序表的优点是可按序号随机存取顺序表中的数据元素。缺点是在做插入或删除运算时，需要移动大量元素；在为长度变化较大的线性表预先分配空间时，必须按最大空间分配，因此会使得存储空间不能得到充分利用；表的容量难以扩充。

2. 线性表的链式存储结构

线性表的链式存储结构是指用一组任意的连续或不连续的存储单元来存储线性表的元素。用链式存储结构存储的线性表也称链表。在此结构中，每个元素须存储两部分信息：一部分是元素本身的信息，称为"数据域"；另一部分是该元素的直接后继元素的存储位置，称为"指针域"，数据域和指针域统称为一个节点。

在链式存储结构中，元素是由指针链接的，因而对链表进行"插入"或者"删除"运算时，只需修改相关节点的指针即可。

三、栈和队列

栈和队列是两种特殊的线性表。从逻辑结构上看，栈和队列也是线性表，是运算受限的线性表,故栈和队列也称为限定性的数据结构。

（一）栈

栈是限定仅在表尾进行插入和删除运算的线性表,我们将栈的表尾称为栈顶,将表头称为栈底。栈的操作是按"后进先出"(Last In First Out,LIFO)的原则进行的。数据的入栈出栈操作如图 3.17 所示。

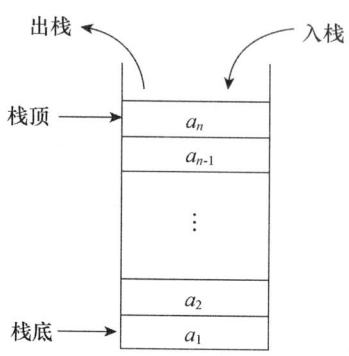

图 3.17　数据的入栈出栈操作

（二）队列

队列只允许在表的一端进行插入,并在表的另一端进行删除,通常将允许插入的一端称作队尾,允许删除的一端称作队首。队列的操作与栈相反,是按照"先进先出"(First In First Out,FIFO)的原则进行的。数据的入队出队操作如图 3.18 所示。

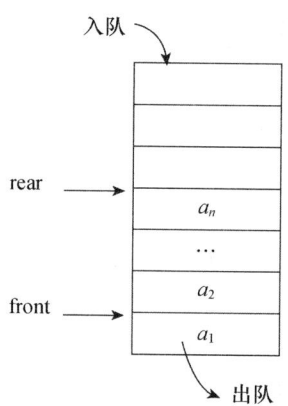

图 3.18　数据的入队出队操作

四、树和图

（一）树与二叉树

1. 树

树是一种简单的非线性结构,树是以分支关系定义的层次结构。树中每一个节点可能有多个后继,但它们的前趋却只有一个(第一个节点无前趋)。

下面介绍一个与树相关的术语。

(1) 父节点(根)：在树结构中,每一个节点只有一个前件,称为父节点；没有前件的节点只有一个,称为树的根节点,简称树的根。

(2)子节点和叶子节点：在树结构中，每一个节点可以有多个后件，称为该节点的子节点。没有后件的节点称为叶子节点。

(3)度：在树结构中，一个节点所拥有的后件个数称为该节点的度，所有节点中最大的度称为树的度。

(4)深度(高度)：我们定义一棵树的根节点所在的层次为1，其他节点所在的层次等于它的父节点所在的层次加1。树的最大层次称为树的深度。

(5)子树：在树结构中，以某节点的一个子节点为根构成的树称为该节点的一棵子树。

2. 二叉树

二叉树是一个有限的节点集合，该集合或者为空，或者由一个根节点及其两棵互不相交的左、右二叉子树所构成。

(1)二叉树的特点。

① 二叉树可以为空，空的二叉树没有节点，非空二叉树有且只有一个根节点；

② 在二叉树中，每个节点最多有两棵子树，即二叉树中不存在度大于2的节点；

③ 二叉树的子树有左右之分，其次序不能任意颠倒。

二叉树的几种形态如图 3.19 所示。

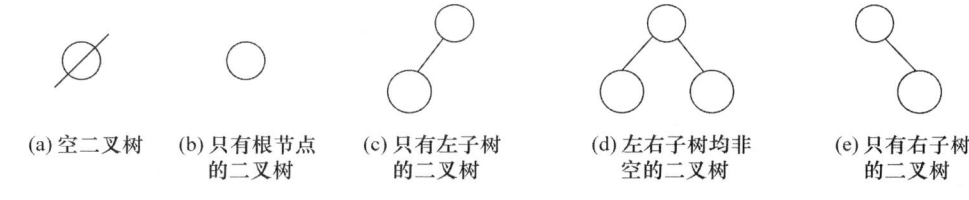

(a)空二叉树　(b)只有根节点的二叉树　(c)只有左子树的二叉树　(d)左右子树均非空的二叉树　(e)只有右子树的二叉树

图 3.19　二叉树的几种形态

(2)二叉树的基本性质。

① 在二叉树的第 K 层上，最多有 $2^{K-1}(K\geqslant1)$ 个节点；

② 在深度为 K 的二叉树中，最多有 2^K-1 个节点；

③ 对任何一棵二叉树，度为 0 的节点(即叶子节点)总是比度为 2 的节点多 1 个。

（二）图

图是一种比线性表和树更复杂、更一般的非线性数据结构。在图结构中，任意两个数据元素之间均可能相关。线性表和树都可以看成是简单的图。图包括无向图和有向图两种。

1. 无向图

若图中代表边的节点偶对是无序的，则称该图为无向图，如图 3.20 所示。

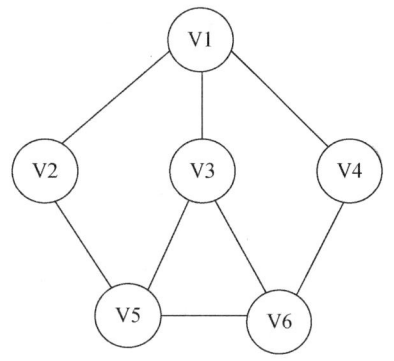

图 3.20　无向图

2. 有向图

若图中代表边的节点偶对是有序的,则称该图为有向图,如图 3.21 所示。

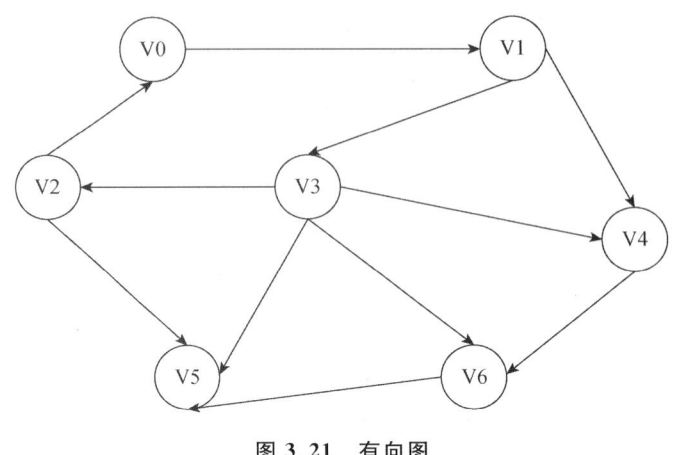

图 3.21　有向图

第六节　软件工程

一、软件工程概述

软件工程是指导计算机软件开发和维护的工程学科,它采用工程的概念、原理、技术和方法来开发、运行和维护软件,其目标是实现软件的优质高产。美国电气和电子工程师学会(Institute of Electrical and Electronics Engineers,IEEE)对软件工程下的定义是:软件工程是将系统的、规范的、可量化的方法应用于软件的开发、运行和维护,以及对这些方法的研究。

二、软件开发模型

软件开发模型是指软件开发全部过程、活动和任务的结构框架。软件开发模型能清晰、直观地表达软件开发全过程,明确地规定了要完成的主要任务和活动。

常见的软件开发模型主要有以下几种。

1. 瀑布模型

瀑布模型(Waterfall Model)遵循人们对软件生存周期的划分。软件生存周期包括计划(定义)、开发、运行(维护)三个时期,每个时期有明确的任务。瀑布模型的特点如下:

(1)软件生存周期的顺序性;
(2)尽可能推迟软件的编码;
(3)保证质量。

2. 快速原型模型

快速原型模型(Rapid Prototype Model)先根据需求分析的结果开发一个原型系统,即先制作"样品",试用后,做适当改进,然后批量生产。根据建立原型的目的不同,快速原型模型又可分为渐增型、用于验证软件需求的原型和用于验证设计方案的原型三种。

3. 软件重用模型

软件重用模型(Software Reuse Model)是指开发各种一般性功能的软件模块,将它们组成软件重用库,以便在开发新的软件时可以直接使用这些重复的模块。软件重用主要包括代码的重用、设计的重用、分析的重用和测试信息的重用四种。该模型的优点包括:减少软件的重复开发,避免软件开发人员的大量重复劳动,提高开发效率,缩短开发周期,降低开发成本。

4. 螺旋模型

螺旋模型(Spiral Model)采用一种周期性的方法来进行系统开发,它把软件开发过程描绘为"计划→风险分析→原型→用户评审"四种周而复始的活动。螺旋模型兼顾了快速原型模型的迭代的特征和瀑布模型的系统化与严格监控的特征,其最大的特点在于引入了其他模型不具备的风险分析,使软件在无法排除重大风险时有机会停止。

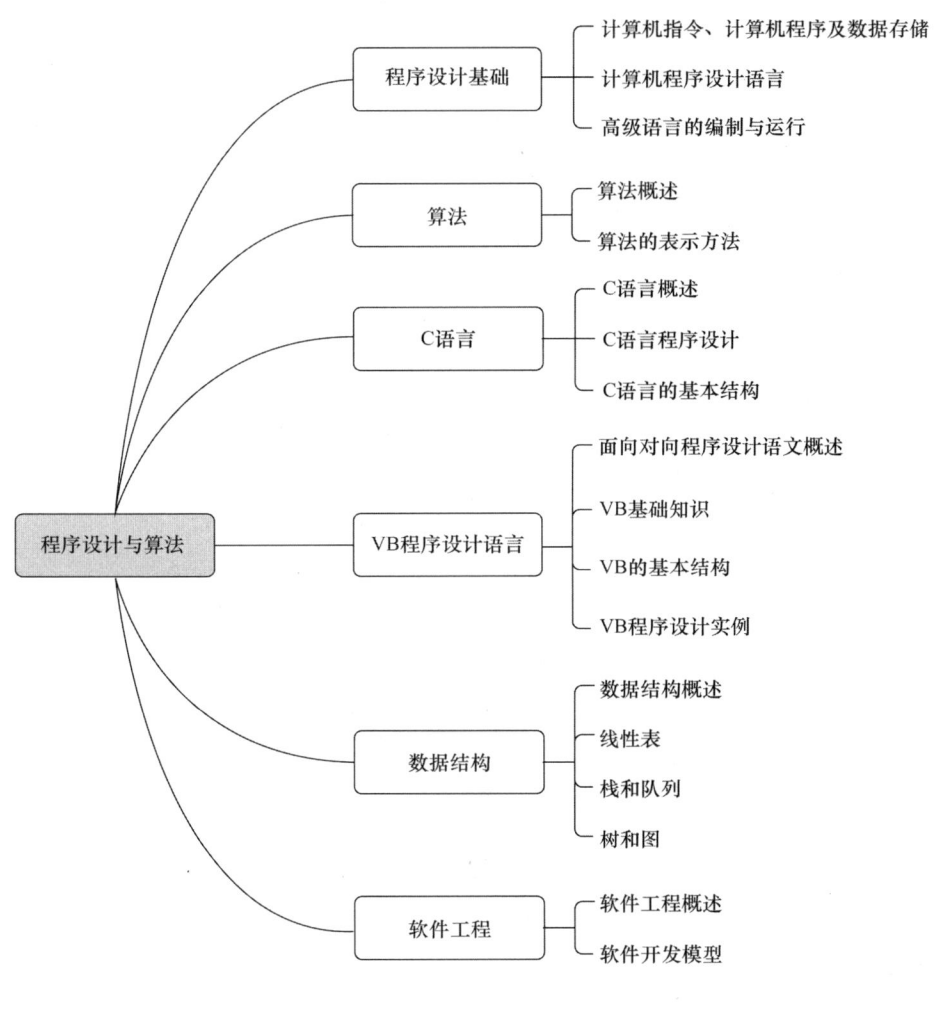

本章小结

(一)本章重难点

C语言程序设计和VB语言程序设计是本章的重点,里面包含了数据类型、运算符、表达式、三种基本结构语句、数组等的使用,需要考生在理解的基础上做到灵活运用。

C语言程序设计中的函数、指针、结构体是本章的难点,需要考生重点关注,在理解的基础上能够运用相关知识解决实际问题。

(二)学习时要注意的问题

本章学习时要注意下列几个方面:

1. 熟记C语言和VB的数据类型、运算符和表达式,对于语法要进行练习以达到熟练的目的。
2. 在掌握三种基本结构语句的基础上,多进行实际操作,多进行编程练习。
3. C语言的数组、函数、结构体和指针等较难,建议大家多实践,多上机操作。

备考指南

本章由程序设计基础、C语言程序设计、VB语言程序设计、数据结构和软件工程五个部分构成。考试题型主要是选择题和简单题,案例分析题和教学设计题出现较少。学习时首先要理解并熟记程序设计语言的数据类型、运算符和表达式,对于C语言和VB的三种基本结构语句、函数、数组,以及C语言的结构体和指针等要熟记语法,多上机操作,对于数据结构和软件工程部分则要注重理解。

自测训练

一、单项选择题

1. 算法的三种基本控制结构是顺序结构、分支结构和(   )。
   A. 模块结构   B. 情况结构
   C. 流程结构   D. 循环结构

2. 下列不属于算法基本特征的是(   )。
   A. 可行性   B. 确定性
   C. 有穷性   D. 精确性

3. 下列计算机程序设计语言不属于高级语言的是(   )。
   A. C++   B. Visual Basic
   C. 机器语言   D. C语言

4. 下列合法的变量名是(   )。
   A. 22s   B. s12   C. 2s2   D. 22

5. 函数Abs(−4)的返回值是(   )。
   A. 1   B. 2   C. 4   D. −4

6. C语言程序从(   )开始执行。
   A. 程序中第一条可执行语句
   B. 程序中第一个函数
   C. 程序中的main函数
   D. 包含文件中的第一个函数

7. 以下能对一维数组a进行初始化的语句是(   )。
   A. int a[5]=(0,1,2,3,4,)
   B. int a(5) ={}

C. int a[3]={0,1,2}
D. int a{5}={10*1}

8. 栈和队列的共同特点是(　　)。
   A. 只允许在端点处插入和删除元素
   B. 都是先进后出
   C. 都是先进先出
   D. 没有共同点

9. 下列不属于瀑布模型特点的是(　　)。
   A. 保证数量
   B. 软件生存周期的顺序性
   C. 尽可能推迟软件的编码
   D. 保证质量

二、简答题

1. 某市实施居民生活用电阶梯电价制度,用电电价表如表 3.12 所示,请用你熟悉的程序设计语言编写一段程序,计算本家庭在本年度已经使用了 x 千瓦时电量的电费 y。

表 3.12　某市居民生活用电电价表

档位	分档电量/(千瓦时/户·年)	电价标准/(元/千瓦时)
一档	1~2880(含)	0.4883
二档	2881~4800(含)	0.5383
三档	4800 以上	0.7883

参考答案及解析

一、单项选择题

1.【参考答案】D。解析：算法的三种基本结构为顺序结构、分支结构和循环结构。故选 D。

2.【参考答案】D。解析：算法的基本特征包括确定性、有穷性、可行性、输入、输出。故选 D。

3.【参考答案】C。解析：C++、Visual Basic 和 C 语言都是高级语言。故选 C。

4.【参考答案】B。解析：变量名可以由字母、下划线、数字这三个方面组成,但开头必须是字母或下划线。故选 B。

5.【参考答案】C。解析：Abs(x)函数的功能是求 x 的绝对值,Abs(-4)的结果为 4。故选 C。

6.【参考答案】C。解析：C 语言程序从 main 函数开始执行。故选 C。

7.【参考答案】C。解析：在初始化时,赋值号左边应该是"[]",右边是"{}"。故选 C。

8.【参考答案】A。解析：栈为后进先出,队列为先进先出,它们都只能在端点处插入和删除元素。故选 A。

9.【参考答案】A。解析：瀑布模型的特点为软件生存周期的顺序性、尽可能推迟软件的编码、保证质量,保证数量不是其特点。故选 A。

二、简答题
1.【参考答案】
```
int main()
{
    int x = 0;
    float y = 0;
    scanf("%d",&x);
    if(x>=1&&x<=2880)
    {
        y = 0.4883 * x;
    }
    else if(x<=4800)
    {
        y = 0.4883 * 2880 + 0.5383 * (x-2880);
    }
    else
    {
        y = 0.4883 * 2880 + 0.5383 * (4800-2880) + 0.7883 * (x-4800);
    }
    printf("%f",y);
}
```

第四章　多媒体技术应用

考纲内容

本章内容属于信息技术学科专业知识,在考纲中要求如下:
(1) 了解信息技术发展史及国内外发展动态,掌握与高中信息技术课程相关的基础知识和基本理论。
(2) 掌握与信息活动相关的法律法规、伦理道德。
(3) 掌握信息技术学科的基本理论和基本方法,并能用于分析和解决相关问题。

考纲解读

多媒体技术应用是高中信息技术学科知识的重要组成部分,考纲要求考生掌握多媒体技术应用的基本知识和基本理论,并能够用于分析和解决相关问题。

通过本章的学习,考生应准确掌握的基本知识和技能包括:多媒体技术应用和多媒体的关键技术,多媒体计算机及关键设备,图像处理软件 Photoshop 相关知识,动画制作软件 Flash 相关知识。

第一节　多媒体技术基础

一、多媒体概述

1. 媒体

在计算机领域,对于媒体有两种表述:第一,媒体是指用以存储信息的实体,如磁盘、磁带、光盘、半导体存储器等;第二,媒体是指承载信息的载体,如文本、声音、图像、动画等。多媒体技术中的媒体是指后者。

2. 多媒体

一般来说,多媒体(Multimedia)是两种或两种以上的媒体的综合,我们也可以理解为多媒体是对直接作用于人的感官的文字、图像、图形、声音、动画、视频等各种媒体的统称。多媒体的五个类别分别为感知媒体、表示媒体、表现媒体、存储媒体和传输媒体。

3. 多媒体技术

用计算机对文本、图像、图形、声音、动画、视频等多种信息进行综合处理、建立逻辑关系和进行人机交互的技术称为多媒体技术。真正的多媒体技术所涉及的对象是计算机技术的产物，而其他的单纯实物，如电影、电视、音响、投影等，均不在其范畴。

知识拓展 4.1

4. 多媒体技术的特征

多样性、数字化、集成性、交互性、非线性、实时性和协同性是多媒体技术的七大特征。

知识拓展 4.2

二、几种关键的多媒体技术

（一）数据压缩技术

数据压缩技术是指按照一定的算法对数据进行重新组织，减少数据的冗余和存储空间的一种技术，即在不丢失有用信息的前提下，缩减数据量，以减少存储空间，提高数据的传输、存储和处理效率。数字化的多媒体信息，尤其是数字视频、音频的数据量特别庞大，如果不对其进行有效的压缩，这些数据就难以得到实际的应用。因此，数据压缩技术已成为当今数字通信、广播、存储和多媒体应用的一项关键技术。

知识拓展 4.3

数据压缩的过程就是编码的过程，随着计算机技术和信息技术的不断发展，编码技术也在不断发展、不断成熟，目前主要有下列三大编码和压缩标准。

1. JPEG 标准

JPEG(Joint Photographic Experts Group)是针对静止图像而制定的第一个图像压缩的国际标准，1986 年制定时该标准就有了两种压缩编码方案：有损压缩和无损压缩。该标准对单色图像的压缩比为 10∶1，对彩色图像的压缩比为 5∶1。这一标准广泛应用在图文档案管理、彩图传真等方面。

2. MPEG 标准

MPEG(Moving Pictures Experts Group)的意思是"动态图像专家组"，是由国际标准化组织、国际电工委员会组成的专家组。MPEG 目前已是技术标准的代名词，也是热门的国际标准，主要应用在活动图像编码方面。MPEG Video、MPEG Audio、MPEG System 是 MPEG 的三个部分。

3. H.261 标准

H.261 标准又称 P64 标准，是一个视频编码标准，主要应用于可视电话、电话会议等方面，该标准同时也是对声音及视像的双向传输标准。

（二）音频技术

1. 音频概述

声音是由物体振动产生的声波，经介质传输，引起耳膜振动，振动经转换为相应的信号传输给大脑，最终被人"听"到。

知识拓展 4.4

（1）声音的特性。

声音有三个最基本的特性：响度、音调和音色。响度，是指音量的大小，由声波振动的幅度大小决定。音调，是指声调的高低，由声波每秒钟的振动次数决定。音色，又称音品，振动波不同，音色就不同，波形决定了声音的音色。人们主要通过响度、音调和音色这三个特性来区分不同的声音。

（2）声音的数字化。

自然界中的声音被数字化后，可被输入计算机，被保存、传输和反复使用，还可以被加工处理,营造特殊气氛,给人们带来听觉新感受。通常,人们把数字化后的声音称为音频。

通过把采集到的声音模拟信号做采样、量化和编码处理,可将其数字化。声音模拟信号数字化的过程如图 4.1 所示。

图 4.1　声音模拟信号数字化的过程

（3）常见的音频文件格式。

常见的音频文件格式如表 4.1 所示。

表 4.1　常见的音频文件格式

格式	说明	特点
WAV	直接记录声音的波形,声音文件和原声基本一致	质量高,但文件所占空间大
MP3	一种以压缩方式存储声音的文件格式,是音频压缩的国际标准格式	声音有微小失真,但文件不大,占用空间小
MIDI	数字音乐和电子合成乐器的统一国际标准格式,目前主要用于音乐制作、游戏配乐等	占用的磁盘空间非常小
ra 或 rm	"流"式声音格式,在网络上被广泛使用	能边下载边播放
WMA	与 MP3 格式齐名的音频格式	压缩比高,音质好,强于 MP3 与 ra 格式

2. 音频文件的存储容量公式

音频文件的存储容量公式为：

$$存储容量(B)=(采样频率×采样位数×声道数×时间)/8$$

例如,某音频文件的采样频率为 44.1 kHz,采样位数为 16 位,声道数为 2,时间为 180 秒,则该音频文件的存储容量$=44100×16×2×180/8=31752000$ B$=31008$ KB。

表 4.2 为常见数字音频的音质与数据量情况。

表 4.2　常见数字音频的音质与数据量

采样频率/kHz	数据位数/bit	声道形式	数据量/(KB/s)	音频质量
11.025	8	单声道	11	电话音质
22.05	8	单声道	22	收音音质
44.1	16	立体道	172	CD 音质

（三）视频技术

视频文件是连续画面组成的动态场景,这些画面是实际拍摄而来的,如电视、电影等都是真实的现场记录。

视频文件的存储容量公式为：

$$存储容量(B)=(画面尺寸×色彩位数×帧频×时间)/8$$

例如,某视频文件的画面尺寸为 800×480,色彩位数为 24 位,帧频为 25,时间为 60 秒,则该视频文件的存储容量$=800×480×24×25×60/8=1.728×10^9$ B$=1687500$ KB。

第二节　多媒体计算机及其关键设备

一、多媒体计算机概述

1. 多媒体计算机的概念

能对多媒体信息（如声音、图像、视频、动画等）进行综合处理的计算机称为多媒体计算机。

2. 多媒体计算机的特点

多媒体计算机的基本功能是将各种媒体上不同形式的信息数字化，然后对其进行组织、加工处理，最后将信息结果展现出来。与传统计算机相比，多媒体计算机具有数字化、集成化、交互性和实时性四个突出特点。

二、多媒体计算机系统的组成

多媒体计算机系统是一种能对文本、声音、图形、图像、动画、视频等多种媒体进行获取、编辑加工、存储和展现的计算机系统。完整的多媒体计算机系统由两部分组成：硬件系统以及与其配套的软件系统。

（一）硬件系统

1. 多媒体计算机系统的硬件组成

知识拓展
4.7

多媒体计算机系统最基本的硬件是声频卡（简称声卡）、视频卡和 CD-ROM（或 DVD-ROM）。目前人们所说的多媒体计算机是在个人计算机上加上声卡、视频卡和 CD-ROM。此外，实际应用中还应该配置其他必要的硬件设备，如摄像机、扫描仪、触摸屏、打印机、影碟机、音响设备等。

2. 多媒体计算机的硬件标准

随着计算机技术的不断发展，多媒体计算机的硬件标准也在不断提高。从 1990 年由 Microsoft 等公司筹建的多媒体计算机市场协会，到次年 10 月 8 日发表的第一代 MPC 的规格，再到 1993 年 5 月份 MPC 2.0 的技术规格的发表，接着 1996 年发布了 MPC 4.0 的技术规格。而现在普通多媒体计算机的配置也完全超过了这一标准，且还在快速发展。

（二）软件系统

1. 支持多媒体功能的操作系统

支持多媒体功能的操作系统有 Windows XP、Windows 7、Windows 8、Windows 8.1、Windows 10 等。

2. 多媒体素材制作软件

多媒体素材制作软件的作用是录制、编辑声音，录制、编辑视频，扫描、输入与处理图像，制作和生成动画等。

（1）常用的声音处理软件。

常用的声音制作与编辑软件有 Sound Recorder、Creative Wave Studio 和 Wave Edit。

① Windows 中的 Sound Recorder 程序为声音的录制与编辑提供了一个基本工具。

② Creative Wave Studio 是一个在 Windows 下用于录制、播放和编辑波形声音文件的应用软件程序，它有很强的功能，它支持 Windows 的 midi。

③ Wave Edit 是一个集声音编辑、播放、录制和转换功能为一体的音频工具，体积小巧，功能却不弱。

(2) 常用的视频处理软件。

常用的视频录制与编辑软件主要有以下几种。

① 录屏软件：可以用来录制电脑屏幕，制作微课，如 Camtasia、录屏大师等。

② 普及软件：这些软件界面简单、易于操作，可以作为简单的视频制作与编辑软件，如绘声绘影、iDo 等。

③ 专业软件：专门用来进行视频剪辑的专业软件有 Primere、Edius 等，专门用来做视频特效的专业软件有 After Effect 等。

知识拓展 4.8

第三节　图　像　处　理

一、图像处理概述

（一）图像处理基础知识

1. 图像的类型

图像在计算机中是以数字的方式被记录、处理和保存的，所以图像也可以称为数字化图像。图像分为矢量图和位图两类。

（1）矢量图。

矢量图又叫向量图。它是用一系列计算机指令来描述和记录的图像。矢量图可以分解为一系列子图，如点、线、面等，矢量图就是利用子图来直接描述图像的。例如，直线或曲线子图先是由端点的节点控制得到的，再赋予直线或曲线各种颜色等属性。编辑矢量图的本质是修改描述图形形状的直线和曲线的属性，对其进行位置、大小、颜色的改变等操作不会改变矢量图的质量。值得注意的是，矢量图和分辨率无关，用户在不同分辨率的输出设备上显示它们都会非常清晰。

（2）位图。

位图又叫点阵图，是用带颜色的小点（像素）来描述图像，并以一个个像素拼图的方式创建图像的。所以在修改位图时，修改的是像素，而不是直线或曲线。位图和分辨率成正比关系，分辨率越高，图像越精细，处理起来也越方便。另外，位图表现色彩的差异性十分精细，因为它是由许多颜色及色彩间的差异来表现图像的。

矢量图和位图的区别如表 4.3 所示。

表 4.3　矢量图和位图的区别

项目	矢量图	位图
特征	可展示清楚的线条和文字	能较好地表现色彩的浓度与层次
用途	文字、商标 Logo 等	照片或复杂图像
缩放结果	不易失真	易失真
制作 3D 影像	可以	不可以
文件大小	较小	较大
格式	ESP、DXF、WMF、SWF	BMP、JPEG、GIF、PNG

2. 像素

像素是组成图像的基本单位，通俗地讲，像素就是一个个具有一定面积的颜色块。位图通常是由很多像素组成的，当位图被放大到足够大倍数时，人们就可以清楚地看到它是由一个个不同颜色的方块排列着组成的,这一个个方块就是一个个像素。图像文件越大,其包含的像素就越多,图像也就越清晰。

3. 分辨率

从图像处理角度,我们可以将分辨率分为图像分辨率和输出分辨率两类。

(1) 图像分辨率。

图像分辨率是指一个单位长度的图像所含的像素个数。分辨率的单位是像素/英寸或像素/厘米,通常,人们用每英寸含多少像素来计算(pixel/inch)图像的分辨率,简称 PPI(Pixel Per Inch)。如果某图像的分辨率是 96 ppi,则是指在一平方英寸的图像中有 9216(96×96)个像素。分辨率越高,图像存储的信息量就越大,图像也就越清晰,相应的文件也就越大。需要注意的是,图像的清晰度受像素总数的影响。图像尺寸、像素数目、分辨率的关系如下:像素数目=图像尺寸×分辨率。若图像的像素数目不变,提高分辨率,图像会变得比原来更清晰,但其尺寸会减小;相反地,降低分辨率,其尺寸会增大,但图像会变得不如原来清晰。

(2) 输出分辨率。

输出分辨率是指图形/图像输出设备的分辨率,通常是计算每英寸含多少点(dot/inch),简称 DPI(Dots Per Inch)。值得注意的是,在实际工作中不能仅依赖输出分辨率来提高输出图像的质量,还要关注图像本身的分辨率。

4. 常用的图像文件格式

文件格式可以起到标识文件类型的作用。图像文件格式是指计算机中存储图像的方法,不同文件格式代表着不同的图像信息,图像的文件格式对其最终的应用领域起着决定性的作用。这里我们介绍几种常用的图像文件格式。

(1) JPEG 格式。

JPEG 文件的扩展名为.jpg 或.jpeg,它的压缩技术很先进——去除冗余的图像和彩色数据,JPEG 文件采用的是有损压缩的方式。此格式适合用于大尺寸的图像文件以及网络输出图像文件的传输和保存。

(2) TIFF 格式。

TIFF 是一种比较灵活的图像格式,其文件扩展名为.tif 或.tiff,它是一种无损压缩格式。图像的 TIFF 格式在 Photoshop 中可选择保存为 PC 机可读或苹果机可读的格式,也可制定压缩算法。它的出现,不是专门为了某个软件而设计,而是为了方便不同的操作平台及应用程序间保存与交换图像数据信息。所以,这种格式应用非常广泛。TIFF 文件独立于所有的操作系统和文件,大多数的扫描仪都可以输出 TIFF 格式的图像文件。

(3) BMP 格式。

BMP 是最普通的位图图像文件格式,也是 Windows 操作系统中的标准图像文件格式。它采用位映射存储格式,除了图像深度可选之外,不采用其他任何压缩,所以,该格式图像文件所占用的空间很大。我们可以使用 RLE 压缩格式来节省 BMP 图像的存储空间,这样做的优点是不会破坏图像细节,缺点是存储和打开的速度较慢。

(4) GIF 格式。

GIF 是用于显示超文本标记语言 HTML 文档中的索引颜色图形和图像的格式。GIF 是为了最小化文件大小和传输时间,是一种基于 LZW 算法的连续色调的无损压缩格式,压缩率在 50% 左右。这种格式虽然保留索引颜色图像的透明度,但不支持 Alpha 通道。其优点是极大地节省了储存空间,但最大的不足是只能处理 256 种不同的颜色。

知识拓展
4.9

(5) PNG 格式。

PNG 格式是由 Adobe 公司针对网络用图开发的一种无损压缩格式,这种格式现在使用比较广泛并有望代替 GIF 和 JPEG 格式,是一种功能特别强大的网络用文件格式(有些浏览器不支持 PNG 图像)。现在,PNG 格式最多应用于去除背景图像格式的情况,然后用于制作 Flash 动画。

(二) 图像大小的计算

图像尺寸=高×宽(例如,1280×720,1920×1080),高和宽一般以像素为单位。图像占用存储空间大小的计算公式为:

$$图像占用存储空间大小 = 高 \times 宽 \times 位深 / 8$$

其中,位深一般为 8 位、16 位、24 位,这里的数字是字节数。

二、图像处理工具(主要为 Photoshop)

(一) 常用选区工具

图像处理工具中的常用选区工具包括规则选框工具、不规则选框工具、魔棒工具、调整选区工具,具体如图 4.2 所示。

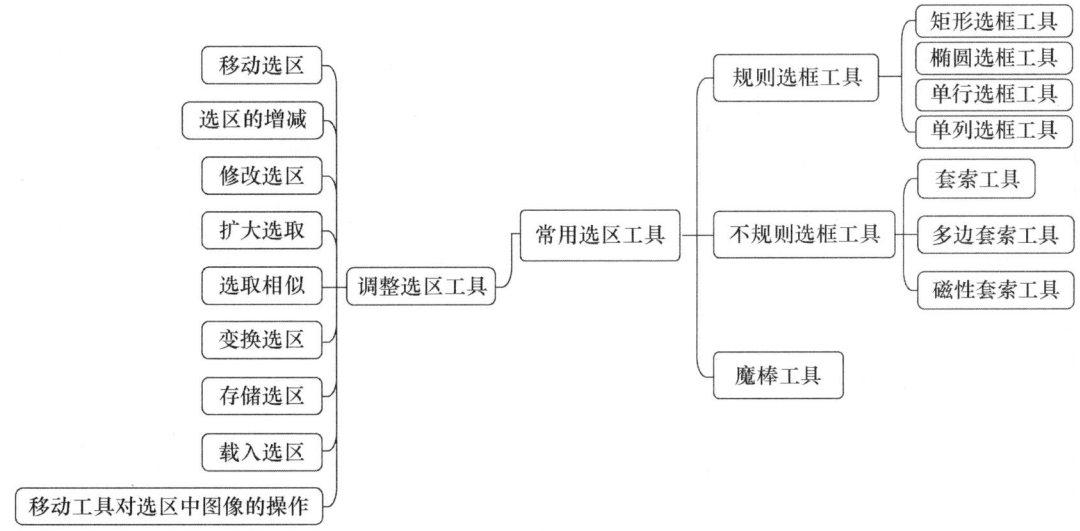

图 4.2 常用选区工具

1. 规则选框工具

规则选框工具分为四种类型:矩形选框工具、椭圆选框工具、单行选框工具和单列选框工具。

2. 不规则选框工具

不规则选框工具主要有套索工具、多边套索工具和磁性套索工具,其适用情况和特点如表 4.4 所示。

表 4.4 不规则选框工具

工具名称	适用情况	特点
套索工具	适用于边缘为曲线的图形,通过用手控制鼠标选择选区	可以用手画出任意形状的选区,但是操作难度较高

续表

工具名称	适用情况	特点
多边套索工具	适用于边缘为直线的图形,可以创建多边形不规则选区	轮廓清晰,选区边缘均为直线条
磁性套索工具	适用于对比强烈、轮廓清晰、线条复杂的区域	根据画面的颜色自动识别选区

3. 魔棒工具

魔棒工具可以选取颜色相近的区域,使用魔棒工具单击图像上的某个点时,系统会自动将附近与该点颜色相同或相近的部分作为一个选区。

4. 调整选区工具

调整选区工具主要包括以下几个功能模块。

(1) 移动选区:确定选区→将鼠标指针移动到选区内部→移动。

(2) 选区的增减:确定选区→按住 Shift 键拖动鼠标选择多个选区或者使用选区属性栏的四种模式。

(3) 修改选区:可以进行扩边、平滑、扩展和收缩操作。扩边用于给选区的边缘加上一定的宽度;平滑可以使选区边界变得平滑;扩展可将选区由中心向外均等地放大;收缩可将选区由外向内均等地缩小。

(4) 扩大选取,可扩大选区,但扩大的区域是与当前选中区域的颜色相近而且位置相连的区域,扩大范围与容差密切相关,可通过"选择"→"扩大选取"命令来实现。

(5) 选取相似:也可扩大选区,扩大的区域是与当前选中区域的颜色接近的区域,不管是否相连续。

(6) 变换选区:包括移动、旋转、缩放、斜切四个操作,不但可以通过鼠标控制直接对选区进行操作,还可以通过将数值输入在选项栏中的方式来进行对选区的控制。

(7) 存储选区:将选区存起来,以备下次调用,可通过执行"选择"→"存储选区"命令来实现。

(8) 载入选区:将存起来的选区调出来使用,可通过执行"选择"→"载入选区"命令,将已存储的选区或通道载入到当前的图像中。

(9) 移动工具对选区中图像的操作:可以移动选区内的图像或图层,移至此图像中的新位置或其他图像中,还可实现图像内选区和图层的对齐以及分布图层的操作,当视图中有选区存在时,我们还可使用移动工具移动或复制选区内的图像。

(二) 图像绘制工具

图像绘制工具主要有画笔工具、颜色取样工具和颜色填充工具。

1. 画笔工具

画笔分为尖角、柔角、喷枪硬边、喷枪软边、粉笔、星形和干画笔等不同的形式。

画笔设置方法:在工具箱中选中画笔工具,单击工具属性栏右侧按钮或使用"窗口"→"画笔"菜单命令,在打开的"画笔"调板中进行设置。设置内容包括以下几个方面:

(1) 画笔基本特征:包括直径、角度、圆度、硬度、间距等;

(2) 动态画笔特征:包括动态形态、散布、双重画笔、动态颜色等;

(3) 画笔透明度:透明度值越大,颜色越深,反之颜色越浅。

2. 颜色取样工具

颜色取样工具主要有拾色器、吸管和颜色取样器三种。

(1) 拾色器。

拾色器的使用方法：单击工具箱的颜色按钮或任意窗口中的颜色块，都会弹出"拾色器"对话框，选择相应颜色，然后单击"确定"按钮即可。

(2) 吸管。

吸管工具的使用方法：选择吸管工具，在图像上某点单击，可将该点的颜色作为前景色；按住 Alt 键的同时在图像上单击，可选择该点的颜色作为背景色。

(3) 颜色取样器。

颜色取样器的使用方法：① 在图像上的适当位置单击可以创建一个颜色采样点，最多可在图像中创建四个采样点。② 单击属性栏的"清除"按钮，可删除所有采样点；按住 Alt 键的同时单击某一采样点，可删除该采样点。

3. 颜色填充工具

图像的颜色填充方式有两种，一种是内部填充，另一种是边框填充。

(1) 内部填充。

内部填充又包括单色填充和渐变填充两种。

① 单色填充。单色填充的方法是：选中工具箱中的油漆桶工具，在工具属性栏中设置填充的颜色、图案、色彩混合模式、不透明度、是否消除锯齿和容差等属性，然后即可进行填充。

② 渐变填充。渐变填充可创建多种颜色间的逐渐过渡效果，先确定一点，然后按住鼠标左键拖动颜色，可以从已有的渐变选框中选取，也可以自己编辑。渐变的形式有五种：线性渐变、径向渐变、角度渐变、对称渐变和菱形渐变。

(2) 边框填充。

通过使用"编辑"→"描边"命令，用户可以在选区、图层周围绘制彩色边界的填充方式，这被称为边框填充。

知识拓展
4.11

（三）图像色彩的调整

单击菜单栏中的"图像"→"调整"菜单命令，选择各种调整命令即可对图像的色彩进行相应调整。对图像色彩进行的调整主要有以下几个方面。

(1) 亮度/对比度：可直观地调节图像的亮度及对比度。

(2) 色阶：用于较精确地调整图像的中间色。

(3) 曲线：用于调整图像的亮度、对比度及纠正偏色等，该命令比较精确。

(4) 色彩平衡：可以在图像原色彩的基础上根据需要来添加其他颜色，从而改变图像原色彩。

(5) 色相/饱和度：用于调整图像的单一或整体颜色。

(6) 色调：色调调整就是指将图像的颜色在各颜色之间进行调整。

(7) 去色：可以将彩色图像转换为灰度图像，图像的原色彩模式不改变。

真题测试
4.4

（四）图层的使用

1. 图层简介

图层是 Photoshop 最为核心的功能之一，它承载了几乎所有的编辑操作，如果没有图层，所有的图像都将处在同一个平面上。图层就如同堆叠在一起的透明纸，每一张纸（图层）上都保存着不同的图像，我们可以透过上面的图层的透明区域看到下面图层中的图像。

2. 图层的基本操作

(1) 创建图层。

方法一：在图层面板上单击"创建新图层"按钮；

方法二：使用"图层"→"新建"→"图层"菜单命令；

方法三：使用新建图层快捷键"Shift+Ctrl+N"。

(2) 复制图层。

方法一：在图层面板上选择要复制的图层，拖动到复制图标上；

方法二：使用"图层"→"复制图层"菜单命令；

方法三：单击图层面板右上角的三角形，通过下拉菜单复制图层；

方法四：使用复制图层快捷键"Ctrl+J"；

方法五：右击图层进行复制。

(3) 删除图层。

方法一：将图层拖动到删除按钮上；

方法二：单击图层面板右上角的三角形，通过下拉菜单删除图层；

方法三：使用"图层"→"删除"菜单命令；

方法四：右击图层进行删除。

(4) 填充图层。

方法一：使用"图层"→"新填充图层"菜单命令；

方法二：单击图层面板中"创建新的填充或调整图层"按钮，可选三种填充方式：纯色、渐变、图案。

(5) 合并可见图层。

方法一：在图层面板中单击右上角的小三角，在下拉菜单中选择"合并可见图层"；

方法二：选中要合并的图层，右击鼠标，然后选择"合并图层"；

方法三：使用合并可见图层快捷键"Ctrl+E"。

真题测试
4.5

(6) 显示和隐藏图层。

显示：图层缩略图左边的眼睛图标处于开启状态时，图层显示；

隐藏：图层缩略图左边的眼睛图标处于关闭状态时，图层不显示。

单击该眼睛图标可以在显示和隐藏状态之间进行切换。

(7) 图层顺序的调整。

方法一：在图层面板上拖动某图层到其他图层间，当出现一条黑线时松开鼠标，即可实现图层顺序的调整；

方法二：使用"图层"→"排列"菜单命令，在其后的子菜单中选择"改变图层顺序"。

(8) 添加图层样式。

使用"图层"→"图层样式"→"混合选项"菜单命令，在弹出的"图层样式"对话框中进行样式设置。图层样式主要有以下几种。

① 阴影效果。阴影效果分为投影和内阴影两种。投影将在图层上的对象、文本或形状后面添加阴影效果；内阴影将在对象、文本或形状的内边缘添加阴影，让图层产生一种凹陷外观，内阴影对文本对象的效果更佳。

② 发光效果。用户应用"外发光"样式能够使图像外部边缘产生光照效果；应用"内发光"样式可使图像内部边缘产生发光效果。

③ 描边效果。用户可以通过设置描边的大小、位置、模式和不透明度来调节描边效果，

从而使图像和文字变得更加美观。

3．文字操作

（1）创建文字层。

用户通过"横排/竖排"文字工具，可建立横排/竖排文本，并创建一个单独的文本层；通过"横排/竖排"文字蒙版，可制作文字形状的选区，但是不创建文字图层；通过创建变形文本，可制作文字变形效果（如扭曲、透视、旗帜、鱼眼等）。

（2）编辑文字格式。

① 设置字符格式。用户可通过"窗口"→"字符"菜单命令对行距和字距等格式进行设置。

② 设置段落格式。用户可通过单击"字符"面板上的"段落"标签，打开"段落"面板进行段落格式方面的设置。

（五）路径

1．路径的概念

路径是由线条及其包围的区域组成的图形。路径分为开放路径和闭合路径。

2．路径的绘制

（1）用钢笔工具创建路径。

用户可使用钢笔工具创建精确的直线路径和平滑流畅的曲线路径。

（2）绘制形状路径。

用户可使用矩形工具、圆角矩形工具、椭圆工具和自定义形状工具绘制形状路径。

（六）滤镜的使用

1．关于滤镜

滤镜在 Photoshop 中具有十分神奇的效果，可以实现对图像各种特殊效果的处理。滤镜主要用于调节光线和修改色调，可以轻松地改变图像的色彩和形状。滤镜极大地丰富了处理图像效果的手段。

2．Photoshop 中滤镜的分类及效果

通过单击"滤镜"菜单命令，在下拉列表中选择滤镜类型，用户可进行效果编辑。常用滤镜主要有以下几种。

（1）扭曲：可以使图像实现各种扭曲的效果。

（2）像素化：可以将图像装换成平面色块组成的图案。

（3）杂色：可以为图像添加杂色，让图像粗糙化。

（4）模糊：可以模拟各种镜头景深，使图像产生模糊的效果。

（5）锐化：可以使图像产生锐化边缘的效果。

（6）风格化：可以对图像边缘进行特殊效果的处理。

第四节　动　画　制　作

一、Flash 动画概述

Flash 是 Macromedia 公司出品的一款多媒体矢量动画制作软件，具有交互性强、文件尺寸小、简单易学及拥有独有的流式传输方式等优点。

Flash 动画的制作原理是通过在时间轴的不同帧上放置不同对象或同一对象的不同属

性(如大小、位置、形状、颜色等),当播放指针移动于这些不同的帧时,就形成了动画。

（一）Flash动画的相关概念

1. 图形

图形是Flash动画组成的基本元素。在进行动画制作时,用户可利用工具箱中的工具绘制出任何需要的图形。

2. 元件

元件是指可以在动画场景中反复使用的一种动画元素。它可以是一个图形,也可以是一个小动画,还可以是一个按钮。元件在舞台中的具体表现叫实例。

3. 图层

图层就像好多透明的纸,在舞台上一层层地向上叠加。用户可以透过上方图层无内容的区域看到下面图层上的内容。图层可以帮助用户更好地组织文档中的插图,用户能在不同图层上对对象进行绘制、编辑,而不会影响其他图层的内容。

4. 舞台

舞台是窗口,也可以说是文件窗口,可以编辑电影。在舞台上用户可以作图、编辑图像以及测试电影。

5. 帧

Flash将时间分成了很多小块儿,每一小块儿就是一帧,它是舞台内容中的一个片段。帧分为三类:关键帧、普通帧、空白关键帧。

（1）关键帧:它是唯一可以进行内容编辑的帧,它可以记录发生根本性变化的动画内容。

（2）普通帧:它是用来计量播放时间和过渡时间的,是由前后关键帧及过渡类型自动填充的,用户不能手动设置普通帧的内容。

（3）空白关键帧:它跟关键帧的作用相同,但没有内容,在时间轴上,它的标识是空心小圆圈。空白关键帧被填充内容后,它就变成了关键帧。

6. 帧频

帧频代表每秒钟播放的帧数,通常,默认的12fps(每秒钟播放12帧)是网页上最合适的帧频。

7. 时间轴

帧、层、播放指针是时间轴最主要的三个部分。在Flash中,按照从左到右的顺序播放帧就形成了动画。而时间轴就是安排、控制这些帧,并将复杂动作进行组合的窗口。

8. 分辨率

在Flash中,用户可以更改屏幕的分辨率,分辨率决定了动画最终显示区域的大小。

9. 标尺单位

标尺单位是影片的尺寸单位,包括像素、英寸、磅、厘米、毫米等,其中,像素是最常用的单位。

真题测试
4.6—4.7

10. 库

库是用来存储和组织在Flash中创建的各种元件的,还可以用于存储和组织导入的文件。

（二）Flash动画的类型

Flash动画可分为逐帧动画、动作补间动画和形状补间动画三种。

1. 逐帧动画

逐帧动画就像电影院放电影,每秒钟播放固定的胶片数,每张胶片都单独制作,最后连在一起播放,达到动画效果。

2. 动作补间动画

动作补间动画通过设置首尾两端关键帧的对象属性,让系统自动生成中间的补间动画。

3. 形状补间动画

形状补间动画可以使整个对象的形状都以动画的方式发生变化。

二、Flash 动画制作

(一) 绘图工具的使用

在 Flash 软件中,经常用到的绘图工具包括箭头工具、套索工具、直线工具、铅笔工具、钢笔工具、椭圆工具/矩形工具、笔刷工具、自由形变工具、墨水瓶工具、颜料桶工具、吸管工具及视图移动工具。绘图工具及其功能和使用方法如表 4.5 所示。

表 4.5 绘图工具及其功能和使用方法

工具名称	功能	使用方法
箭头工具	对对象进行选取、移动、旋转、缩放、修正轮廓等操作	(1) 选择对象 ① 单击选中对象的内部区域或轮廓线 ② 双击选中对象的内部区域或轮廓线 ③ 拖放至鼠标圈出现的矩形区域内 (2) 选项栏 ① 自动对齐 ② 平滑处理 ③ 平直处理
套索工具	是一种圈选工具,可以圈出不规则形状	对于不规则区域和图中不同颜色的区域,必须先用 Modify/ Break Apart 命令将它打碎,再进行选择
直线工具	绘制直线	按住 Shift 键,同时拖放鼠标进行绘制(可以绘制出垂直直线、水平直线以及 45°斜线)
铅笔工具	绘制直线或曲线	单击铅笔工具按钮,在舞台上拖动鼠标,鼠标移动轨迹,即为所画线条
钢笔工具	绘制连续线条、贝塞尔曲线,可配合精选工具进行修改。用钢笔工具绘制的不规则图形,任何时候都可以重新调整	(1) 单击钢笔工具按钮后,选择舞台上任意一点并单击绘制出一个点,再选择舞台上另一个点,若单击此时这一点,系统会在两点之间绘制出一条直线;若在第二个点按住鼠标不放并拖动鼠标,就会在两点之间绘制出一条曲线,这两点称为"锚点"。有一条经过第二个锚点并沿着鼠标拖动方向的直线出现在舞台上,它与两锚点之间的曲线相切,松开鼠标后,就绘制出了曲线 (2) 选择第三个点,重复上面的步骤,在第二个点和第三个点之间将绘制出一段曲线,这一段曲线与在第三个锚点处拖动的直线和在第二个锚点处拖动的直线都相切 (3) 绘制完成后,双击最后一个锚点或再次单击钢笔工具按钮,可结束操作。若要将封闭曲线终止,需把鼠标放在最开始的锚点上,此时鼠标指针处会出现一个小圆圈,单击它,就形成了封闭的曲线 (4) 用鼠标在曲线上单击,可增加或删除锚点
椭圆工具/矩形工具	绘制椭圆或矩形	使用 Shift 键进行绘制

续表

工具名称	功能	使用方法
笔刷工具	在工作区内填充任意区域的颜色	单击矩形工具按钮,在舞台上拖动鼠标,确定矩形的轮廓后,释放鼠标,便可绘制出矩形矢量图形;在拖动鼠标的同时,若按住 Shift 键不放,则可绘制出正方形的矢量图形
自由形变工具	可对选定对象进行缩放、旋转、扭曲等操作	选择控制点后按住鼠标进行拖动
墨水瓶工具	更改线条的颜色和样式	单击颜色区的墨水瓶工具按钮,在弹出的颜色列表中选择所需颜色,即可在舞台中画出相应颜色的线条
颜料桶工具	更改填充区域的颜色,包括"缺口大小"和"锁定填充"两个选项	单击颜色区的颜料桶工具按钮,在弹出的颜色列表中选择所需颜色,即可在舞台中画出相应填充颜色的图形
吸管工具	从工作区中将已取得的颜色、样式属性应用在其他对象上	单击吸管工具,单击图形 A,即可吸取图形 A 的属性,再单击图形 B,则图形 B 就具有和图形 A 相同的属性
视图移动工具	可以移动工作区,以方便用户编辑,类似于移动滚动条	单击选择该工具后,用鼠标拖动页面即可进行调整

(二) 时间轴面板的使用

Flash 的时间轴中包含了一些面板,不同面板上有不同的与按钮,这些按钮的作用如表 4.6 所示。

表 4.6 时间轴上不同面板的各种按钮及其作用

面板	按钮	作用
图层面板	插入图层	在当前选择的图层上方创建一个新的图层
	添加运动引导层	为当前选中的图层添加运动引导层
	插入图层文件夹	在当前选中的图层或文件夹上创建新的文件夹
	删除图层	删除选中的图层或文件夹
	显示/隐藏图层	显示/隐藏图层或文件夹的内容
	锁定/解除锁定	锁定/解除图层或文件夹的内容
	轮廓	显示/关闭所有图层或文件夹的内容
帧面板	绘图纸外观	在时间轴标尺上显示绘图纸范围,舞台上同时显示该范围内所有帧的内容
	绘图纸外观轮廓	显示绘图纸标记之间除选中帧外所有内容的轮廓
	编辑多个帧	编辑绘图纸标记之间的所有帧
	修改绘图标记	修改绘图纸范围时,单击该按钮,可从弹出的菜单中选择一个范围
	帧居中	使时间轴以当前帧为中心

(三) 图层的应用

1. 图层的作用

图层在动画制作中具有分离要素的作用,每一个图层都保持独立,其中的内容及操作互不影响。

2. 图层的基本操作

(1) 新建图层。

方法一：使用"插入"→"图层"菜单命令；

方法二：单击时间轴上图层面板下的"插入图层"按钮；

方法三：右击图层,在弹出的菜单中单击"插入图层"命令。

(2) 删除图层。

方法一：选中一个图层,单击图层面板中的"删除图层"按钮；

方法二：选中一个图层,直接将其拖动到"删除图层"按钮上；

方法三：右击图层名称,在弹出的菜单中单击"删除图层"命令。

(3) 调整图层的顺序。

选中某一图层,在时间轴面板中上下拖动,然后释放鼠标,即可改变图层的叠放顺序。

(4) 重命名图层。

方法一：双击图层的名称,在激活后的文本框中输入新的名称；

方法二：单击"修改"→"图层"菜单命令,在弹出的"图层属性"对话框中的"名称"文本框中输入新的名称；

方法三：右击图层名称,在弹出的菜单中单击"属性"命令,在弹出的"图层属性"对话框中的"名称"文本框中输入新的名称。

3. 引导层

引导层就是起引导作用的图层,Flash 中的引导层主要用于辅助绘图和创建动画,引导层中的内容不会显示在导出或发布的 SWF 文件(Shock Wave Flash,Flash 的专用格式,被广泛应用于网页设计和动画制作等领域,SWF 文件通常也被称为 Flash 文件)中。引导层包括普通引导层和运动引导层两种。

(1) 普通引导层。

普通引导层在绘制图形时起辅助作用,用于帮助对象定位。创建和取消普通引导层的操作如下。

① 右击某图层；

② 单击弹出菜单中的"引导层"命令使之处于被勾选状态,该图层即成为普通引导层；

③ 取消勾选,就可以使普通引导层恢复为普通图层。

(2) 运动引导层。

运动引导层中绘制的图形均被视为路径,其他图层中的对象可以按照路径运动。创建运动引导层的操作如下。

选中某个普通图层,然后执行以下任一操作。

方法一：单击"插入"→"时间轴"→"运动引导层"菜单命令；

方法二：右击图层,在弹出的菜单中单击"添加引导层"命令；

方法三：单击时间轴图层面板下的"添加运动引导层"按钮。

然后在舞台中绘制路径,注意：引导线不能封闭。

4. 遮罩层

遮罩层主要用于创建类似于聚光灯的效果。遮罩层下面的内容会透过一个窗口显示出来,这个窗口的形状就是遮罩层中对象的形状。遮罩层的使用方法如下。

① 单击选中一个图层；

② 在当前图层的上方新建一个图层；
③ 右击新建的图层,在弹出的菜单中单击"遮罩"命令,将该图层设置为遮罩层；
④ 创建遮罩层后,遮罩层和与其关联的图层将自动锁定,处于不可编辑状态。

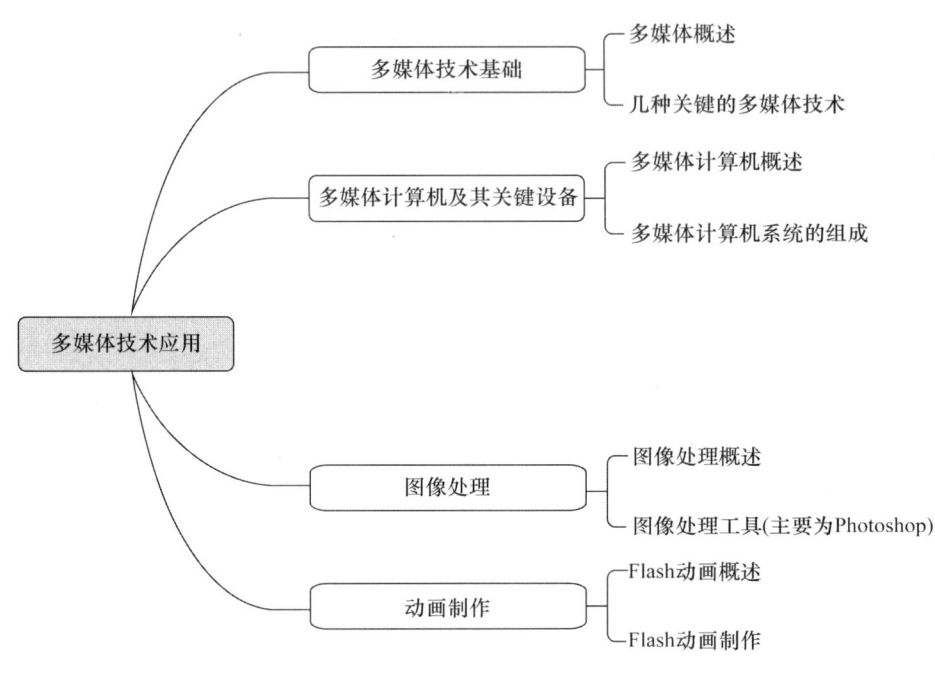

本章小结

（一）本章重难点

多媒体技术基础、多媒体计算机及其关键设备是本章的重点所在,需要考生熟练记忆。

计算机图像处理与动画制作是本章的难点所在,需要考生具备熟练操作软件的能力。

（二）学习时要注意的问题

本章知识点较为基础,是考试中的必考内容,多以选择题形式进行考查。基础知识部分,如多媒体技术基础、多媒体计算机及其关键设备,在学习时应该注意理解和记忆；图像处理和动画制作部分,在学习时应该结合具体软件,具备对相应软件的熟练操作能力。

备考指南

本章由多媒体技术基础、多媒体计算机及其关键设备、图像处理、动画制作四部分组成。考试题型主要为选择题,有时会涉及简答题或结合案例分析题进行考查。学习过程中,考生应该对应书本的讲解内容,理解和记忆基础知识,结合实际的上机练习,熟悉多媒体软件的操作。

自测训练

一、单项选择题

1. 某图像文件的参数如图 4.3 所示，下列叙述正确的是（　　）。

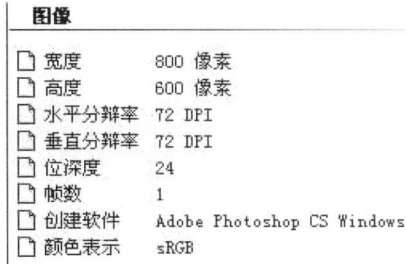

图 4.3　某图像文件的参数

A. 图像的颜色模式是 CMYK

B. 存储每个像素需要 24 字节

C. 图像的尺寸为 800 像素×600 像素

D. 图像的分辨率为 72 像素×72 像素

2. 使用 Photoshop 软件制作了如图 4.4 左侧所示的效果，其图层窗口如图 4.4 的右侧所示，若要调整文字"荷叶连田田"在画面中的大小，可选择的操作命令是（　　）。

图 4.4　Photoshop 图像处理效果及图层窗口

A. 图像大小　　　　　　　　　　B. 画布大小

C. 自由变换　　　　　　　　　　D. 操控变形

3. 图 4.5 的右图是使用 Photoshop 将左图处理后得到的结果，该处理过程采用的是（　　）。

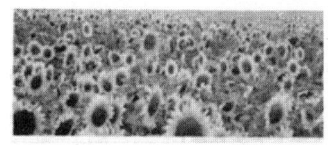 

图 4.5　Photoshop 图像处理前后

A. 文字工具　　　　　　　　　　B. 仿制图章工具

C. 剪贴蒙版工具　　　　　　　　D. 图案图章工具

4. 在 Photoshop 中选中"乐"字形状的区域,如图 4.6 所示,在当前状态下,使用 RGB(255,0,0)颜色进行填充后,下列说法正确的是(　　)。

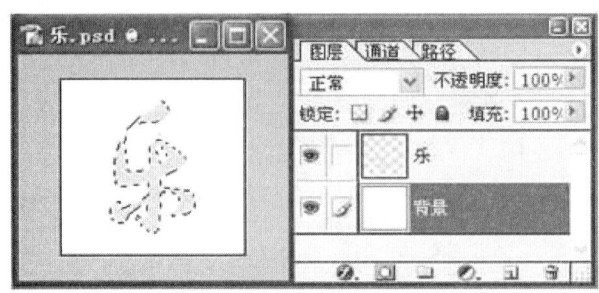

图 4.6　Photoshop 图像处理截图

A. "乐"图层中的"乐"字区域变成蓝字
B. "乐"图层中的"乐"字区域变成红色
C. "背景"图层中产生红色"乐"字图像
D. "背景"图层中产生蓝色"乐"字图像

5. 如图 4.7 所示,在 Photoshop 软件的图层面板中共显示两个图层,能够对"我的梦想"文字图层设置描边效果的是(　　)。

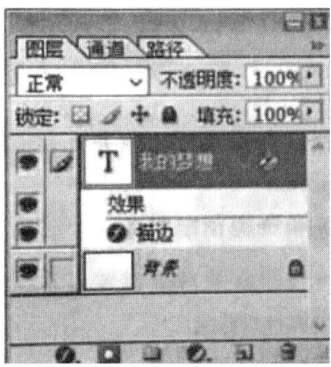

图 4.7　Photoshop 图层面板

A. 图层样式　　　　　　　　　　B. 图层蒙版
C. 图层填充　　　　　　　　　　D. 图层调整

6. 使用 Flash 软件编辑按钮元件的界面如图 4.8 所示,若要在测试影片时,只有当鼠标经过按钮时才发出声音,应将声音素材放置的图层是(　　)。

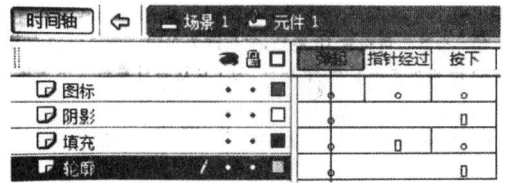

图 4.8　Flash 界面截图

A. 阴影　　　　B. 轮廓　　　　C. 填充　　　　D. 图标

7. 图 4.9 所示为某 Flash 动画编辑界面,在测试此场景时,发现"蜻蜓动画"实例中的蜻蜓身体图像时有时无,出现此现象的原因是(　　)。

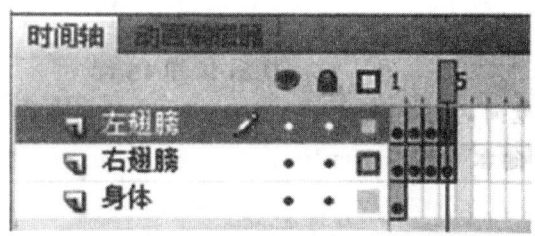

图 4.9　某 Flash 动画编辑界面

A. "身体"图层被隐藏
B. "身体"图层被锁定
C. "身体"图层只有第 1 帧
D. "身体"图层第 1 帧是空白关键帧

8. 测试某 Flash 作品时,弹出的错误提示窗口如图 4.10 所示。修改动作脚本的正确做法是将"on"处理函数添加在(　　)。

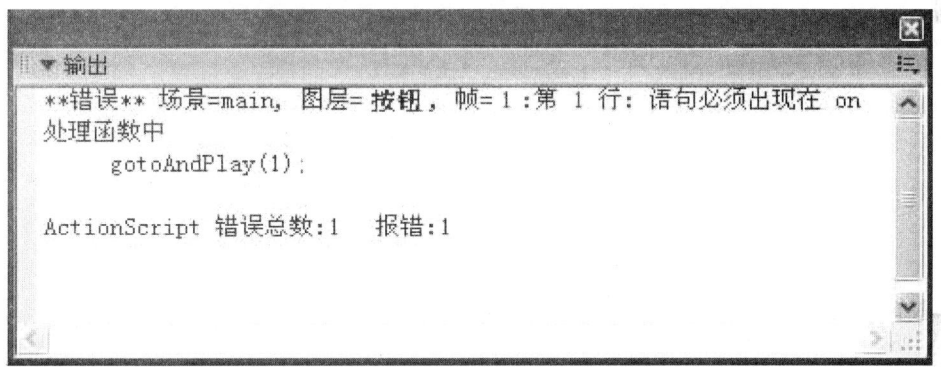

图 4.10　某 Flash 错误提示窗口

A. 按钮元件的动作脚本中
B. "场景 1"场景中的第 1 帧
C. "按钮"图层的第 1 帧第 1 行
D. "场景 1"场景中的第 1 帧第 1 行

参考答案及解析

一、单项选择题

1.【参考答案】C。解析： 从图中可知,该图像的颜色模式是 RGB;分辨率为 72×72dpi;存储每个像素需要 24 位,即 3 个字节;图像的尺寸为 800 像素×800 像素,只有 C 是正确的。故选 C。

2.【参考答案】C。解析： 对文字大小进行调整需要选中该图层,然后对其进行自由变换,过程中会出现 8 个拖动点,用户可通过这些拖动点对文字大小进行调整。故选 C。

3.【参考答案】C。解析： 剪贴蒙版是通过使用下方图层的形状来限制上方图层显示效果的一种功能,可以实现剪贴画的效果,除了可实现图片中的文字的效果,还可以实现其他形状的效果。故选 C。

4.【参考答案】B。解析:RGB(255,0,0)代表红色。因为选中的图层是"水",所以水图层的"水"区域被填充为红色。故选 B。

5.【参考答案】A。解析:图层样式可以对图层设置各种效果,包括描边、投影、光泽等,可以对文字图层设置描边的效果。故选 A。

6.【参考答案】D。解析:若要当鼠标经过该按钮时才发出声音,就需要在指针经过的位置有关键帧,如图所示,只有图标图层有关键帧,所以应将声音素材放置在图标图层。故选 D。

7.【参考答案】C。解析:由图可知,上面的两个图层都有 4 帧,身体图层只有 1 帧,所以在播放时,"身体"只会在第 1 帧出现,后面的 3 帧则不出现,所以身体会出现时有时无的现象,C 正确。故选 C。

8.【参考答案】A。解析:"图层=按钮,帧=1"表示动作脚本放到帧里面了,这个错误提示是 gotoAndPlay(1)没有放在"on"处理函数中,按钮脚本必须放在"on"处理函数中。所以,应该先选中按钮,然后再输入动作脚本。故选 A。

第五章　网络技术应用

考纲内容

本章内容属于信息技术学科专业知识,在考纲中要求如下:
(1) 了解信息技术发展史及国内外发展动态,掌握与高中信息技术课程相关的基础知识和基本理论。
(2) 掌握与信息活动相关的法律法规、伦理道德。
(3) 掌握信息技术学科的基本理论和基本方法,并能用于分析和解决相关问题。

考纲解读

网络技术应用是高中信息技术学科知识的重要组成部分,考纲要求考生掌握信息技术学科基本知识与技能,熟悉信息技术学科的特征与应用领域。

本章基本知识与技能主要包括:计算机网络的拓扑结构及特点,计算机网络的性能指标,OSI 模型和 TCP/IP 模型,局域网、IP 地址与子网掩码,电子邮件及其协议,HTML 语言的基础知识,网站设计的基础知识。

第一节　网络技术基础

一、计算机网络基础知识

(一) 计算机网络的定义

计算机网络是指将地理位置不同的具有独立功能的多台计算机及其外部设备,通过通信线路连接起来,在网络操作系统、网络管理软件及网络通信协议的管理和协调下,实现资源共享和信息传递的计算机系统。

(二) 计算机网络的功能

计算机网络的功能主要包括以下几个方面。
(1) 实现计算机系统的资源共享。
(2) 实现数据信息的快速传递。
(3) 提高计算机的可靠性、可用性。

（4）提高计算机的负载均衡与分布式处理能力。
（5）便于集中管理（如银行等行业业务）。
（6）提供综合信息服务。

（三）计算机网络的特点

计算机网络主要具有以下几个特点。

（1）可靠性：某子系统出现故障时，其任务可由网内其他子系统代为处理。
（2）独立性：网络系统中各相连的计算机既相互联系，又相互独立。
（3）可扩充性：可以很灵活地在网络中接入新的计算机。
（4）高效性：网络信息传递迅速，系统实时性强，采用分布式操作。
（5）分布性：计算机网络能将分布在不同位置的计算机进行互连，实行分布式处理。
（6）易操作性：大多数用户感到使用方便，操作简单。

（四）计算机网络的分类

根据不同的标准，计算机网络可以分为不同的种类。

1. 根据覆盖范围不同进行划分

根据覆盖范围的不同，计算机网络可分为局域网、城域网、广域网，这也是最普遍的分布方式。

（1）局域网。

局域网（Local Area Network，LAN）是指在某一区域内由多台计算机互联成的计算机组。局域网是封闭型的，可以由办公室内的两台计算机组成，也可以由一个公司内的上千台计算机组成。

（2）城域网。

城域网（Metropolitan Area Network，MAN）一般是指在一个城市范围内所建立的计算机通信网。城域网是为整个城市而不是为某个特定的部门服务的。

（3）广域网。

广域网（Wide Area Network，WAN）也称远程网，通常跨接很大的物理范围，所覆盖的范围从几十公里到几千公里不等，它能连接多个城市或国家，甚至横跨几个洲，并能提供远距离通信，形成国际性的远程网络。

2. 根据使用范围和用途的不同来划分

根据使用范围和用途的不同，计算机网络可以分为校园网、企业网、公用网、专用网以及内联网和外联网。

（1）校园网。

校园网大多由多个局域网加上相应的交换和管理中心组成，主要用于校园内外师生们进行教学科研时的信息交流与共享。

（2）企业网。

企业网主要指企业进行销售、制造过程控制以及人事、财务管理的各种局域网和广域网的组合。

（3）公用网。

公用网一般是由政府或相应的商业机构出资建造，为大众或各种组织机构提供网络服务的网络。

（4）专用网。

专用网指某个行业或公司为本部门工作需要所建设的专用网络。这些网络或具有自己的网络体系结构,或虽采用 Internet 体系结构,但不和其他的计算机网络连接。

(5) 内联网。

内联网一般是针对企业网而言的,主要指采用 Internet 技术,具有自己的 WWW 服务器和安全防护系统,但仅服务企业内部,不和 Internet 直接连接的计算机网络。

(6) 外联网。

外联网一般也是针对企业网而言的,主要指那些既采用 Internet 技术,又有自己的 WWW 服务器,同时又将该网络扩展连接到与自己相关的其他企业的网络上,但不和 Internet 直接连接的计算机网络。

其中,内联网和外联网与 Internet 连接时,都要经过相应的防火墙措施和访问认证。因此,安全性是内联网和外联网所关心的重要问题之一。

除此之外,根据传输介质不同,计算机网络还可以分为有线计算机网络和无线计算机网络;按照传输技术不同,计算机网络又可分为广播室网络和点对点式网络。

(五) 计算机网络的组成与结构

1. 计算机网络的组成

一个完整的计算机网络一般由计算机网络硬件系统和计算机网络软件系统组成,具体包括终端计算机、网络设备、传输介质、网络通信软件、网络设备软件。

(1) 终端计算机。

终端计算机不仅包括网络节点中存在的物理计算机主机,也包括虚拟的主机终端。例如,用虚拟软件模拟的多台独立计算机系统组成的一个虚拟的计算机网络,同样可以实现物理计算机网络中所能实现的功能。

(2) 网络设备。

其实,终端计算机也是一种网络设备。但这里所说的网络设备,主要是指交换机、路由器、硬件防火墙、网卡、集中接入服务器、UPS 等。网络设备是计算机网络的骨架,是搭建计算机网络系统所必须要用到的设备。

(3) 传输介质。

通俗地讲,传输介质就是网络通信中的"路",这条路,既可以是有形的,比如网线、电缆、光纤等;也可以是无形的,比如无线传输。

(4) 网络通信软件。

网络通信软件指的是安装在终端计算机中的软件,主要包括操作系统软件(如 Window 系列的、Linux 系列的、UNIX 系列的等)和网络应用软件(常见的有即时通信软件,如 QQ、邮件软件及浏览器等)。

(5) 网络设备软件。

网络设备要起到通信连接的作用的话,必须安装相应功能的网络设备软件,比如路由器里的配置程序就是网络设备软件。

此外,从拓扑结构看,计算机网络是由若干网络节点和连接这些网络节点的通信链路构成的,因此,从逻辑功能上可把计算机网络分为两个子网:用户资源子网和通信子网。其中,用户资源子网是网络中实现资源共享功能的设备及其软件的组合,通信子网是网络中实现网络通信功能的设备及其软件的组合。

2. 计算机网络的拓扑结构

计算机网络的拓扑结构是指计算机网络中各个站点相互连接的形式。

计算机网络的拓扑结构主要有总线型、星型、环型、树型、网状和混合型六种。

(1) 总线型。

总线型网络拓扑结构采用一个信道作为传输媒体,所有站点都通过相应的硬件接口直接连到这一公共传输媒体上,该公共传输媒体即为总线。任何一个站点发送的信号都沿着总线传播,而且能被所有其他站点所接收。总线型网络拓扑结构如图 5.1 所示。

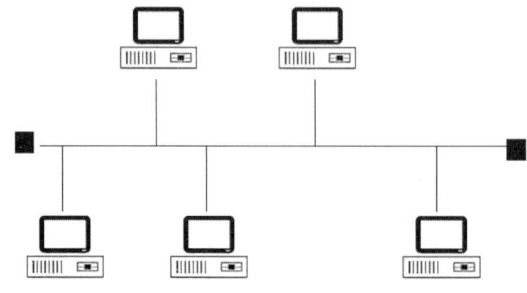

图 5.1　总线型网络拓扑结构

总线型网络拓扑结构的优点是:① 所需要的电缆数量少,线缆长度短,易于布线和维护;② 传输速率高,可达 1~100Mbps;③ 结构简单,组网容易,网络扩展方便;④ 多个节点共用一条传输信道,信道利用率高。

总线型网络拓扑结构的缺点是:① 总线的传输距离有限,通信范围受到限制;② 故障诊断和隔离较困难;③ 分布式协议不能保证信息的及时传送;④ 站点必须是智能的,从而增加了站点的硬件和软件开销。

(2) 星型。

星型网络拓扑结构由中央节点和通过点到点通信链路接到中央节点的各个站点组成。在星型网络拓扑结构中,中央节点相当复杂,各个站点的通信处理负担却都很小。星型网络拓扑结构如图 5.2 所示,它是目前应用最广泛的一种网络拓扑结构。

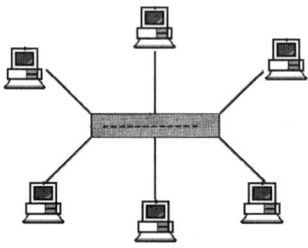

图 5.2　星型网络拓扑结构

星型网络拓扑结构的优点是:① 结构简单,连接方便,管理和维护都相对容易,而且扩展性强;② 网络延迟时间较小,传输误差低;③ 在同一网段内支持多种传输介质,除非中央节点出现故障,否则网络不会轻易瘫痪;④ 每个节点直接连到中央节点,容易检测和隔离故障,可以很方便地排除有故障的节点。

星型网络拓扑结构的缺点是:① 安装和维护的费用较高;② 共享资源的能力较差;③ 通信线路利用率不高;④ 一旦中央节点出现故障,则整个网络将瘫痪。

(3) 环型。

环型网络拓扑结构的各节点通过环路接口连在一条首尾相连的闭合环型通信线路中,环路上任何节点均可以请求发送信息,请求一旦被批准,便可以向环路发送信息。环型网络拓扑结构如图 5.3 所示。

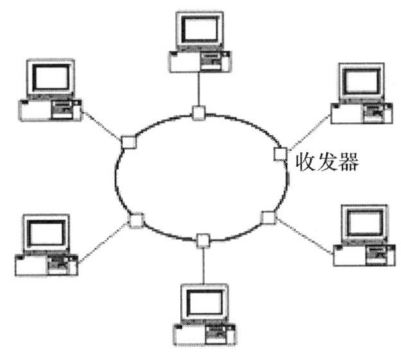

图 5.3　环形网络拓扑结构

环形网络拓扑结构的优点是：① 电缆长度短；② 增加或减少工作站时，仅需简单的连接操作；③ 可使用光纤。

环形网络拓扑结构的缺点是：① 某节点的故障会引起全网故障；② 故障检测困难；③ 媒体访问控制协议都采用令牌传递的方式，在负载很轻时，信道利用率相对来说就比较低。

（4）树型。

树型网络拓扑结构一般被认为是由多级星型结构组成的，只不过这种多级星型结构自上而下呈三角形分布的。树型网络拓扑结构采用分级的集中控制方式，其传输介质可有多条分支，但不形成闭合回路。树型网络拓扑结构如图 5.4 所示。

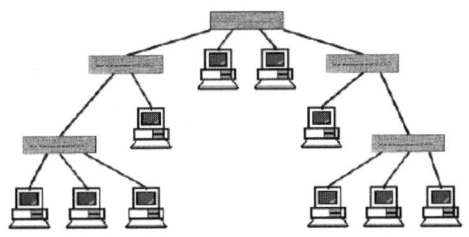

图 5.4　树型网络拓扑结构

树型网络拓扑结构的优点是：① 易于扩展；② 故障隔离较容易。

树型网络拓扑结构的缺点是：如果根节点发生故障，则全网不能正常工作。

（5）网状。

网状网络拓扑结构各节点之间有许多条路径相连，因此，通信时可以选择适当的路由传输数据流，从而绕过失效的部件或过忙的节点。网状网络拓扑结构如图 5.5 所示。

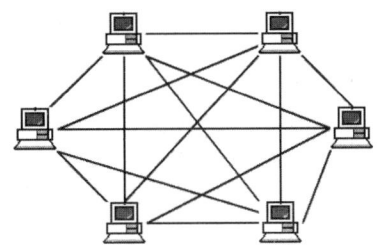

图 5.5　网状网络拓扑结构

网状网络拓扑结构的优点是：① 节点间路径多，碰撞和阻塞减少；② 局部故障不影响整个网络，可靠性高。

网状网络拓扑结构的缺点是：① 网络关系复杂，建网较难，不易扩充；② 网络控制机制复杂，必须采用路由算法和流量控制机制。

（6）混合型。

混合型网络拓扑结构是将两种单一拓扑结构混合起来，取各自的优点构成的网络拓扑结构。

混合型网络拓扑结构的优点是：① 故障诊断和隔离较为方便；② 易于扩展；③ 安装方便。

混合型网络拓扑结构的缺点是：① 需要选用智能网络设备，实现网络故障自动诊断和故障节点的隔离，网络建设成本比较高；② 像星型拓扑结构一样，对中心设备的可靠性要求较高。

3．计算机网络的分组交换技术

分组交换技术（Packet Switching Technology）也称包交换技术，是将用户传送的数据划分成一定的长度，每个部分叫作一个分组，通过传输分组的方式传输信息的一种技术。分组交换技术的工作原理是：首先将待发的数据报文划分成若干个大小有限的短数据块儿，在每个数据块儿前面加上一些控制信息（即首部），包括诸如数据收发的目的地址、源地址、数据块的序号等，形成一个个分组，然后各分组在交换网内采用"存储转发"机制将数据从源端发送到目的端。由于节点交换机暂时存储的是一个个短的分组，而不是整个长报文，且每一分组都暂存在交换机的内存中并可进行相应的处理，这就使得分组的转发速度非常快。

分组交换技术的优点是：① 高效，在分组传输的过程中该技术能动态分配传输带宽；② 灵活，每个节点均有智能性，可根据情况决定路由并对数据做必要的处理；③ 可靠，该技术利用完善的网络协议，可形成分布式多路由的通信子网。

分组交换技术的不足主要包括：① 每一分组在经过每一交换节点时都会产生一定的传输延时，考虑到节点处理分组的能力和分组排队等候处理的时间，以及每一分组经过的路由可能不等同，使得每一分组的传输延时长短不一，因此，它不适用于一些实时、连续的应用场合，如电话语音、视频图像等数据的传输；② 由于每一分组都额外附加一个头信息，从而降低了携带用户数据的通信容量；③ 分组交换中的每一节点需要更多地参与对信息转换的处理，如在发送端需要将长报文划分为若干段分组，在接收端必须按序将多个分组组装起来，恢复出原报文数据等，这在一定程度上也降低了数据传输的效率。

4．计算机网络的性能指标

计算机网络的性能指标主要包括以下几种。

（1）网速。

网速是指主机在数字通信上传送数据的速率，单位为 bit/s。

（2）带宽。

带宽是指单位时间内从网络中的某一个点到另外一个点所能通过的"最高数据率"，带宽的单位为 bit/s。

（3）吞吐量。

吞吐量是指单位时间内通过某个网络（通信线路、接口）的数据量，吞吐量受制于带宽和网络的额定速率。

(4) 发送时延。

发送时延是指主机或者路由器发送数据帧所需要的时间,公式为:发送时延=数据帧长度/发送速率。

(5) 传播时延。

传播时延是指电磁波在信道中传播一定的距离需要花费的时间,公式为:传播时延=信道长度/电磁波在信道上的传播速率。

(6) 处理时延。

处理时延是指主机或者路由器接收到分组后进行处理需要花费的时间。

(7) 排队时延。

分组在网络中传输时,进入路由器后要在输入队列中排队等待处理,路由器确定转发接口后,还要在输出队列中排队等待转发,这些等待的时间就是排队时延。

(8) 时延带宽。

时延带宽等于传播时延乘以带宽,表示一条链路上传播的所有数据量(以 bit 为单位)。

(9) 往返时间。

往返时间是指从数据的发送开始,到发送方接收到来自接收方的确认为止,总共经历的时间。

(10) 利用率。

利用率包括信道利用率和网络利用率。信道利用率是指某信道有百分之几的时间是被利用(即有数据通过)的。网络利用率是指全网络的信道利用率的加权平均值。信道利用率或者网络利用率过高会产生非常大的时延。

二、网络体系结构

(一) 相关概念

1. 网络体系结构

网络体系结构是从体系结构的角度来研究和设计计算机网络体系的,其核心是网络系统的逻辑结构和功能分配定义,即描述实现不同计算机系统之间互连和通信的方法和结构,是层和协议的集合。

2. 层次化的网络体系结构

将计算机网络按照功能划分层次,规定相邻层间的接口和提供的服务,以及对等层之间的通信协议,这些层次、接口、服务和通信协议就是层次化的网络体系结构。

3. 网络协议

网络协议是计算机网络中互相通信的对等实体间交换信息时所必须遵守的规则集合。它由三个要素组成:语义、语法和时序。人们形象地把这三个要素描述为:语义表示要做什么,语法表示要怎么做,时序表示做的顺序。

(二) OSI 参考模型

国际标准化组织(International Organization for Standardization,ISO)于 1981 年正式提出了一个试图使各种计算机在世界范围内互连为网络的系统结构的参考模型——开放式通信系统互联(Open System Interconnection,OSI)参考模型。这个模型的建立,大大推动了网络通信的发展。

OSI 参考模型采用分层结构化技术,将整个网络按照功能划分为七层,由低到高分别是物理层、数据链路层、网络层、传输层、会话层、表示层和应用层。OSI 参考模型各层及其功能说明如图 5.6 所示。

分层	功能
应用层	网络服务与最终用户的一个接口
表示层	数据的表示、安全、压缩
会话层	建立、管理、中止会话
传输层	定义传输数据的协议端口号,以及进行流控和差错校验
网络层	进行逻辑地址寻址,实现不同网络之间的路径选择
数据链路层	建立逻辑连接、进行硬件地址寻址,差错校验等
物理层	建立、维护、断开物理连接

图 5.6 OSI 参考模型各层及其功能说明

1. 物理层

在 OSI 参考模型中,物理层是最底层,它要尽可能屏蔽物理设备、传输媒体和通信手段的不同,使其上面的数据链路层不必考虑网络的具体传输介质是什么。物理层的实质是把二进制转换成电流,把电流转换成二进制。与物理层有关的设备是中继器。物理层的协议由底层网络定义。

物理层的传输介质主要有双绞线、同轴电缆、光纤和无线信道等。

2. 数据链路层

数据链路层是 OSI 参考模型的第二层,负责建立和管理节点间的链路,无差错地传输以帧为单位的数据和进行流量控制。数据链路层包括两个方面:数据传输的物理线路、控制数据传输的协议及其硬件条件。帧为数据链路层的协议数据单元。数据链路层接收来自物理层的位流形式的数据,并封装成帧,传送到上面的网络层;将来自网络层的数据帧,拆装为位流形式的数据转发到物理层。数据链路层的协议也是由底层网络定义的。

与数据链路层有关的设备是交换机,也就是大家常说的锚。

3. 网络层

网络层是 OSI 参考模型的第三层,是 OSI 参考模型中最复杂的一层,也是通信子网的最高一层。它在下面两层的基础上向资源子网提供服务。网络层通过路由选择算法,为报文或分组通过通信子网选择最适当的路径。

与网络层有关的设备是路由器。

4. 传输层

传输层是 OSI 参考模型的第四层,是通信子网和资源子网的接口和桥梁,起到承上启下的作用。传输层向上面的应用层提供服务,它面向通信部分的最高层,同时也是用户功能中的最底层。传输层把从下层接收的数据进行分段和传输,到达目的地址后再进行重组。

5. 会话层

会话层是 OSI 参考模型的第五层,是用户应用程序和网络之间的接口,主要功能是组织和协调两个会话进程之间的通信,并对数据交换进行管理。

6. 表示层

表示层是 OSI 参考模型的第六层,它对来自应用层的命令和数据进行解释,对各种语法赋予相应的含义,并按照一定的格式传送给会话层。表示层负责处理用户信息的表示问题,确保一个系统的应用层所发送的信息可以被另一个系统的应用层读取。

7. 应用层

应用层是 OSI 参考模型的最高层,它是计算机用户以及各种应用程序和网络之间的接口。应用层直接向用户提供服务,完成用户希望在网络上完成的各种工作,是 OSI 参考模型中最靠近用户的一层。应用层的协议有 HTTP、FTP、TFTP、SMTP、SNMP、DNS、Telnet、HTTPS、POP3、DHCP。

（三）TCP/IP 参考模型

TCP/IP 协议是为了使接入互联网的各种网络、不同设备之间能够进行正常的数据通信,而预先指定的一组大家共同遵守的格式和约定。TCP/IP 是由美国国防部高级研究计划局开发,在 ARPAnet 上采用的一个协议。后来随着 ARPAnet 发展成为 Internet,TCP/IP 也就成了事实上的工业标准。TCP/IP 包括了 TCP、IP、UDP、ICMP、RIP、TELNET、FTP、SMTP、ARP 等许多协议,对互联网中主机寻址方式、主机的命名机制、信息的传输规则,以及各种各样的服务功能做了详细约定。TCP/IP 参考模型分为 4 层,由下至上分别是网络接口层、网络层、传输层和应用层。它与 OSI 的七层模型相对应,TCP/IP 参考模型和 OSI 参考模型的对比如图 5.7 所示。

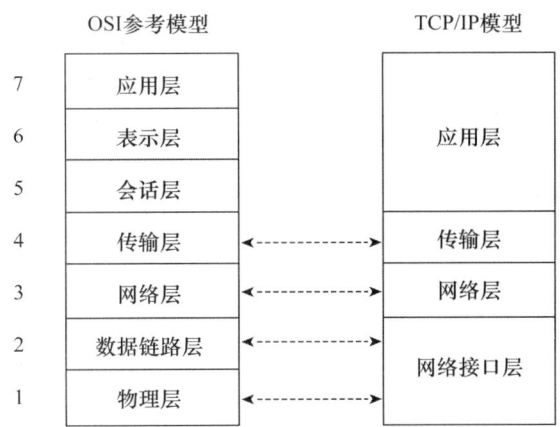

图 5.7 OSI 参考模型和 TCP/IP 参考模型的对比

1. 网络接口层

网络接口层也称链路层或数据链路层,通常包括操作系统、设备驱动程序和计算机中对应的网络接口卡,它们一起处理与电缆(或其他任何传输媒介)的物理接口细节。ARP(地址解析协议)和 RARP(逆地址解析协议)是某些网络接口(如以太网和令牌环网)使用的特殊协议。

2. 网络层

网络层也称互联网层,用来处理分组在网络中的活动,如分组的选路。在 TCP/IP 协议组中,网络层协议包括 IP 协议、ICMP 协议,以及 IGMP 协议。

IP 协议是一种网络层协议,提供的是一种不可靠的服务,它只是尽可能快地把分组从源节点送到目的节点,但是并不提供任何可靠性保证。同时被 TCP 和 UDP 使用。TCP 和 UDP 的每组数据都通过端系统和每个中间路由器中的 IP 层在互联网中进行传输。

3. 传输层

传输层对上层应用层,提供处于网络连接中的两台计算机之间的数据传输,即主要为两台主机上的应用程序提供端到端的通信。在 TCP/IP 协议组中,有两个互不相同的传输协议:TCP(传输控制协议)和 UDP(用户数据报协议)。

TCP 为两台主机提供高可靠性的数据通信。它所做的工作包括:把应用程序交给它的数据分成合适的小块儿交给下面的网络层,确认接收到的分组,设置发送最后确认分组的超时时钟等。由于传输层提供了高可靠性的端到端的通信,因此应用层可以忽略所有这些细节。为了提供可靠的服务,TCP 采用了超时重传、发送和接收端到端的确认分组等机制。

UDP 则为应用层提供一种非常简单的服务。它只是把称作数据报的分组从一台主机发送到另一台主机,但并不保证该数据报能到达另一端。一个数据报是指从发送方传输到接收方的一个信息单元(例如,发送方指定的一定字节数的信息)。UDP 协议任何必需的可靠性都必须由应用层来提供。

4. 应用层

应用层决定了向用户提供应用服务时通信的活动,负责处理特定的应用程序细节。

TCP/IP 协议组内预存了各类通用的应用服务。比如,FTP(文件传输协议)和 DNS(域名系统)服务就是其中两类,HTTP 协议也处于该层。

真题测试 5.1

三、网络安全

(一) 网络安全的概念

网络安全是指网络系统的硬件、软件以及系统中的数据受到保护,不因偶然的因素或者恶意的攻击而遭到截取、中断、篡改、伪造,确保系统能连续、可靠、正常地运行,网络服务不中断。

真题测试 5.2

(二) 网络安全的基本组成

1. 网络实体安全

网络实体安全是指达到计算机的物理条件、物理环境及设施的安全标准,确保计算机硬件、附属设备及网络传输线路的安装及配置等的安全。

2. 软件安全

软件安全是指保护网络系统不被非法侵入,系统软件与应用软件不被非法复制、篡改、不受病毒的侵害等。

3. 数据安全

数据安全是指保护网络信息的数据安全,确保其不被非法存取,保护其完整、一致等。

4. 网络安全管理

网络安全管理包括采取计算机安全技术,建立安全管理制度,开展安全审计,进行风险分析等内容。

(三) 提高计算机网络安全的几种关键技术

1. 防火墙技术

防火墙是目前最为流行、使用最广泛的一种网络安全技术,它的核心思想是在不安全的网络环境中构造一个相对安全的子网环境。防火墙的最大优势就在于,它可以对两个网络之间的访问策略进行控制,限制被保护的网络与互联网之间或者与其他网络之间进行的信息存取、传递等操作。

2. 数据加密技术

数据加密技术是指发送方将信息(或称明文)经过加密钥匙及加密函数转换,使其变成无意义的密文,接收方则将此密文经过解密钥匙、解密函数还原成明文的一种技术。数据加密技术是网络安全技术的基石。按照加密作用的不同,数据加密技术可分为数据存储加密技术、数据传输加密技术和数据完整鉴别技术。

3. 网络安全的审计和跟踪技术

网络安全的审计和跟踪技术包括的典型技术有漏洞扫描技术、入侵检测技术和安全审计技术。

(1) 漏洞扫描技术。

漏洞扫描技术是指基于漏洞数据库,通过扫描等手段对指定的远程或者本地计算机系统的安全脆弱性进行检测,发现可利用漏洞的一种安全检测(渗透攻击)技术。漏洞扫描器包括网络漏扫、主机漏扫、数据库漏扫等不同种类。

(2) 入侵检测技术。

入侵检测技术是一种主动保护网络和系统安全的技术,该技术从计算机系统或网络中采集、分析数据,查看网络或主机系统中是否有违反安全策略的行为和遭到攻击的迹象,并采取适当的响应措施来阻挡攻击,降低可能的损失。入侵检测技术能对内部攻击、外部攻击和误操作进行有效防范。

(3) 安全审计技术。

安全审计技术是指由专业审计人员根据有关的法律法规、财产所有者的委托和管理当局的授权,对计算机网络环境下的有关活动或行为进行系统的、独立的检查验证,并做出相应评价的技术。

4. 网络病毒的防范

与互联网相连的网络,一般需要防病毒软件,以加强上网计算机的安全。如果在网络内部使用电子邮件进行信息交换,那么还需要一套基于邮件服务器平台的邮件防病毒软件,以识别出隐藏在电子邮件和附件中的病毒。在网络环境下,病毒传播扩散快,仅用单机防病毒产品已经很难彻底清除网络病毒,必须有适合于局域网的全方位防病毒产品。学校、政府机关、企事业单位等网络一般是内部局域网,就需要一个基于服务器操作系统平台的防病毒软件和针对各种桌面操作系统的防病毒软件。

随着计算机网络系统应用范围的不断扩大,人们对网络系统依赖的程度越来越大,对计算机网络系统信息的安全保护也就提出了更高的要求。现在,计算机网络系统的安全已经成为极重要的问题。因此,充分认识到网络的脆弱和潜在威胁并采取强有力的安全防范措施,对于提高网络的安全是非常重要的。

第二节　因特网的应用

一、域名系统

尽管 IP 地址能够唯一地标记网络上的计算机,但 IP 地址是一长串数字,不能显示组织的名称和性质等,用户记忆起来也不方便,因此,人们设计出了域名。

域名是由一串用点分隔的名字组成的网络上某一台计算机或计算机组的名称(有时也指地理位置)。人们通过域名系统(Domain Name System,DNS)来将域名和 IP 地址相互映射,IP 地址和域名是一一对应的。

域名中大小写是没有区分的。域名一般不能超过五级。完整的域名不能够超过 255 个字符。域名结构书写时按照从左向右由小到大的顺序,顶级域名放在最右面,分配给主机的名字放在最左面,各级名字之间用"."隔开。不同的顶级域名代表不同的含义,常见的顶级域名有:com(供商业机构使用,但无限制,被大部分人熟悉和使用)、net(原供网络服务供应商使用,现无限制)、org(原供不属于其他通用顶级域名类别的组织使用,现无限制)。

二、电子邮件服务

(一) 电子邮件服务的基本概念

电子邮件(E-mail)是利用计算机进行信息交换的电子媒体信件,是用户通过计算机网络与其他用户进行沟通和信息交换的快速、简便、高效、价廉的现代化通信手段。使用E-mail首先需要拥有一个电子邮箱,它是由E-mail服务提供者为其用户建立在E-mail服务器磁盘上的专用的存储区域,并由E-mail服务器进行管理。用户可使用E-mail客户软件通过自己的电子邮箱里来收发E-mail。E-mail地址的一般格式为:用户名@主机名,如ABC@china.com。

(二) 电子邮件的工作原理

E-mail系统基于客户机/服务器模式,整个系统由E-mail客户软件和E-mail服务器组成。E-mail服务器主要充当"邮局"的角色,它除了为用户提供电子邮箱外,还承担着信件的投递业务。当用户发送一封E-mail后,E-mail服务器通过网络若干中间节点的"存储—转发"式传递,最终把信件投递到目的地。E-mail服务器主要采用简单邮件传输协议(Simple Mall Transfer Protocol,SMTP),本协议描述了电子邮件的信息格式及其传递的处理方法,保证被传递的E-mail能够正确地寻址和可靠地传输。它是面向文本的网络协议,缺点是不能用来传递非ASCII码文本和非文字性附件。

(三) SMTP协议与POP协议

1. SMTP协议

SMTP协议能够从客户机应用程序那里接收邮件信息,并把这些邮件信息传送给Internet上的另一个服务器。用户也可以配置地域控制器,使其利用SMTP服务,跨越站点上的链接实现复制功能。SMTP协议的目标是可靠高效地传输邮件,它独立于传送子系统,而且仅要求一条可以保证传送数据单元顺序的通道。SMTP协议是个请求/响应协议,它监听25号端口,用于接收用户的E-mail请求,并与远端E-mail服务器建立SMTP链接。

2. POP协议

邮局协议(Post Office Protocol,POP)主要用于电子邮件的接收,目前,POP协议已发展到第三版,称为POP3。目前使用的POP3既能与SMTP共同使用,也可以单独使用,以传送和接收电子邮件。POP协议是一种简单的纯文本协议,每次传输以整个E-mail为单位,不能提供部分传输功能。

3. SMTP协议与POP协议的对比

知识拓展
5.1

SMTP协议是用在大型、多用户、多任务的操作系统环境中的,用在PC机上收信十分困难,所以,在TCP/IP网络上大多数邮件管理程序使用SMTP协议来发信,采用POP3协议来保管用户未能及时取走的邮件。在用户发送邮件时,用户将待发邮件从本地发送到SMTP服务器,SMTP服务器将邮件发送到POP3服务器,POP3服务器再将邮件发送到指定用户。在用户接收邮件时,用户使用客户端邮件软件联系POP3服务器,使用账号和密码进行身份验证后,POP3服务器将接收的邮件发送到用户本地。这个过程中,POP3服务器本身也是一台SMTP服务器,但它能为用户指定一个简单的文件夹,这是纯粹的SMTP服

务器所不能做到的。SMTP 协议和用于接收邮件的 POP3 协议均利用 TCP 端口,POP3 所用的端口是 110。

三、FTP 文件传输服务

文件传输协议(File Transfer Protocol,FTP)是将文件复制到使用 TCP/IP 协议的网络上的远程计算机系统中,或从远程计算机系统中将文件复制出来的协议。该协议还允许用户使用 FTP 命令对文件进行操作,通过 FTP,用户可传输任意类型、任意大小的文件,也为远程管理、更新 WWW 服务器中的内容提供了极大的支持。由于 Internet 有各种免费和共享的资源,如果想将它们下载到自己的计算机上,最主要的方法之一是通过 FTP 来实现,它是 Internet 中广为使用的一种服务。

通常,用户需要在 FTP 服务器中进行注册,即建立用户账号,在拥有合法的登录用户名和密码后,才可以进行有效的 FTP 连接和登录。实际上,Internet 上的 FTP 服务是一种匿名的 FTP 服务,它设置了一个特殊用户名 anonymous 供公众使用,任何用户都可以使用这个用户名与提供这种匿名 FTP 服务的主机建立连接,并共享这个主机对公众开放的资源。

FTP 是基于客户机/服务器模式的服务系统,它由客户软件、服务器软件和 FTP 通信协议三部分组成。FTP 客户软件运行在用户的计算机上,在用户装入 FTP 客户软件后,便可以通过使用 FTP 内部命令与远程 FTP 服务器采用 FTP 通信协议建立连接或进行文件传送;FTP 服务器软件运行在远程主机上,并设置一个名叫 anonymous 的公共用户账号,向公众开放。FTP 在客户机和服务器的内部建立两条 TCP 连接:一条是控制连接,主要用于传输命令和参数(端口号是 21);另一条是数据连接,主要用于传送文件(端口号是 20)。FTP 服务器不断在 21 端口上侦听用户的连接请求,当用户使用 anonymous 用户名登录时,用户即发送连接请求,这样控制连接便建立起来,此时用户名和密码将通过控制连接发送给服务器,服务器接收到这个请求后,便进行用户识别,然后向用户回送确认或拒绝的应答消息。用户看到登录成功的信息后,便可以发送文件传输的命令。服务器从控制连接上接收到文件名和传输命令后,便在 20 端口发起数据连接,并在这个连接上将文件名所指明的文件传输给客户。只要用户不使用 close 或者其他命令关闭连接,便可以继续传输其他文件。

四、万维网服务

1. 万维网的基本概念

万维网(World Wide Web,WWW)是一种提供交互式图形界面的 Internet 服务,具有强大的信息连接功能,是目前 Internet 中最受欢迎的、增长速度最快的一种多媒体信息服务系统。万维网整个系统由 Web 服务器、Web 浏览器和超文本传输协议(Hyper Text Transfer Protocol,HTTP)三部分组成。Web 服务器提供信息源;Web 浏览器将信息显示出来。HTTP 是为分布式超媒体信息系统而设计的一种网络协议,主要用于域名服务器和分布式对象管理,它能够传送任意类型的数据对象,以满足 Web 服务器与客户之间多媒体通信的需要。

2. 超文本传输协议

超文本传输协议是互联网上应用最为广泛的一种网络协议,所有的 WWW 文件都必须遵守这个协议。它是客户端浏览器或其他程序与 Web 服务器之间的应用层通信协议。在 Internet 上的 Web 服务器上存放的都是超文本信息,客户机需要通过 HTTP 协议传输所要访问的超文本信息。

3. 统一资源定位器

统一资源定位器（Uniform Resource Locator，URL）是 Internet 的服务程序上用于指定信息位置的字符串，是一个具有指针作用的地址标准。它主要用来表示 Internet 上资源的位置和访问这些资源的方法。URL 给资源的位置提供一种抽象的表示方法，并用这种方法给资源定位。只要能够对资源定位，用户就可以对资源进行各种操作，如存取、更新、替换和查看属性等。

这里所说的"资源"是指在 Internet 上可以被访问的任何对象，包括目录、文件、图像、声音等，以及与 Internet 相连的任何形式的数据。URL 相当于文件名在网络范围的扩展。由于访问不同资源所使用的协议不同，所以 URL 还给出访问某个资源时所使用的协议。URL 的一般形式如下：

<协议>://<主机>:<端口>/<路径>/<文件名>

例如，http://news.sina.com.cn/c/2009-04-06/013517553188.shtml

<协议>指出使用什么协议来获取该互联网资源。现在最常用的协议就是 HTTP，其次是 FTP。<协议>后面的格式"://"不能省略。<主机>指出万维网文档是在哪一个主机上，可以给出域名，也可以给出 IP 地址。<端口>为服务器监听的端口，HTTP 默认端口是 80，FTP 默认端口是 21。<路径>和<文件名>进一步给出资源在服务器上的位置，但是它们的名称是虚拟的，和服务器上的物理名称可能不同。

对于动态网页，用户通常还需要给服务器提供访问动态网页的参数。因此，URL 的后面还可以跟上一个英文问号（"?"），问号的后面以"参数名称＝参数值"的形式给出多组参数，每组之间用符号"&"分隔，这多组参数称为查询串（Query String）。动态网页的 URL 形式一般为：

<协议>://<主机>:<端口>/<路径>/<文件名>?<参数1>＝<值1>&<参数2>＝<值2>

五、Telnet 远程登录服务

远程登录是指用户使用 Telnet 命令，使自己的计算机暂时成为远程主机的一个仿真终端的过程。Telnet 是进行远程登录的标准协议和主要方式，它为用户提供了在本地计算机上完成远程主机工作的能力。通过使用 Telnet，Internet 用户可以与全世界许多信息中心图书馆及其他信息资源联系。Telnet 是常用的远程控制 Web 服务器的方法。

第三节　网站设计与开发

一、网站设计基础知识

（一）网站的基本元素

1. 网页

网页是构成网站的基本元素，是承载各种网站应用的平台。网页是一个包含超文本标记语言（Hyper Text Markup Language，HTML）标签的纯文本文件，它可以存放在世界某个角落的某一台计算机中，是 Internet 中的一"页"，是超文本标记语言格式（标准通用标记语言）的一个应用，文件扩展名为".html"或".htm"。网页通常用图像文档来提供图画。网页要通过网页浏览器来阅读。

2. 网站

网站(Website)是指在 Internet 上根据一定的规则,使用 HTML 等工具制作的用于展示特定内容的相关网页的集合。人们可以通过网页浏览器来访问网站,获取自己需要的资讯或者享受其他网络服务。目前,多数网站由域名、空间服务器、DNS 域名解析、网站程序、数据库等组成。

3. 首页

首页是一个网站的入口网页,故往往会被编辑得易于用户了解该网站,并对用户浏览网站其他部分的内容起引导作用。首页一般被认为是一个目录性质的网页。

4. 超链接

超链接本质上属于网页的一部分,它是一种允许用户同其他网页或站点之间进行连接的元素。当用户单击已经链接的文字或图片后,链接目标将显示在浏览器上。

5. 超文本

超文本是用超链接的方法,将各种不同空间的文字信息组织在一起的网状结构的文本。超文本更是一种用户界面范式,用以显示文本及与文本相关的内容。超文本的格式有很多,目前最常使用的是超文本标记语言及富文本格式。

(二) 网页呈现形式

1. 静态网页

在网站设计中,纯粹 HTML 格式的网页被称为"静态网页",静态网页是标准的 HTML 文件,它的文件扩展名是.htm 或.html,可以包含文本、图像、声音、Flash 动画、客户端脚本等,静态网页是网站建设的基础,早期的网站一般都是由静态网页制作的。静态网页一般具有以下几个特点。

(1) 每个静态网页都有一个固定的 URL,且 URL 以 htm、html、shtml 等形式为后缀,而不含有"?"。

(2) 静态网页的内容一经发布到网站服务器上,无论是否有用户访问,每个静态网页的内容都是保存在网站服务器上的。

(3) 静态网页的内容相对稳定,因此容易被搜索引擎检索。

(4) 静态网页没有数据库的支持,在网站制作和维护方面工作量较大,因此,当网站信息量很大时,完全依靠静态网页制作方式来制作比较困难。

(5) 静态网页的交互性较差,在功能方面有较大的限制。

(6) 由于页面浏览过程无须连接数据库,因此开启页面速度快于动态网页。

(7) 减轻了服务器的负担,工作量减少,也就降低了数据库的成本。

2. 动态网页

动态网页是能与后台数据库进行交互和数据传递的网页。动态网页的页面代码虽然没有变,但是显示的内容却是可以随着时间、环境或者数据库操作的结果而发生改变的。动态网页主要具有以下几个特点。

(1) 动态网页一般以数据库技术为基础,可以大大降低网站维护的工作量。

(2) 采用动态网页技术的网站可以实现更多的功能,如用户注册、用户登录、在线调查、用户管理、订单管理等。

(3) 动态网页实际上并不是独立存在于服务器上的网页文件,只有当用户请求时服务器才返回一个完整的网页。

(4) 动态网页中的"?"对搜索引擎检索存在一定的问题:搜索引擎一般不可能从一个网

站的数据库中访问全部网页,或者出于技术方面的考虑,搜索时不去抓取网址中"?"后面的内容。因此,采用动态网页的网站在进行搜索引擎推广时需要做一定的技术处理才能适应搜索引擎的要求。

区分动态网页和静态网页的基本方法:第一,看后缀名;第二,看是否能与服务器发生交互行为。

(三) 常见网站开发语言

1. HTML

HTML 是为网页创建和其他可在网页浏览器中看到的信息设计的一种标记语言。HTML 文档是纯文本文档,可以使用任何文本编辑器或所见即所得的 HTML 编辑器来编辑。

(1) HTML 文档的基本结构。

HTML 利用标签来标识信息及相应的显示样式,由浏览器显示执行。一个标签称为一个元素,每个标签都用"< >"括起来,大部分标签成对使用。HTML 文档的基本结构如下。

```
<html> 文件开始
<head> 标头区开始
<title> ...</title> 标题区
</head> 标头区结束
<body> 文件本体区开始
文件本体区内容
</body> 文件本体区结束
</html> 文件结束
```

在 HTML 文档的基本结构中,每个标签都是有具体含义的。

① <html>:包含文档中的所有文本和 HTML 标签,表示该文档是用 HTML 语言编写的。

② <head>:是 HTML 文档的头部标签,该标签中的内容将显示在浏览器窗口页面栏中。

③ <title>:标题区,文件标题需放在标题区内,该内容将在浏览器最上面显示。

④ <body>:文件本体的标签,文件本体的内容就是在浏览器上看到的网站内容。

需要注意的是:

① 一份 HTML 网页文件通常包括两部分:<head>...</head>文件头和<body>...</body>文件本体区。而<html>...</html>仅代表网页文件格式;

② 一个网站的首页名称通常设为 index.htm 或 index.html,这样,用户浏览网站时,浏览器便会自动地找出 index.htm 文件。

(2) HTML 标签。

HTML 标签是 HTML 最重要的组成部分。下面我们分几个部分来具体介绍。

① HTML 文件头标签。

HTML 文件头标签用来规定这个文件的标题和文件的一些属性。HTML 文件头的主要标签及其说明如表 5.1 所示。

表 5.1　HTML 文件头的主要标签及其说明

标签	说明
<html>	是整个文件最主要的起始标签
<head>	是 HTML 文档的头部标签
<title>	是文件标题栏的名称置放位置
<!－－－－>	注释
<meta>	设定文件的附加信息
<bgsound src= "音乐文件的路径和文件名"loop="PlayTimes">	表示背景音乐 src＝是指档案来源；loop＝是指播放的次数

② HTML 文件本体标签。

HTML 文件本体的主要标签及其说明如表 5.2 所示。

表 5.2　HTML 文件本体的主要标签及其说明

标签	说明
<body>	是文件本体的标签，包括文件内容、背景颜色等
<background>	设定页面的背景图像
<bgcolor="♯rrggbb">	设定页面背景的颜色
<text="♯rrggbb">	设定页面文字的颜色
<p> 资料 </p>	段落，<p> </p> 中可放入文字标签、表格等

	换行；多个
 标签可以创建多个空行
<center>	置中标签，让网页文件置中对齐
<topmargin>	设定页面的上边距
<leftmargin>	设定页面的左边距

③ HTML 文字格式标签。

HTML 文档中的文字格式主要包括标题等级以及文字的字型，HTML 文字格式标签及其说明如表 5.3 所示。

表 5.3　HTML 文字格式标签及其说明

标签	说明
<hx>	标题，如 x＝1－6，定义了一级到六级标题，<h1> 最大，<h6> 最小
<font>	字体，可调整文字的字体、字号及颜色，如 Face="arial" Size="5" Color="blue"或"♯RRGGBB"值

④ HTML 文字样式呈现设定表。

HTML 中提供了一些标签来处理字体的样式，这满足了不同的人设置不同的字体样式的需求。HTML 文字样式标签及其显示效果如表 5.4 所示。

表 5.4　HTML 文字样式标签及其显示效果

样式标签	显示效果	样式标签	显示效果
<b>	粗体字	<strong>	重要文字（粗体）
<i>	斜体字	<blockquote>	块引用（文字缩进）
<u>	底线字	<strike>	加删除线
<sup>	上标字	<dfn>	显示科学定律文字
<sub>	下标字	<em>	重要文字（斜体）

⑤ 图片相关标签。

图片是网页制作的重要素材，没有图片的渲染和表示，网页将变得非常单调。HTML中与图片操作相关的标签及其说明如表5.5所示。

表5.5　HTML中与图片操作相关的标签及其说明

标签	说明
<img>	图片标签
src="url"	图片的储放位置
align	对齐方式
top	图形顶端位置和文字基线对齐
middle	图形中间位置和文字基线对齐
bottom	图形底端位置和文字基线对齐
texttop	图形顶端位置和文字最高位置对齐
alt	图片的简单文字说明
width	设定图形宽度
height	设定图形高度
hspace	设定图形的左右距离
vspace	设定图形的上下距离
border	外框厚度

⑥ 超链接标签。

HTML中的超链接可以是文字，也可以是图像，用户可以通过单击这些内容来跳转到新的文档或当前文档中的某个位置。HTML中超链接相关操作的标签及其说明如表5.6所示。

表5.6　HTML中超链接相关操作的标签及其说明

标签	说明
<a> </a>	创建超链接
title	为元素提供建议性信息
href	链接
target	定义被链接的文档在何处显示

⑦ 表格标签。

网页中经常需要对一些内容进行格式化或者对网页布局完成规范化，这些都要用到表格。HTML中表格相关操作的标签及其说明如表5.7所示。

表5.7　HTML中表格相关操作的标签及其说明

标签	说明
<table border>	表格边框
<caption>	定义表格标题
<table> </table>	定义表格

真题测试
5.3—5.5

续表

标签	说明
<td>	定义表格中的列
<tr>	定义表格中的行
<th>	定义表头
border="value"	表格网格线厚度
bgcolor	表格背景颜色
cellspacing	表格行距
cellpadding	内容与边缘距离
width	表格宽度
height	表格高度
aling	水平对齐
valing	垂直对齐
colspan	指向右伸跨几列
rowspan	指向下伸跨几行

2. XML

可扩展标记语言(Extensible Markup Language,XML)是标准通用标记语言的子集,是一种用于标记电子文件使其具有结构性的标记语言。它可以用来标记数据、定义数据类型,是一种允许用户对自己的标记语言进行定义的源语言。它非常适合万维网传输,提供统一的方法来描述和交换独立于应用程序或供应商的结构化数据。

XML 主要具有如下特点。

(1) 具有良好的格式;

(2) 具有验证机制;

(3) 是一种灵活的 web 应用;

(4) 具有丰富的显示样式;

(5) 具有便捷的数据处理能力;

(6) 具有面向对象的特性;

(7) 可进行选择性的更新。

3. CSS

层叠样式表(Cascading Style Sheets,CSS)是一种用来表现 HTML 或 XML 等文件样式的计算机语言。CSS 不仅可以静态地修饰网页,还可以配合各种脚本语言动态地对网页各元素进行格式化。CSS 能够对网页中元素位置的排版进行像素级精确的控制,支持几乎所有的字体、字号样式,拥有对网页对象和模型样式编辑的能力。

4. JavaScript

JavaScript 是一种属于网络的脚本语言,已经被广泛用于 Web 应用开发,常用来为网页添加各式各样的动态功能,为用户提供更流畅美观的浏览效果。JavaScript 脚本一般是通过嵌入在 HTML 中来实现自身的功能的。

真题测试 5.6

JavaScript 主要具有如下特点:

(1) 是一种解释性脚本语言(代码不进行预编译)。

（2）主要用来向 HTML 页面添加交互行为。

（3）可以直接嵌入 HTML 页面，但写成单独的 js 文件有利于结构和行为的分离。

（4）具有跨平台特性，在绝大多数浏览器的支持下，可以在多种平台下运行（如 Windows、Linux、Mac、Android、iOS 等）。

二、网站的建设过程

网站的建设过程大致可以分为以下几个阶段。

（一）开发项目立项阶段

开发项目立项阶段的主要任务是确定开发项目。

（二）需求调查与分析阶段

这个阶段主要进行网站需求调查与分析，最终要编写出网站需求调查与分析报告。

（三）规划阶段

规划阶段要做的工作主要包括以下几个方面。

（1）明确网站的定位，即确定网站的目的、功能类型和面向的用户群体；

（2）确定网站内容与功能要求，包括网站的名称、网站的主要功能模块、各模块内容概要及网站的结构等；

（3）确定网站的设计要求，主要是明确网站的整体风格和网页的美术设计等；

（4）确定网站的技术解决方案，包括网站的管理运行方式（完全自建、服务器托管、租用虚拟主机站）、开发运行的技术平台（ASP、JSP、PHP 等）、后台数据库系统、域名等。

（四）设计阶段

设计阶段要做的工作主要包括以下几个方面。

（1）网站的标题设计，网站的标题包括网站名称和 Logo 标志；

（2）网站的内容与功能设计，包括网站的首页、主页、主要栏目设计等；

（3）目录结构（物理结构）设计；

（4）导航与交互设计；

（5）网页版面布局设计；

（6）网站外观设计；

（7）后台数据库设计。

（五）制作实现阶段

在这个阶段，主要的工作是根据前期的规划和设计，用网站开发技术制作网站并进行测试。

（六）网站发布和推广阶段

这一阶段的主要工作就是发布网站并进行推广（如在搜索引擎登记等）。

（七）运行维护阶段

这一阶段的工作主要包括网页日常维护，网站的优化与更新，网站的备份与恢复等。

本章知识结构

- 网络技术应用
  - 网络技术基础
    - 计算机网络基础知识
    - 网络体系结构
    - 网络安全
  - 因特网的应用
    - 域名系统
    - 电子邮件服务
    - FTP 文件传输服务
    - 万维网服务
    - Telnet 远程登录服务
  - 网站设计与开发
    - 网站设计基础知识
    - 网站的建设过程

本章小结

(一) 本章重难点

网络技术基础是本章的重点,里面包含了计算机网络基础知识、网络体系结构和网络安全技术,这部分知识常以选择题或简答题的形式出现,需要学习者理解和记忆。

因特网的应用是本章的难点,DNS 域名系统与 E-mail 电子邮件服务经常在简答题中出现,其基本概念、工作原理及主要的协议需要学习者深入理解和记忆。

(二) 学习时要注意的问题

本章知识点较难,且是考试中的重要考查内容,因此在学习中,需要注意对基础概念、基础原理的掌握,记忆重要的网络协议或模型。同时结合实际操作练习,掌握网络设计开发的知识与技能。

备考指南

本章由网络技术基础、因特网的应用、网络设计与开发三部分组成。考试题型主要为选择题和简答题。在学习过程中应对应书本的讲解内容,理解和记忆基础知识与基本原理,结合实际的操作,熟悉网站设计与开发的基本原理与语言的运用。

自测训练

一、单项选择题

1. ( )是网页与网页之间联系的纽带,也是网页的重要特色。
   A. 导航条　　　　B. 表格　　　　C. 框架　　　　D. 超链接
2. 关于电子邮件地址,不正确的是( )。
   A. 用户名是为申请电子邮件地址时所取的名字
   B. @只是一个间隔符而已,并没有什么意思

C. 在申请电子邮件地址用户名时可以自由取名
D. @后为电子邮箱所在服务器域名

3. 下列关于因特网中主机名和IP地址的描述中,正确的是（　　）。
    A. 一台主机只能有一个IP地址
    B. 一个合法的外部IP地址在一个时刻只能分配给一台主机
    C. 一台主机只能有一个主机名
    D. IP地址与主机名是一一对应的

4. 在正常使用网络的前提下,可以有效防止黑客入侵的做法是（　　）。
    A. 拔掉网线
    B. 安装网上下载的杀毒软件
    C. 取消文件夹的共享功能
    D. 启用防火墙功能

5. 通过邮件服务器接收邮件时,使用的邮件传输协议为（　　）。
    A. SMTP   B. HTTP
    C. POP3   D. TCP/IP

6. 实现从主机名到IP地址映射服务的协议是（　　）。
    A. APR   B. DNS
    C. RIP   D. SMTP

7. 某电脑TCP/IP属性设置如图5.8所示,导致该电脑无法访问因特网,改正的方法是（　　）。

●使用下面的IP地址（S）:
IP地址（I）:   255．255．255．0
子网掩码（U）:   192．168．10．8
默认网关（D）:   192．168．10．1

图5.8　某电脑TCP/IP属性设置

    A. IP地址改为192.168.10.8,子网掩码改为255.255.255.0,其他不变
    B. IP地址改为192.168.10.8,默认网关改为255.255.255.0,其他不变
    C. 子网掩码改为192.168.10.1,默认网关改为255.255.255.0,其他不变
    D. 子网掩码改为192.168.10.1,默认网关改为255.255.255.0,其他不变

8. 设计和开发主题网站的一般过程是（　　）。
    A. 确定主题—选择开发工具—网站规划—需求分析—网站制作—发布测试
    B. 确定主题—选择开发工具—网站制作—需求分析—网站规划—发布测试
    C. 需求分析—确定主题—网站规划—选择开发工具—网站制作—发布测试
    D. 需求分析—网站制作—确定主题—网站规划—选择开发工具—发布测试

9. 计算机网络给人们带来了极大的便利,其基本功能是（　　）。
    A. 安全性好
    B. 运算速度快
    C. 内存容量大
    D. 数据传输和资源共享

10. 在处理神州号宇宙飞船升空及飞行这一问题时,网络中的所有计算机都协作完成一部分的数据处理任务。这体现了网络的(　　)功能。
    A. 资源共享
    B. 分布式处理
    C. 数据通信
    D. 提高计算机的可靠性和可用性

11. OSI 参考模型将网络结构自上而下划分为七层(1)应用层(2)表示层(3)会话层(4)传输层(5)网络层(6)数据链路层(7)物理层。工作时,(　　)。
    A. 接收方从上层向下层传输数据,每经过一层增加一个协议控制信息
    B. 发送方从上层向下层传输数据,每经过一层去掉一个协议控制信息
    C. 接收方从下层向上层传输数据,每经过一层去掉一个协议控制信息
    D. 发送方从下层向上层传输数据,每经过一层附加一个协议控制信息

12. 互联网计算机在相互通信时必须遵循同一的规则称为(　　)。
    A. 安全规范
    B. 路由算法
    C. 网络协议
    D. 软件规范

13. 网络协议是支撑网络运行的通信规则,因特网上最基本的通信协议是(　　)。
    A. HTTP 协议
    B. TCP/IP 协议
    C. POP3 协议
    D. FTP 协议

14. IP 电话、电报和专线电话分别使用的交换技术是(　　)。
    A. 报文交换技术、分组交换技术和电路交换技术
    B. 电路交换技术、分组交换技术和报文交换技术
    C. 电路交换技术、报文交换技术和分组交换技术
    D. 分组交换技术、报文交换技术和电路交换技术

二、简答题
1. 请简要回答防火墙的基本功能。
2. 请简要回答何为 DHCP,以及 DHCP 服务器为客户机分配 IP 地址的形式。

参考答案及解析

一、单项选择题

1.【参考答案】D。 解析:超链接是网页与网页之间联系的纽带,也是网页的重要特色。故选 D。

2.【参考答案】B。 解析:@表示 at(在)的意思,B 项描述不正确。故选 B。

3.【参考答案】B。 解析:一台主机可以有多个 IP 地址,选项 A 不正确;一台主机可以有多个主机名,选项 C 不正确;由于 IP 地址与主机名不对应,选项 D 不正确,选项 B 正确。故选 B。

4.【参考答案】D。 解析:防火墙可以有效防止黑客入侵;杀毒软件是用来查杀病毒的;A 和 C 都与题意"在正常使用网络的前提下"不符。故选 D。

5.【参考答案】C。 解析:POP3 是邮局协议的第三个版本,主要用于电子邮件的接收。故选 C。

6.【参考答案】B。解析：域名是由一串用点分隔的名字组成的网络上某台计算机或某个计算机组的名称(有时也指地理位置)。人们通过域名系统(DNS)来将域名和IP地址相互映射，B正确。故选B。

7.【参考答案】A。解析：C类IP地址范围是从192.0.0.0到223.255.255.255，默认的子网掩码为255.255.255.0，所以B、C、D都不对，A正确。故选A。

8.【参考答案】C。解析：本题考查设计和开发主题网站的一般步骤，C正确。故选C。

9.【参考答案】D。解析：计算机网络的基本功能是数据传输和资源共享。故选D。

10.【参考答案】B。解析：计算机网络提供负载均衡与分布式处理能力，可在全球多个地方放置相同内容的服务器，就近访问。题中描述体现了网络的分布式处理功能。故选B。

11.【参考答案】C。解析：OSI参考模型中，各层工作时接受方从下层向上层传输数据，每经过一层去掉一个协议控制信息，C正确。故选C。

12.【参考答案】C。解析：互联网计算机在相互通信时必须遵循同一的规则，这就是网络协议。故选C。

13.【参考答案】B。解析：TCP/IP(传输控制协议/网际协议)是为了使接入互联网的各种网络和不同设备之间能够进行正常的数据通信，而预先指定的一组大家共同遵守的格式和约定。TCP/IP参考模型分为4层，由下至上分别是网络接口层、网络层、传输层和应用层，B正确。故选B。

14.【参考答案】D。解析：IP电话、电报和专线电话使用的技术分别是分组交换技术、报文交换技术和电路交换技术。故选D。

二、简答题

1.【参考答案】

防火墙主要包括以下功能：

(1)限制未经授权的用户访问网络和信息资源；

(2)监控和审计网络的存取和访问，过滤进出网络的数据，管理进出网络的访问行为；

(3)部署于网络边界，兼备提供网络地址翻译、虚拟专用网等功能；

(4)防病毒、入侵检测、认证、远程管理等；

(5)扫描检测，防范攻击等。

2.【参考答案】

动态主机设置协议(DHCP)是一个局域网的网络协议，使用UDP协议工作。DHCP主要有两个用途：用于内部网或网络服务供应商自动分配IP地址；作为内部网络管理员的一种管理手段，用来管理网络中的计算机。

DHCP有三种机制分配IP地址，分别为：自动分配方式、动态分配方式和手工分配方式。三种地址分配方式中只有动态分配可以重复使用客户端。

(1)自动分配方式：DHCP服务器为主机指定一个永久性的IP地址，一旦DHCP客户端第一次成功从DHCP服务器端租用到IP地址，就可以永久性地使用该地址。

(2)动态分配方式，DHCP服务器给主机指定一个具有时间限制的IP地址，时间到期或主机明确表示放弃该地址时，该地址可以被其他主机使用。

(3)手工分配方式，客户端的IP地址是由网络管理员指定的，DHCP服务器只是将指定的IP地址告诉客户端主机。

第六章　数据库及数据库管理技术

考纲内容

本章内容属于信息技术学科专业知识，在考纲中要求如下：

1. 了解信息技术发展史及国内外发展动态，掌握与高中信息技术课程相关的基础知识和基本理论。
2. 掌握与信息活动相关的法律法规、伦理道德。
3. 掌握信息技术学科的基本理论和基本方法，并能用于分析和解决相关问题。

考纲解读

数据库及数据库管理技术部分内容是高中信息技术学科的常考考点之一，考纲要求考生掌握信息技术学科的基本原理与知识，对于本章内容，在复习时应该做到记忆的基础上理解并运用。

本章基础知识与技能主要包括：数据管理、两种数据模式、关系完整性约束、SQL语言、数据库基本表操作、Access、数据恢复、数据完整性及数据安全性等。

第一节　数据管理与数据库

一、数据

1. 数据的定义

数据（Data）是描述事物的符号记录，用类型和数值来表示。随着计算机技术的发展，数据的含义更加广泛，不仅包括数字，还包括文字、图像、声音和视频等。在数据库技术中，数据是数据库中存储的基本对象。

2. 数据的类型

我们在使用数据的时候，经常需要用到数据的类型，例如，定义数据库表时需要定义数据库表的字段类型，对数据进行算术运算时也需要知道数据的类型等。数据的基本类型及其相关说明如表6.1所示。

表 6.1 数据的基本类型及其相关说明

数据的类型	说明
数值	数值类型包括精确数值类型和近似数值类型,前者用来存储整数或定点小数,后者用来存储十进制值
字符	字符类型用来存储字符型数据,字符数据类型使用一个或两个字节存储每个字符
日期和时间	日期和时间类型用于存储日期和时间数据
货币	货币类型旨在存储精确到 4 个小数位的货币值
其他	其他数据类型包括二进制数据类型、特殊数据类型和用户自定义数据类型等

真题测试
6.1

3. 数据与信息

在计算机科学中,信息不同于数据,信息是数据的含义,是一种已经被加工为特定形式的数据,这种数据对接收者来说是有意义的,即只有有价值的数据才是信息。

数据和信息二者密不可分。信息是客观事物性质或特征在人脑中的反映,信息只有通过数据形式表示出来才能被人理解和接收,对信息的记载和描述产生了数据;同时,对众多相关数据加以分析和处理又将产生新的信息。

二、数据管理

数据管理是指利用计算机硬件和软件技术对数据进行有效的收集、存储、处理和应用的过程。数据管理的发展可分为三个阶段:手工管理阶段、文件系统阶段、数据库系统阶段。从手工管理到文件系统,是计算机开始应用于数据管理的实质性进步;从文件系统到数据库系统,标志着数据管理技术产生了质的飞跃。

三、数据库与数据库系统

(一) 数据库

数据库(Database,DB)是指长期存储在计算机内的、有组织、可共享的大量数据的集合。它不仅包括数据本身,而且包括相关数据之间的联系。

数据库主要具有如下特点。

(1) 能够存储大量数据;

(2) 管理操作方便、快捷,数据维护简单、安全;

(3) 实现了数据共享,并减少了数据冗余;

(4) 具有较高的数据独立性;

(5) 具有统一的数据控制功能;

(6) 可有效实现故障恢复。

(二) 数据库系统

数据库系统(Database System,DBS)通常由四部分组成:硬件系统、数据库集合、软件系统和人员。数据库系统有两种类型:分布式数据库系统、对象数据库系统。

数据库系统发展过程中主要有以下三个里程碑。

(1) IMS 系统——层次数据库;

(2) DBTG 系统——网状数据库;

(3) 关系数据库系统。

四、数据库管理系统

（一）数据库管理系统的定义

数据库管理系统（Database Management System，DBMS）是指维护和管理数据库的软件，位于用户与操作系统之间，是数据库系统的核心，可把用户意义下抽象的逻辑数据处理转换成为计算机中具体的物理数据。它的基本功能为：数据定义、数据操作、数据库的运行管理、数据库的建立和维护。数据库管理系统对数据库进行统一的管理和控制，以保证数据库的安全性和完整性。用户通过 DBMS 访问数据库中的数据，数据库管理员也是通过 DBMS 进行数据库的维护工作。数据库管理系统可使多个应用程序和用户用不同的方法同时或在不同时刻去建立、修改和询问数据库。大部分数据库管理系统提供数据定义语言（Data Definition Language，DDL）和数据操作语言（Data Manipulation Language，DML），供用户定义数据库的模式结构与权限约束，实现对数据的增加、删除等操作。

（二）数据库管理系统的特点和常见的数据库管理系统

1. 数据库管理系统的特点

数据库管理系统主要具有以下特点。
（1）实现数据集中化控制和统一管理；
（2）数据冗余度小；
（3）采用一定的数据模型；
（4）实现数据共享；
（5）避免了数据的不一致性；
（6）提供数据库保护。

2. 常见的数据库管理系统

目前，常见的数据库管理系统有 Oracle、MySQL、Access 等。

第二节　数据库的设计与建立

一、数据模型

（一）数据模型的定义

数据是描述事物的符号记录，模型是对现实世界的抽象。数据模型（Data Model）是数据特征的抽象，是数据库管理的教学形式框架。数据模型从抽象层次上描述了数据库系统的静态特征、动态行为和约束条件，为数据库系统的信息表示与操作提供了一个抽象的框架。

数据模型分为两种类型：概念数据模型和结构数据模型。概念数据模型中最著名的是实体联系模型。结构数据模型主要有层次数据模型、网状数据模型、关系数据模型三种，层次数据模型可以用树形图表示，网状数据模型可以用网状图表示，关系数据模型可以用二维表表示。下面我们主要介绍一下实体联系模型和关系数据模型。

真题测试
6.2

（二）实体联系模型

实体联系（Entity Relationship，E-R）模型直接从现实世界中抽象出实体类型和实体间的联系，然后用实体联系图（E-R 图）表示出来，它是描述概念世界、建立概念模型的实用工具。实体联系图中包含了实体(即数据对象)、关系和属性三种基本成分。人们通常用矩形框代表实体,用连接相关实体的菱形框表示关系,用椭圆形或圆角矩形表示实体(或关系)的属性,并用直线把实体(或关系)与其属性连接起来,在连接实体与属性的无向边上表明联系的类型。

人们通常就是用实体集、实体之间的联系和属性这三个概念来理解现实问题的。实体集间的联系虽然复杂,但都可以分解为少数几个实体集间的联系,最基本的是两个实体集间的联系。联系抽象化后可以归结为三种类型:一对一联系(1:1),如一位学生只有一个学生证,而一个学生证也只会对应一位学生;一对多联系($1:n$),如部门与职工的联系,一个部门有多名职工,而一名职工只在一个部门就职;多对多联系($m:n$),如科研人员和科研课题之间的关系,一个人可以参加多个课题,一个课题也可以由多个人参加。E-R模型比较接近人的习惯思维方式。此外,E-R模型使用简单的图形符号表达系统分析员对问题域的理解,不熟悉计算机技术的用户也能理解它。因此,E-R模型可以作为用户与分析员之间有效的交流工具。

(三) 关系数据模型

1. 基础概念

以二维表的形式表示实体和实体之间联系的数据模型称为关系数据模型。关系数据模型包括完整性规则、数据结构和数据操作三个部分。关系数据模型的基本术语主要有以下几个。

(1) 关系:一个关系对应着一个二维表,二维表名就是关系名。

(2) 属性和值域:在二维表中的列,称为属性,属性的个数称为关系的元或度。列的值称为属性值,属性值的取值范围为值域。

(3) 元组:在二维表中的一行,称为一个元组。

(4) 分量:元组中的一个属性值。

(5) 键(码):如果在一个关系中存在这样的一个属性,使得在该关系中的任何一个关系状态中的两个元组,在该属性上的值的组合都不同,即这些属性的值都能够用来唯一地标识该关系中的元组,则称这些属性为该关系的键或者码。

(6) 超键(超码):如果在关系的一个键(码)中移去某个属性,它仍然是这个关系的键(码),则称这样的键为关系的超键或者超码。

(7) 候选键(候选码):如果在关系的一个键(码)中移去任何一个属性,它就不是这个关系的键(码),则称这个键为该关系的候选键或者候选码。

(8) 主键(主码、主关键字):在一个关系的若干候选键中指定一个用来唯一标识该关系的元组,则称这个被指定的候选键为该关系的主键或者主码。

(9) 全键(全码):即一个关系模式中的所有属性的集合。

(10) 主属性和非主属性:关系中包含在任何一个候选键中的属性称为主属性,不包含在任何一个候选键中的属性称为非主属性。

(11) 外键(外码):关系中的某个属性虽然不是这个关系的主键,但它却是另外一个关系的主键时,则称之为外键或者外码,它表示了两个关系之间的相关联系。

(12) 参照关系与被参照关系:是指以外键相互联系的两个关系,可以相互转化。

2. 关系完整性约束

关系完整性约束是为保证数据库中数据的正确性和相容性,对关系模型提出的某种条件或规则。完整性通常包括实体完整性、参照完整性和用户定义完整性。其中,实体完整性和参照完整性是关系模型必须满足的完整性约束条件。

（1）实体完整性约束。

实体完整性（Entity Integrity）是指关系的主关键字既不能重复也不能取"空值"。一个关系对应现实世界中一个实体集。现实世界中的实体是可以区分、识别的，即它们也应具有某种唯一性标识。关系数据模型以主关键字作为唯一性标识，主关键字中的属性（称为主属性）不能取空值，否则，表明关系数据模型中存在着不可标识的实体（因空值是不确定的）。如果主关键字是由多个属性组合起来的，则所有这些属性均不得取空值。

（2）参照完整性约束。

参照完整性（Referential Integrity）是定义建立表之间联系的主关键字与外部关键字引用的约束条件，它要求外码必须是另一个关系的主码的有效值或空值。

关系数据库中通常都包含多个存在相互联系的表，表与表之间的联系是通过公共属性来实现的。所谓公共属性，它是一个表 R（称为被参照表或目标表）的主关键字，同时又是另一表 K（称为参照表）的外部关键字。如果参照表 K 中外部关键字的取值，要么与被参照表 R 中某元组主关键字的值相同，要么取空值，那么，在这两个表间建立关联的主关键字和外部关键字引用，就符合参照完整性规则要求。如果参照表 K 的外部关键字也是被参照表 R 主关键字，根据实体完整性要求，主关键字不得取空值，因此，参照表 K 外部关键字的取值实际上只能取相应被参照表 R 中已经存在的主关键字的值。例如，在学生管理数据库中，如果将选课表作为参照表，学生表作为被参照表，将"学号"作为两个表进行关联的属性，则"学号"是学生表的主关键字，是选课表的外部关键字。选课表通过外部关键字"学号"参照学生表。

（3）用户定义完整性。

实体完整性和参照完整性适用于任何关系数据库系统，它主要是针对关系的主关键字和外部关键字取值必须有效而做出的约束。用户定义完整性则是根据应用环境的要求和实际的需要，对某一具体应用所涉及的数据提出的约束性条件。这一约束机制一般不应由应用程序提供，而应由关系模型提供、定义并检验，用户定义完整性主要包括字段有效性和记录有效性。

3．关系代数

关系代数是一种抽象的查询语言，用对关系的运算来表达查询。关系代数的运算对象是关系，运算结果也是关系。关系代数运算符及其说明如表 6.2 所示。

表 6.2　关系代数运算符及其说明

运算符	说明
并	R∪S={t|t∈R 或 t∈S}，R 和 S 的并是由属于 R 或属于 S 的元组构成的集合
交	R∩S={t|t∈R 且 t∈S}，R 和 S 的交是由属于 R 并且属于 S 的元组构成的集合
投影	对一个关系进行垂直分割，消去某些列
选择	根据某些条件对关系做水平分割，即选取符合条件的元组
差	R−S={t|t∈R 且 t∉S}，R 和 S 的差是由属于 R 但不属于 S 的元组构成的集合
笛卡尔积	R 和 S 的笛卡尔积是一个(r+s)元的元组集合，每个元组的前 r 个属性值来自 R 的一个元组，后 s 个分量来自 S 的一个元组
连接	连接是从关系 R 与 S 的笛卡尔积中选取属性值相等的那些元组

真题测试
6.3

续表

运算符	说明
自然连接	自然连接要求两个关系中进行比较的分量必须是相同的属性组,并且要在结果中把重复的属性去掉,所以自然连接是同时从行和列的角度进行计算的
除法	R 与 S 的除运算将得到一个新的关系 P(X),P 是 R 中满足下列条件的元组在 X 属性列上的投影:元组在 X 上的分量值的象集 YX 包含 S 在 Y 上的投影的集合

二、SQL 语言

结构化查询语言(Structured Query Language,SQL)是一种特殊的编程语言,是一种数据库查询和程序设计语言,用于存取数据、查询、更新和管理关系数据库系统。

SQL 是高级的非过程化编程语言,允许用户在高层数据结构上工作。它不要求用户指定对数据的存放方法,也不需要用户了解具体的数据存放方式,所以,具有完全不同底层结构的不同数据库系统,可以使用相同的语句并将其作为数据输入与管理的接口。SQL 语句可以嵌套使用,这使它具有了极大的灵活性和更加强大的功能。

1986 年 10 月,美国国家标准学会对 SQL 进行规范后,将此作为关系数据库管理系统的标准语言,1987 年,在得到国际标准组织支持的情况下,SQL 成为国际标准。不过,很多的数据库系统在其实践过程中都对 SQL 规范做了某些编改和扩充。所以,不同数据库系统之间的 SQL 不能完全相互通用。

SQL 包含四个部分:数据查询语言、数据操作语言、数据控制语言和数据定义语言。

1. 数据查询语言

数据查询语言(Data Query Language,DQL)也称"数据检索语句",用以从表中获得数据,确定数据怎样在应用程序给出。保留字 SELECT 是 DQL(也是所有 SQL)用得最多的动词,其他 DQL 常用的保留字有 WHERE、ORDER BY、GROUP BY 和 HAVING。这些 DQL 保留字常与其他类型的 SQL 语句一起使用。

2. 数据操作语言

数据操作语言(Data Manipulation Language,DML)也称为动作查询语言,其语句包括动词 INSERT、UPDATE 和 DELETE。它们分别用于添加、修改和删除表中的行。

3. 数据控制语言

数据控制语言(Data Control Language,DCL)通过 GRANT 和 REVOKE 授权和取消授权,确定单个用户和用户组对数据库对象的访问权限,包括 COMMIT、ROLLBACK 等动词。某些关系数据库管理系统可用 GRANT 或 REVOKE 控制对表中单个列的访问。

4. 数据定义语言

数据定义语言(Data Definition Language,DDL)包括动词 CREATE 和 DROP,用于在数据库中创建新表或删除表(CREATE TABLE 或 DROP TABLE)、为表加入索引等。

三、数据库基本表操作

(一) 创建表

SQL 使用 CREATE TABLE 语句创建基本表,格式如下:

```
CREATE TABLE<表名>
(<字段名> <数据类型>[列级完整性约束条件]
[,<字段名> <数据类型>[列级完整性约束条件]
…
[,<表级完整性约束条件>]);
```

(二) 修改表

SQL 用 ALTER TABLE 语句修改基本表,该命令用于添加(ADD)、删除(DROP)或修改(MODIFY)基本表的字段、主键、外键,格式如下:

```
ALTER TABLE<表名>
[ADD[<新字段名><数据类型>[完整性约束]|PRIMARYKEY(<字段名表>)|FOREIGNKEY[(<外来关键字名>)](<字段表名>)REFERENCES<表名2>][ONDELETE{CASCADE|RESTRICT|SETNULL}]]
[DROP[<完整性约束>{CASCADE|RESTRICT}|PRIMARYKEY|FOREIGNKEY]]
[MODIFY<字段名><数据类型>]
```

(三) 查询表

SQL 用 SELECT…FROM…WHERE 查询块进行数据查询操作,格式如下:

```
SELECT[ALL|DISTINCT]<目标列表达式>[,<目标列表达式>]…
FROM<表名或视图名>[,<表名或视图名>]…
[WHERE<条件表达式>]
[GROUP BY<列名1>[HAVING<条件表达式>]]
[ORDER BY<列名2>[ASD|DESC]]
```

真题测试
6.4

四、Access

Microsoft Office Access,以下简称 Access,是一个由微软公司发布的关系数据库管理系统,是 Microsoft Office 的系统程序之一。Access 是微软公司把数据库引擎的图形用户界面和软件开发工具结合在一起的一个数据库管理系统。Access 的数据管理功能非常强大,可以方便地利用各种数据源,生成表单、查询、报表和应用程序等。

Access 以它自己的格式将数据存储在基于 Access Jet 的数据库引擎里,它还可以直接导入或者链接存储在其他应用程序和数据库中的数据。软件开发人员和数据架构师可以使用 Access 开发应用软件,"高级用户"可以使用它来构建软件应用程序。和其他办公应用程序一样,Access 支持 VB 宏语言,它是一个面向对象的编程语言,可以引用各种对象,包括DAO(数据访问对象)、ActiveX 数据对象,以及许多其他的 ActiveX 组件。

Access 由以下七种对象组成。

1. 表

表是数据库中最基本的对象,是其他六种对象的基础。表由记录组成,记录由字段组

真题测试
6.5

成,表用来存储数据库的数据,故又称数据表。表是一切数据库操作的对象和前提。

2. 查询

查询可以按索引快速查找到需要的记录,按要求筛选记录,并能链接若干个表的字段组成新表。

3. 表单

表单为用户提供了一种方便的浏览、输入及更改数据的窗口。

4. 报表

报表的功能是将数据库中的数据分类汇总,然后打印出来,这样可以方便用户对数据进行分析。

5. 访问页

访问页是一种特殊类型的 web 页,用户可以在此 web 页中查看、修改 Access 数据库中的数据。

6. 宏

宏相当于 DOS 中的批处理,可以用来自动执行一系列操作。Access 列出了一些常用的操作供用户选择,使用起来十分方便。

7. 模块

模块的功能与宏类似,但它定义的操作比宏更加精细和复杂,用户可以根据自己的需要编写程序。模块用 Visual Basic 编程。

从上述七种对象的功能和彼此间的关系考虑,我们可以将其分为三个层次。

第一层次:表对象和查询对象。它们是数据库的基本对象,用于在数据库中存储数据和查询数据。

第二层次:表单对象、报表对象和数据访问页。它们是直接面向用户的对象,用于数据的输入输出和应用系统的驱动控制。

第三层次:宏对象和模块对象。它们是代码类型的对象,用于通过组织宏操作或编写程序来完成复杂的数据库管理工作。

第三节 数据维护

一、数据恢复

数据恢复是指系统将数据库从被破坏、不正确的状态恢复到一个正确状态的过程。

要想做好数据恢复工作,平时要做好两件事:一是周期性地对整个数据库进行拷贝,将其转储到另一个磁盘或其他存储介质中;二是建立日志数据库,记录事物的开始、结束及数据的每一次插入、删除和修改前后的值。

数据库一旦发生故障,分两种情况进行处理:一是如果数据库已被破坏,则利用数据库备份和日志执行库已提交的事务,把数据库恢复到事故前的状态;二是如果数据库还未被破坏,但某些数据不可靠,则撤销所有不可靠的修改,把数据库恢复到正确的状态。

1. 数据库故障的类型

常见的数据库故障有三类:事务故障、系统故障和介质故障。

(1) 事务故障。

事务故障又可以分为以下两种。

① 可以预期的事务故障,如存款余额透支等;

② 非预期事务故障,如运算溢出、数据错误、死锁等。
(2) 系统故障。
系统故障主要包括硬件故障、软件错误或掉电等。
(3) 介质故障。
介质故障主要指磁盘物理故障或遭受病毒破坏等。
2. 处理数据库故障的方法
处理数据库故障的方法一般有两种。
(1) 检查点方法。
检查点方法包括以下两步:
① 根据日志文件建立事务重做队列和事务撤销队列;
② 对重做队列中的事务进行 REDO 处理,对撤销队列中的事务进行 UNDO 处理。
(2) 进行记录优先原则。
进行记录优先原则主要包含以下两个方面。
① 运行记录写入运行日志后,才能允许事务写入数据库;
② 所有运行记录写入运行日志后,才能允许事务完成 COMMIT 操作。

二、数据完整性

数据库中的数据是从外界输入的,而数据的输入由于各种原因,会发生输入无效或错误信息等一系列问题。保证输入的数据符合规定成为数据库系统,尤其是多用户的关系数据库系统首先要关注的问题。数据完整性包括数据的精确性和可靠性。它是为防止数据库中存在不符合语义规定的数据以及防止因错误信息的输入输出造成无效操作或错误信息而提出的。数据完整性分为四类:实体完整性、域完整性、参照完整性、用户自定义完整性。数据库采用多种方法来保证数据完整性,包括外键、约束、规则和触发器。针对具体情况,系统会采用不同的方法,有时几种方法会被交叉使用。

SQL 中的数据完整性约束分为三大类:域约束、基本表约束和断言。

1. 域约束

域约束与在特定域中定义的任何列都有关系,用户可以用"CREATE DOMAIN"语句定义新的域,并且还可使用 CHECK 子句。

2. 基本表约束

基本表约束主要有以下三种形式。
(1) 候选键的定义。
候选键定义的格式为:

UNIQUE(<列名序列>)或 PRIMARYKEY(<列名序列>)

(2) 外键的定义。
外键定义的格式为:

FOREIGNKEY(<列名序列>)
REFERENCES<参照表>[(<列名序列>)]
[ONDELETE<参照动作>]
[ONUPDATE<参照动作>]

(3)"检查约束"的定义。

"检查约束"定义的格式为：

```
CHECK(<条件表达式>)
```

3. 断言

如果完整性约束的牵涉面较广，与多个关系有关或者与聚合操作有关，那么 SQL 会提供"断言"（Assertions）机制，让用户书写完整性约束。创建和撤销断言的格式分别为：

```
CREATE ASSERTION<断言名>CHECK(<条件>)
DROP ASSERTION<断言名>
```

三、数据安全性

数据安全性是指保护数据免受未经许可而故意或偶然的传送、泄露、破坏和修改。数据安全性是数据的拥有者和使用者都十分关心的问题。它涉及法律、道德及计算机系统等诸多因素。从外部条件来看，人们可以通过将数据按密级分类、控制接触数据的人员、对数据进行检验等一系列恰当的管理方针与保密措施来保障数据的安全性，同时，也要保护计算机免遭物理破坏，做好设备的安全保卫和防辐射等工作。从数据库系统本身的防御能力来看，数据库系统本身为数据安全提供了各种措施。这些措施包括以下四个方面。

（1）系统对管理人员提供授权手段，以方便管理人员管理和控制用户对数据库的访问。

（2）允许对用户进行分类并授予不同的访问权限。

（3）通过设置口令等方法，对用户进入系统的操作进行安全检查。

（4）通过采用视图等方法对数据进行部分隐蔽或加密等操作。

数据库系统的安全性可以从它的完整度、灵活性、安全检查的额外开销以及安全机制自身的稳健性等若干方面来衡量。

第四节 数据库的新技术

数据库系统在当今信息社会中占据非常重要的地位，它是信息处理的重要工具和组成部分。随着应用需求的不断提高，数据库技术也面临许多新的挑战，需要不断进步与发展。下面，我们介绍几种特定应用领域中的数据库。

一、数据仓库

传统的数据库技术是以单一的数据资源为中心，同时进行各种类型的处理，从事务处理到批处理，再到决策分析。近年来，人们逐渐认识到计算机系统中存在着两类不同的处理：操作型处理和分析型处理。操作型处理也叫事务处理，是指对数据库联机的日常操作，通常是对一个或一组记录的查询和修改，主要是为企业的特定应用服务的。在操作型处理中，人们关心的主要是响应时间、数据的安全性和完整性。分析型处理则用于管理人员的决策分析，例如，DSS、EIS 和多维分析等，经常需要访问大量的历史数据。二者的巨大差异使得操作型处理和分析型处理的分离成为必然。于是,数据库由旧的操作型环境发展为一种新环境——体系化环境。体系化环境由操作型环境和分析型环境组成。

数据仓库概念的创始人美国人 W. H. Inmon 给数据仓库做出了如下定义:数据仓库是面向主题的、集成的、稳定的、不同时间的数据集合,用以支持经营管理中的决策制订过程。面向主题、集成、稳定和随时间变化是数据仓库的四个最主要特征。

二、工程数据库

工程数据库是一种能存储和管理各种工程图形,并能为工程设计提供各种服务的数据库。传统的数据库只能处理简单的对象和规范化的数据,而对具有复杂结构和内涵的工程对象以及工程领域中的大量"非经典"应用则不能适用。工程数据库正是针对传统数据库的这一缺点而提出的,它针对工程应用领域的需求,对工程对象进行处理,并提供相应的管理功能及良好的设计环境。

工程数据库主要具有以下功能。
(1) 支持复杂多样的工程数据的存储和集成管理;
(2) 支持复杂对象的表示和处理;
(3) 支持变长结构数据实体的处理;
(4) 支持多种工程应用程序;
(5) 支持模式的动态修改和扩展;
(6) 支持设计过程中多个不同数据库版本的存储和管理;
(7) 支持工程长事务和嵌套事务的处理和恢复。

三、统计数据库

统计数据库是一种用来对统计数据进行存储、统计和分析的数据库系统。统计数据库向用户提供的是统计数字,而不是某一个体的具体数据。统计数据库中的数据可分为两类:微数据和宏数据。微数据描述的是个体或事件的信息;而宏数据是综合统计数据,它可以直接来自应用领域,也可以是对微数据的综合分析结果。

统计数据库不同于其他数据库,在安全性方面有一种特殊的要求:要防止有人利用统计数据库提供合法查询的时机,获取其不应了解的某一个体的具体数据。

四、空间数据库

空间数据库是以描述空间位置和点、线、面、体特征的拓扑结构的位置数据,以及描述这些特征的性能的属性数据为对象的数据库。位置数据为空间数据,属性数据为非空间数据。其中,空间数据是用于表示空间物体的位置、形状、大小和分布特征等信息的数据,用于描述所有二维、三维和多维分布的关于区域的信息,它不仅包含表示物体本身的空间位置及状态信息,还包含表示物体的空间关系的信息。非空间数据主要包含专题属性数据和质量描述数据,用于表示物体的本质特征,以区别地理实体,对地理物体进行语义定义。

本章知识结构

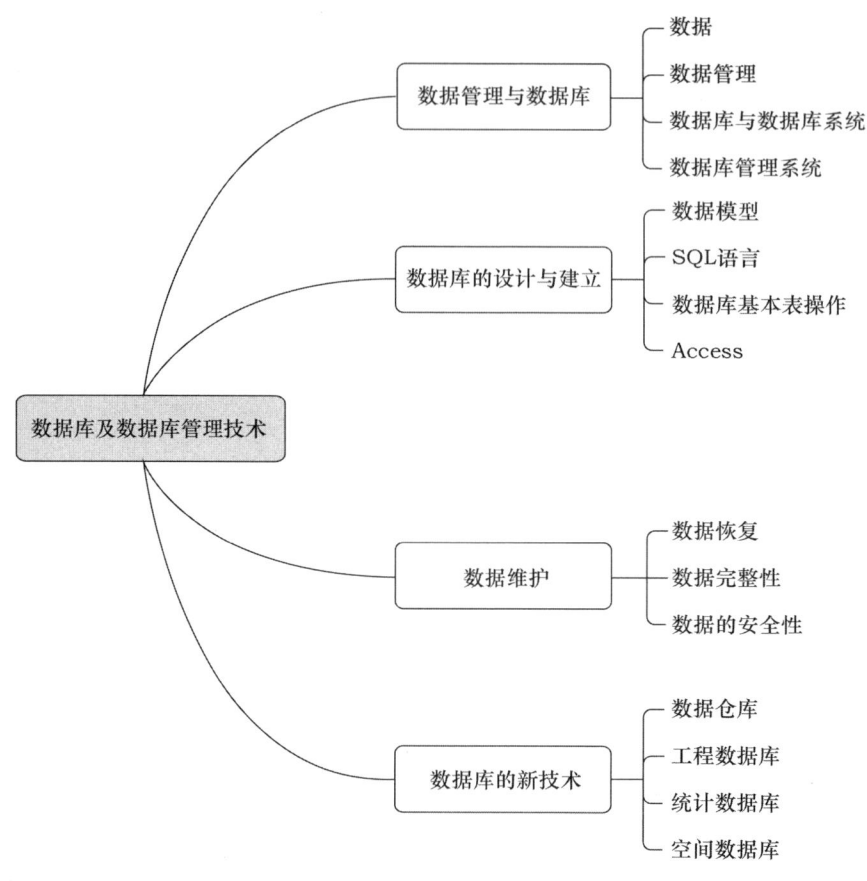

本章小结

（一）本章重难点

本章重难点均为数据库的设计与建立这部分内容，考生需要重点理解、记忆数据模型部分知识，尤其是实体联系模型。

（二）学习时要注意的问题

学习本章时，应注意以下几点：

1. 了解一些关键概念，如数据、数据管理、数据维护等；
2. 理解数据模型的类型并能够判断相应的关系；
3. 掌握 SQL 语言的基础知识。

备考指南

本章由数据管理与数据库、数据库的设计与建立、数据维护和数据库的新技术四个部分组成。考试题型主要为选择题，偶有简答题。学习时首先要掌握数据、数据管理、数据库等基本概念，进而学习相关的知识，主要以理解、掌握为主。

自测训练

一、单项选择题

1. 一个车间有多名工人,而每个工人只能在一个车间工作,车间与工人之间的关系是（   ）。
   A. 一对一　　　　B. 一对多　　　　C. 多对一　　　　D. 多对多

2. 下列选项中,实体集之间的联系是"一对多"的是（   ）。
   A. 班级和学生　　B. 顾客和商品　　C. 学生和课程　　D. 居民和身份证

3. 将 E-R 图转化为二维表的过程称为（   ）。
   A. 创建关键字　　　　　　　　　　B. 创建概念模型
   C. 创建数据库结构　　　　　　　　D. 建立关系数据模型

4. SQL 是一种（   ）的语言。
   A. 过程化　　　　B. 非过程化　　　C. 格式化　　　　D. 导航式

5. 在数据库中,产生数据不一致的根本原因是（   ）。
   A. 数据冗余　　　　　　　　　　　B. 没有严格保护数据
   C. 数据存储量太大　　　　　　　　D. 未对数据进行完整性控制

二、简答题

1. 数据库管理系统一般应具有哪些功能？

参考答案及解析

一、单项选择题

1.【参考答案】 B。解析：一个车间有多名工人,但一个工人只能在一个车间工作,因此,车间与工人的关系为一对多。故选 B。

2.【参考答案】 A。解析：一个班级可以包含很多学生,而一个学生只能在一个班级,所以,班级和学生之间是一对多的关系。故选 A。

3.【参考答案】 D。解析：关系数据模型是定义在 E-R 模型和关系的数学定义上的一种数据模型,它将描述实体和实体之间联系的有关属性看成是集合,而将实体和联系认为是建立在这些集合之上的关系。将 E-R 图转化为二维表的过程是建立关系数据模型的过程。故选 D。

4.【参考答案】 B。解析：SQL 是一种非过程化的语言。故选 B。

5.【参考答案】 A。解析：产生数据不一致的根本原因是数据冗余。例如,数据库中有两个表都放了用户的联系方式数据,在用户的联系方式发生改变时,如果只更新了一个表中的数据,那么两个表就有了不一致的数据。故选 A。

二、简答题

1.【参考答案】

数据库管理系统一般应具有数据库定义功能、数据操作功能、数据库运行管理功能和数据库的建立维护功能。

第七章 人工智能基础知识

考纲内容

本章内容属于信息技术学科专业知识,在考纲中要求如下:
1. 了解信息技术发展史及国内外发展动态,掌握高中信息技术课程相关的基础知识和基本理论。
2. 掌握与信息活动相关的法律法规、伦理道德。
3. 掌握信息技术学科的基本理论和基本方法,并能用于分析和解决相关问题。

考纲解读

人工智能是新兴技术,也是近几年考试中经常出现的考点。对不同的知识点,考生应按考纲要求,达到了解或掌握的程度。

本章基础知识与技能主要包括:人工智能的概念、人工智能的应用领域以及人工智能的基本技术。

第一节 人工智能简介

一、人工智能

人工智能(Artificial Intelligence,AI)是研究、开发用于模拟、延伸和扩展人的智能的理论、方法、技术及应用系统的一门新的技术科学。

人工智能是计算机科学的一个分支,它试图了解智能的实质,并生产出一种新的能以与人类智能相似的方式做出反应的智能机器。该领域的研究包括机器人、语音识别、图像识别、自然语言处理和专家系统等。人工智能自1956年被正式提出后,理论和技术日益成熟,应用领域也不断扩大。人工智能不是人的智能,但能像人那样思考,也可能超过人的智能。

二、人工智能的应用

人工智能的应用范围越来越广泛,如今,它主要应用在以下几个方面。

（一）问题求解

人工智能初期的成就是发展了智力难题、棋类游戏、简单数学定理证明等问题的研究，在此基础上发展成一系列解题技术，包括问题表示、搜索和行动计划等内容。

（二）逻辑推理与定理证明

逻辑推理是人工智能的研究领域之一。它的重点在于找到方法，将注意力集中在一个大型数据库中的相关事实上，关注可行的证明，当发现新信息的时候及时修正这些证明。

（三）自然语言处理

自然语言处理如今在科学家们多年的坚持努力下获得了丰富的成果。它研究能够实现人与计算机之间用自然语言进行有效通信的各种理论和方法，包括自然语言理解和自然语言生成，具体是指计算机不但要理解自然语言文本的意义，还要能以自然语言文本的形式来表达给定的意图、思想等。

（四）智能检索

受技术迅猛发展的影响，当代计算机科学与技术研究中迫切需要研究的课题是信息获取和精化技术，也就是关于智能检索的研究。智能检索研究是人工智能走向广泛实际应用的契机与突破口。

（五）专家系统

专家系统是一个具有大量的专门知识与经验的程序系统，它应用人工智能技术和计算机技术，根据某领域一个或多个专家提供的知识和经验，进行推理和判断，模拟人类专家的决策过程，以便解决那些需要人类专家处理的复杂问题。

专家系统一般由人机交互界面、知识库、推理机、解释器、综合数据库几个部分构成。其中尤以知识库与推理机相互分离而别具特色。下面简单介绍一下知识库和推理机。

（1）专家系统知识库。

专家系统知识库用以存放专家提供的知识。专家系统质量的好坏取决于知识库中知识的质量和数量。一般来说，专家系统知识库与专家系统程序是相互独立的，人们可以通过改变、完善知识库中的知识内容来提高专家系统的性能。

（2）专家系统推理机。

专家系统推理机针对要求解问题的条件或已知信息，反复匹配知识库中的规则，获得新的结论，以得到问题求解结果。推理机的推理方式可以有正向推理和反向推理两种。

早期的专家系统采用通用的程序设计语言（如 FORTRAN、PASCAL、Basic 等）和人工智能语言（如 LISP、PROLOG、Smalltalk 等），通过人工智能专家与领域专家的合作，直接编程来实现。这种专家系统研制周期长、难度大，但灵活实用，至今尚为人工智能专家所使用。现在，大部分专家系统的研制工作已采用专家系统开发环境或专家系统开发工具来实现，领域专家可以选用合适的工具开发自己的专家系统，大大缩短了研制的周期，为专家系统在各领域的广泛应用提供了便利。

近年来，专家系统技术逐渐成熟，广泛应用在工程、科学、医药、军事、商业等领域，而且成果相当丰硕，甚至在某些应用领域，还超过了人类专家的智能与判断。专家系统的应用领域及举例如表 7.1 所示。

表 7.1　专家系统的应用领域及举例

应用领域	举例
预测	如预测可能由黑蛾所造成的玉米损失的专家系统 PLAN
诊断	如诊断血液中细菌的感染（MYCIN），又如诊断汽车柴油引擎故障原因之 CATS 系统
故障排除	如电话故障排除系统 ACE
设计	如专门设计小型马达弹簧与碳刷之专家系统 MOTORBRUSHDESIGNER
规划	较出名的有辅助规划 IBM 计算机主架构的布置、重安装与重安排之专家系统 CSS，以及辅助财物管理之 PlanPower 专家系统
监督	如监督 IBM MVS 操作系统之 YES/MVS
除错	如检查学生减法算术错误原因之 BUGGY
修理	如修理原油储油槽之专家系统 SECOFOR
行程安排	如制造与运输行称安排之专家系统 ISA，又如工作站（Work Shop）制造步骤安排系统
教学	如教导使用者学习操作系统之 TVC 专家系统
控制	如帮助 Digital Corporation 计算机制造及分配之控制系统 PTRANS
分析	如分析油井储存量之专家系统 DIPMETER 及分析有机分子可能结构之 DENDRAL 系统
维护	如分析电话交换机故障原因并能建议人类该如何维修之专家系统 COMPASS
架构设计	如设计 VAX 计算机架构之专家系统 XCON，以及设计新电梯架构之专家系统 VT
校准	如校准武器如何工作的专家系统

（六）智能控制、智能系统和智能接口

智能控制指的是在一类不需要或尽可能避免人为干预的情况下就能够自主驱动智能机器达到目的的自动控制。或者说智能控制是驱动智能机器自主实现其目标的过程，是人工智能与自动控制的结合，代表着当今自动控制的最高水平。

智能系统通常是指配备有智能化软、硬件的计算机控制系统或计算机信息系统。在我国，智能化的软、硬件计算机控制系统指具有问题求解和高层决策能力的一些学习控制系统。

智能接口是新一代计算机系统或知识系统的重要组成部分。理想的智能接口采用的是自然语言理解的用户界面。它是通过引入自然语言理解及其多媒体技术，并使之与知识库及数据库结合来实现的。

（七）模式识别

人工智能所研究的模式识别是指让计算机像人类一样具备感知能力，接收周围的信息，识别和理解外界环境。

模式识别可用于文字识别（如识别并提取图中文字）、语音识别（如通过语音打开手机中某个软件）、指纹识别（如通过指纹打开手机或防盗门）、遥感（如农作物估产、气象预报等）、医学诊断（如癌细胞检测、染色体分析等）。目前，模式识别正处于快速发展的阶段，随着应用范围的不断扩大，模式识别将有更大的发展空间。

真题测试
7.2—7.3

真题测试
7.4

（八）机器学习

机器学习（Machine Learning，ML）是一门涉及概率论、统计学、逼近论、凸分析、算法复杂度理论等多门学科和多种理论的多领域交叉学科。它研究如何让计算机通过模拟或实现人类的学习行为，来获取新的知识或技能，重新组织已有的知识结构，最终使之不断改进自身的性能。作为人工智能的核心，机器学习是计算机实现智能的根本途径，已应用于人工智能的各个领域。

三、人工智能的基本技术

（一）推理技术

1. 推理

推理是人类在求解问题时主要用到的思维方法。推理指的是采取某种策略，按照已有的事实和知识推导出结论，即通过一个或几个被认为是正确的陈述、声明或判断得到另一个真理，而这个真理被相信是从前面的陈述、声明或判断中得出的。由程序实现的推理被称作推理机。

2. 推理方式

人类通过多种思维方法来进行智能活动，人工智能模拟人类的智能活动，同样有多种推理方式。根据不同的标准，推理方式可分为不同的类型。

（1）演绎推理、归纳推理和默认推理。

① 演绎推理。

演绎推理是指从一般推导出个别的过程。演绎推理常用的形式是三段论法。例如，凡金属都能导电—铜是金属—所以铜能导电。

② 归纳推理。

归纳推理是指从一定数量的事例中归纳出一般性结论，是从个别推导出一般的过程。例如，在一个平面内，钝角三角形的内角和为180°、直角三角形的内角和为180°、锐角三角形的内角和为180°，钝角三角形、直角三角形、锐角三角形构成全部三角形，所以，平面内一切三角形的内角和都是180°。

③ 默认推理。

默认推理又称缺省推理，是指在不具备完全的知识的情况下，假设某些条件已经具备来进行推理。

（2）确定性推理和不确定性推理。

按照推理时所用的知识的确定性来分，推理可分为确定性推理与不确定性推理。

① 确定性推理（精确推理）。

如果推理过程中用到的知识为确定的，就能够将知识表达为必然的因果关系，再进行逻辑推理，得到的结论为真或为假，这类推理就是确定性推理。

② 不确定性推理（不精确推理）。

除了确定的知识，还有一类知识属于人们的主观判断，它是不确定的，因此，由它归纳总结出来的推理规则通常也是不确定的。这种不确定的推理规则产生的结论也是不确定的，我们将这种推理称为不确定性推理。专家系统常常会用到不确定性推理。

（3）单调推理和非单调推理。

根据推理过程中的结论是否呈单调增加，或者按照得出的结论接近最终目标的程度，我们可以将推理分为单调推理和非单调推理。

① 单调推理。

单调推理是指在推理时根据推理的深入和新知识的增加，得出的结论呈单调增长趋势，且逐渐靠近最终目标。例如，演绎推理就是一种单调推理。

② 非单调推理。

非单调推理是指在推理时根据推理的深入和新知识的增加，呈现的趋势没有加强已推出的结论，反而推翻之前的结论，让推理返回至前一步。非单调推理通常是在知识不完全的情况下进行的。

(4) 启发式推理和非启发式推理。

根据推理中是否有与问题相关的启发性知识,我们可以将推理分为启发式推理和非启发式推理。

① 启发式推理。

在推理过程中,如果运用了与问题有关的启发性知识,比如解决问题的方法、技巧及经验等,使得推理进程加快、搜索效率提高,我们称这种推理为启发式推理。

② 非启发式推理。

在推理过程中,如果不运用启发性知识,仅仅根据一般的控制逻辑进行推理,则我们称这种推理为非启发式推理。非启发式推理的推理效率较低,容易出现"组合爆炸"问题。

(二) 搜索技术

所谓搜索,就是指为了达到某一"目标"而连续地进行推理的过程。搜索技术就是对推理进行引导和控制的技术,它也是人工智能的基本技术之一。事实上,我们可以将所有的智能活动的过程抽象为一个"问题求解"的过程。那么"问题求解"的过程,其实就是在显式的或隐式的问题空间下进行搜索的过程,即在某一状态图或某种逻辑网络上进行搜索的过程。

搜索技术一般包括盲目搜索技术和启发式搜索技术两种类型。

1. 盲目搜索技术

盲目搜索又叫非启发式搜索,是一种无信息搜索,一般只适用于求解比较简单的问题。盲目搜索通常按预定的搜索策略进行搜索,而不会考虑到问题本身的特性。常用的盲目搜索技术有宽度优先搜索、深度优先搜索、分枝有界搜索和迭代加深搜索。

(1) 宽度优先搜索。

宽度优先搜索又称广度优先搜索。在搜索一个所有问题解集空间构成的树中,如果搜索是以同层邻近节点依次扩展节点的,那么这种搜索称为宽度优先搜索。这种搜索是逐层进行的,在对下一层的任一节点进行搜索之前,必须搜索完本层的所有节点。类似于数据结构中的树的广度优先遍历。

(2) 深度优先搜索。

与宽度优先搜索对应的一种盲目搜索叫作深度优先搜索。在深度优先搜索中,首先搜索最新产生的(即最深的)节点。深度相等的节点可以任意顺序搜索,类似于数据结构中的树的深度优先遍历。深度优先搜索的优点是可以节省大量时间和空间;其缺点是不一定能找到解。

(3) 分枝有界搜索。

分枝有界搜索是一种特殊的深度优先搜索,它在每个分枝都规定了一个统一的搜索深度,搜索到这个深度后,如果没有找到目标变量就自动退回上一层,继续按深度优先搜索方法搜索其他分枝。若被搜索的深度远大于目标点的深度,则此方法快于深度优先搜索。

(4) 迭代加深搜索。

迭代加深搜索是在分枝有界搜索的基础上,对迭代逐步加深。这是一种同时兼顾深度和宽度的搜索方法。在限定的深度内,保证了对宽度节点的搜索,如果没有找到解,就会再加深搜索的深度。

2. 启发式搜索技术

盲目搜索的效率较低,将会耗费过多的搜索时间。如果能找到一种方法选择最有希望的分枝加以扩展,那么搜索效率将会大大提高。启发式搜索就是基于这种想法而产生的,它是对深度优先搜索技术的改进。启发式搜索在搜索时不是任取一个分枝,而是根据一些启发式信息,选择最佳的一个分枝或几个分枝往下搜索。启发式搜索作为一种基本的搜索方法,其主要依据如下。

(1) 人们在搜索时善于利用一些线索来帮助自己选择搜索方向,这些线索统称为启发式信息;

(2) 启发式信息可以避免某些领域内的组合爆炸问题;

(3) 用启发式搜索方法有可能不会搜索整个问题空间,这意味着有可能找不到全局最优解,但现实问题往往只需一个满意解,而不要求最优解或全优解。

(三) 知识表示与知识库技术

1. 知识

知识是人类在实践中认识客观世界(包括人类自身)的成果,它包括事实、信息的描述或在教育和践中获得的技能,是人类从各个途径中获得的经过提升总结与凝练的系统的认识。

2. 知识的特性与分类

(1) 知识的特性。

知识是人们在实践中把有关信息关联在一起所形成的信息结构,它具有以下特性:

① 相对正确性,即知识的正确性不是绝对的,是在一定的前提下才正确的;

② 不确定性,即知识不总是只有真和假两种状态,在真假之间存在很多状态,存在不确定性;

③ 可表示性,即知识是可以用形式化的东西表示出来的;

④ 可利用性,即人们可以利用所掌握的知识来解释或解决现实世界中的各种问题。

(2) 知识的分类。

知识分为事实知识、规则知识、控制知识和元知识四种类型。

① 事实知识是有关问题环境的一些事物知识,常以"……是……"形式出现。

② 规则知识是有关问题中与事物行动、动作相关的因果关系知识,它是一种动态的知识,常以"……那么……"形式出现。

③ 控制知识是有关问题的求解步骤、技巧性的知识,它告诉人们怎么做一件事。

④ 元知识是有关知识的知识,是知识库的高层知识,具体包括如何使用规则、校验规则、解释程序结构等知识。

3. 知识表示

(1) 知识表示的含义。

知识表示包含两层含义:一是用给定的知识结构,按一定的原则组织表示知识;二是解释所表示的知识的含义。

(2) 知识表示的方法。

根据知识的静态和动态特性,知识表示的方法可分为陈述性知识表示法和过程性知识表示法两大类。

① 陈述性知识表示法。

陈述性知识表示法通常用来描述事实性知识,将对象的有关事实"陈述"出来,给出客观事物所涉及的对象是什么,这类方法将知识表示与知识推理分开处理。

陈述性知识表示法易于表示"做什么",它的优点是:通常采用数据结构来表示,清晰明确又容易理解,增强了知识的可读性;具有良好的模块性,知识之间的联系简单,便于获取、修改和补充知识;所表示的知识可独立使用,并可用于不同目的。它的缺点是:不可以直接执行,要通过其他程序来解释其意义,所以它的执行速度慢。

② 过程性知识表示法。

过程性知识表示法是指将知识用使用它的过程来表示的方法。该方法描述规则和控制结构知识,给出一些客观规律,一般可用一段计算机程序来描述。

过程性知识表示法通常用来表示"如何做"的知识。它的优点是:能够直接被计算机执行,执行速度快;易于表达如何处理问题的知识,以及如何高效处理问题的启发性知识。它的缺点是:不能被用来表达数量较多的知识。

（四）归纳技术

归纳技术指的是机器自动提取概念、抽取知识、寻找规律的技术。归纳技术与知识获取及机器学习密切相关,因此,它也是人工智能的重要基本技术。归纳可分为基于符号处理的归纳和基于神经网络的归纳。这两种归纳目前都有很大发展。

（五）联想技术

联想是最基本、最基础的思维活动,它几乎与所有的人工智能技术息息相关。因此,联想技术也是人工智能的一个基本技术。实现联想的前提条件是联想记忆或联想存储,这同样是富有挑战性的技术领域。

第二节　人工智能语言基础

一、人工智能语言

人工智能语言是一类适应于人工智能和知识工程领域的、具有符号处理和逻辑推理能力的计算机程序设计语言。我们可以用它来编写程序,解决复杂的问题,例如,程序求解、非数值计算、知识处理、推理、规划、决策等。

二、人工智能语言的特点

通常来说,人工智能语言应具备以下特点。
（1）具有符号处理能力(即非数值处理能力);
（2）能够用于结构化程序设计,便于编程;
（3）要有把系统分解成若干易于理解和处理的小单位的能力,从而既能较为容易地改变系统的某一部分,又不破坏整个系统;
（4）具有递归功能和回溯功能;
（5）具有人机交互能力;
（6）具有推理能力;
（7）具备把过程与说明式数据结构混合起来的能力,同时要有辨别数据、确定控制的模式匹配机制。

三、典型类型

（一）LISP 语言

早在 20 世纪 50 年代后期,麻省理工学院的约翰·麦卡锡就开始研究人工智能,最终于 20 世纪 60 年代初研制出了 LISP 语言。LISP 语言是一个相当简单的用于处理符号表达式的函数式程序设计语言,它围绕数学中的函数与函数作用的概念,所有运算都能以函数作用于参数的方式来实现。LISP 语言没有命令式语言程序中常见的赋值语句和变量,重复的过程可以使用递归的函数调用来表示,并不需要使用循环模式。

（二）PROLOG 语言

PROLOG(Programming in Logic)是一种逻辑编程语言,起初应用于自然语言等研究领域,目前广泛应用于人工智能的研究中,人们能够用其来建造专家系统、自然语言理解、智能知识库等。此外,PROLOG 对一些应用程序的编写也很有帮助。

PROLOG 语言具有鲜明的逻辑编程语言特色,主要包括:① 没有特定的运行顺序,其运行顺序是由计算机决定的,而不是由编程序的人决定的;② PROLOG 语言中没有 if、when、case、for 这样的控制流程语句;③ PROLOG 语言和数据高度统一,其程序实际上是一个智能数据库;④ PROLOG 语言具有强大的递归功能。

本章知识结构

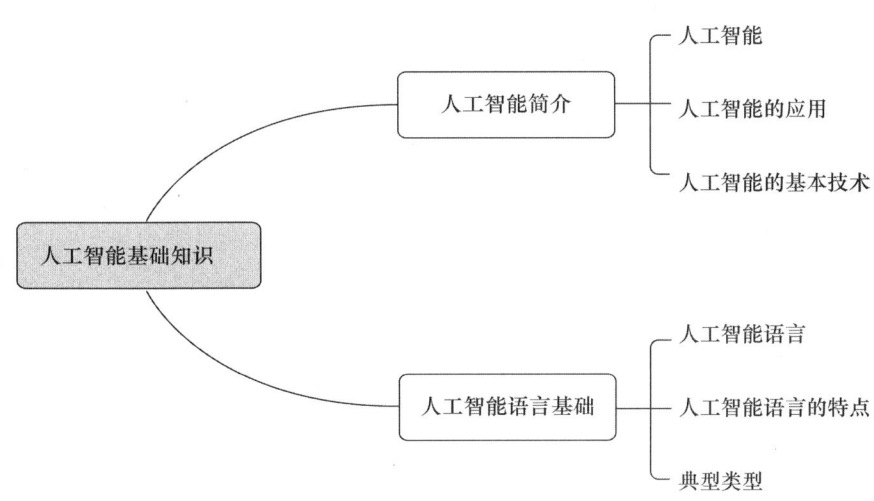

本章小结

（一）本章重难点

人工智能是比较新兴的技术,因此对于此部分内容的考查不会太难。本章的重点内容是"人工智能的应用",考生了解即可。

（二）学习时要注意的问题

1. 了解人工智能的发展,理解人工智能的基本应用;
2. 关注人工智能的最新发展。

备考指南

本章由人工智能简介、人工智能语言基础两个部分组成。本章考试题型主要为单项选择题。学习时除了了解本书提供的基本概念、基本应用类型等知识外,还需要关注人工智能的最新发展。

自测训练

一、单项选择题

1. 现在一些便携式计算机操作系统使用指纹识别来进行用户信息验证,这是人工智能的( )领域。
   A. 模式识别　　　　　　　　　　B. 机器证明
   C. 符号运算　　　　　　　　　　D. 机器博弈

2. 人工智能企图了解智能的实质,并生产出一种新的、能以与人类智能相似的方式做出反应的智能机器,该领域的研究包括机器人、语言识别、图像识别、自然语言处理和专家系统等。下列属于人工智能的是( )。
   A. 拍照　　　　　　　　　　　　B. QQ 视频
   C. 与朋友在网上下棋　　　　　　D. 指纹识别

3. 专家系统是一个复杂的智能软件,它处理的对象是用符号表示的知识,处理的过程是( )的过程。
   A. 思维　　　B. 思考　　　C. 推理　　　D. 递推

4. 在机器人足球比赛中,机器人通过自身的摄像系统拍摄现场图像,分析双方球员的位置、运动方向以及与球门的距离和角度等信息,然后决定下一步的行动,这说明足球机器人( )。
   A. 采用了人工智能技术　　　　　B. 采用了虚拟仿真技术
   C. 具有和人完全相同的智能　　　D. 具有逻辑判断和形象思维能力

5. 百度在安卓智能手机平台上推出了语音搜索功能,启动语音搜索之后,对着手机说出需要搜索的内容,系统会自动在网络上进行相关内容的搜索,这种将人的语音信号转换为可被计算机识别的信息的功能主要应用了( )。
   A. 虚拟现实技术　　　　　　　　B. 数据管理技术
   C. 网络技术　　　　　　　　　　D. 人工智能技术

6. 现在,很多手机都有指纹解锁功能,用户将手指放在相应位置即可解锁屏幕。这里使用的技术属于人工智能中的( )。
   A. 模式识别　　　　　　　　　　B. 自然语言理解
   C. 机器翻译　　　　　　　　　　D. 虚拟现实

7. Office 当中的助手是智能化加工的( )应用。
   A. 智能机器人　　　　　　　　　B. 机器翻译
   C. 模式识别　　　　　　　　　　D. 智能代理

8. 下列选项中不属于人工智能技术应用的是( )。
   A. 智能汽车　　　　　　　　　　B. 语言助手
   C. 遥控飞机　　　　　　　　　　D. 人脸识别

9. 下列关于智能应用软件处理信息的说法正确的是( )。
   A. 用智能应用软件处理信息的时候一定会很烦琐
   B. 智能应用软件所处理的输出结果,我们可以直接应用,无须再修改
   C. 智能应用软件能力很强,能自动处理各式各样的信息,所以我们无须干涉它的任一操作
   D. 遇到基于知识处理、问题求解、现场感应、环境适应这样几类问题时,我们可以选择相应的智能应用软件来帮助我们处理

第七章 人工智能基础知识

参考答案及解析

一、单项选择题

1.【参考答案】 A。解析：指纹识别是模式识别的典型应用领域。故选 A。

2.【参考答案】 D。解析：A 选项与光的反射、折射有关；B 选项通过双方的摄像头把双方的视频信号采集后转化成数据，然后通过建立的连接传给对方，在对方处转化成视频信号，然后双方就可以看见对方了；C 选项是人们在玩下棋游戏，只是用到一种软件，与人工智能无关；指纹是一种图像，指纹识别就是图像识别，是人工智能的应用。故选 D。

3.【参考答案】 C。解析：专家系统是一个具有大量的专门知识与经验的程序系统，它应用人工智能技术和计算机技术，根据某领域一个或多个专家提供的知识和经验，进行推理和判断，模拟人类专家的决策过程，以便解决那些需要人类专家处理的复杂问题。故选 C。

4.【参考答案】 A。解析：题中的足球机器人通过图像分析球员的位置、运动方向等信息，然后决定下一步的行动，这是对人的意识和思维过程的模拟，这说明足球机器人采用了人工智能技术。故选 A。

5.【参考答案】 D。解析：题中提到的将人的语言信号转换为可被计算机识别的信息的功能就是人工智能技术中的语音识别，是人工智能的一个典型应用领域。故选 D。

6.【参考答案】 A。解析：用指纹解锁手机应用了指纹识别技术，属于人工智能的模式识别领域。故选 A。

7.【参考答案】 D。解析：智能代理在特定的环境中，会给出提示和帮助等相关信息。Office 助手会在我们操作时给出一些操作提示，所以它属于智能代理。故选 D。

8.【参考答案】 C。解析：智能汽车指的是利用多种传感器和智能公路技术实现的汽车自动驾驶，属于机器学习；语音助手是一款带有辅助功能的软件，主要功能以使用语音来进行相应的操作，属于模式识别中的语音识别；人脸识别也属于模式识别；遥控飞机的工作原理是：遥控器发出信号，飞机上的接收机接收信号，接收机传给舵机信号和电能，舵机转动，带动连杆，操纵飞机飞行，不属于人工智能范畴。故选 C。

9.【参考答案】 D。解析：只要使用恰当，用智能应用软件处理信息不烦琐，A 项错；在智能应用软件处理信息的过程中应尽量减少人的参与，但有时也需要人的干预与辅助，当处理的结果不令人满意时，可能还需要人们进行修正，B 项和 C 项错；D 项正确。故选 D。

第八章　Office 基础知识

考纲内容

本章内容属于信息技术学科专业知识，在考纲中要求如下：

1. 了解信息技术发展史及国内外发展动态，掌握与高中信息技术课程相关的基础知识和基本理论。
2. 掌握与信息技术相关的法律法规、伦理道德。
2. 掌握信息技术学科的基本理论和基本方法，并能用于分析和解决相关问题。

考纲解读

Office 基础知识在高中信息技术学科的考试中是必考点。考纲要求考生掌握信息技术学科的基本原理与知识，还需要具备实际操作能力。

本章基础知识与技能主要包括：字处理软件 Word 的基础知识及操作、电子表格系统 Excel 的基础知识及操作、PowerPoint 演示文稿的基础知识及操作。

第一节　字处理软件 Word

一、Word 简介

Microsoft Word（以下简称"Word"）是微软公司开发的一个文字处理应用程序，它是 Office 套件中的核心程序，不仅为用户提供了很多方便的文档创建、制作、修改等功能，还为创建复杂文档提供了丰富的功能集。

启动 Word 应用程序后，屏幕上会出现工作窗口。Word 工作窗口及其各组成部分如图 8.1 所示。

二、Word 基本操作

（一）启动与退出

1. 启动

常用的启动 Word 的方法有三种，每种方法及其操作步骤如表 8.1 所示。

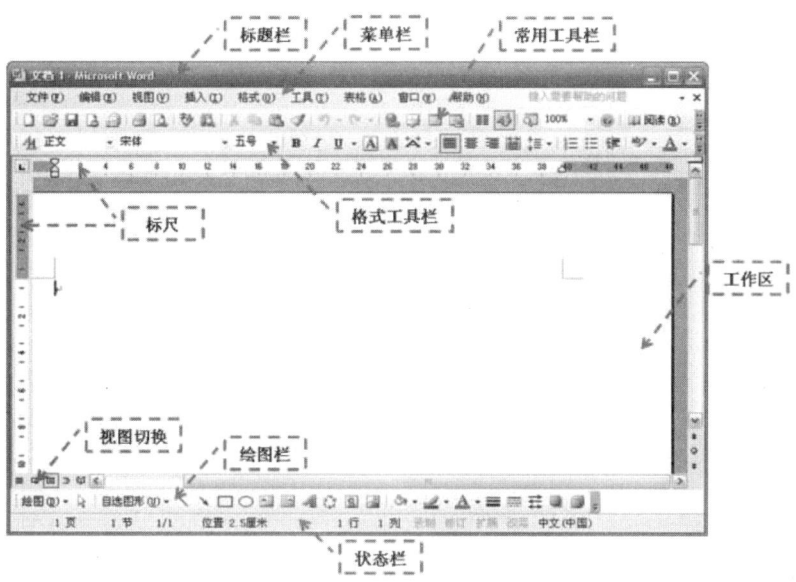

图 8.1　Word 工作窗口及其各组成部分

表 8.1　常用的启动 Word 的三种方法及其具体操作步骤

方法	具体操作步骤
方法 1　用 Windows 菜单命令启动	启动 Windows 后,单击桌面上的"开始"按钮,显示"开始"菜单,将光标移到"所有程序"处,弹出"所有程序"子菜单,选择"Microsoft Office"→"Microsoft Word"命令
方法 2　用可执行文件启动	双击"我的电脑"或"资源管理器"中的 Word 可执行文件或和 Word 关联的文档
方法 3　用图标启动	双击 Windows 桌面上的 Word 图标

2. 退出

用户编辑完文档要进行退出的操作,常用的退出 Word 的操作有四种,每种方法及其具体操作步骤如表 8.2 所示。

表 8.2　常用的退出 Word 的方法及其具体操作步骤

方法	具体操作步骤
方法 1	单击标题栏右端的关闭按钮
方法 2	单击"文件"菜单中的"退出"选项
方法 3	使用 Alt＋F4 组合键
方法 4	双击标题栏左上角的 Word 图标

不论使用哪一种方法进行退出操作,若此文档未保存到磁盘中,系统都会弹出提示存盘的对话框,单击对话框中的"是",则文档被保存后退出;单击"否",则不进行保存操作直接退出;单击"取消",则放弃退出的操作。

(二) 文档编辑

1. 定位光标

用户在进行文本的输入操作前,必须要先将光标定位到所需的位置。定位光标的方法

知识拓展
8.1

有两种：一是使用鼠标，用户可以通过单击鼠标来定位插入点光标的位置；二是利用键盘上的编辑键来定位光标。

2．插入文字

在 Word 文档中，英文和数字可以直接输入。如果输入汉字，应选择一种输入法。用键盘输入，可以使用快捷键切换各种输入法、中英文标点符号以及全角和半角字符。

3．输入符号

在 Word 文档编辑过程中，常常需要使用一些键盘上没有的符号，遇到这种情况时，可利用 Word 中的"符号"和"特殊符号"来进行输入。

4．插入与改写

Word 的默认状态是插入方式，没有改变这种状态时，输入的内容将被插入到插入点所在位置，原位置的字符向后移动。如果要在插入方式和改写方式之间切换，可以双击状态栏的"改写"图标，或按 Insert 键。在改写状态下，新输入的字符将会覆盖后边的字符，实现改写的效果。

5．删除与撤销

当删除文字较少时，可直接使用键盘上的 Del 或 Backspace 键进行删除。当删除的文本较多时，则需先选中要删除的文本，再使用 Del 或 Backspace 键删除，还可使用常用工具栏中的"剪切"按钮或编辑菜单中的"剪切"命令。特别需要说明的是，按 Del 键后，选定的内容被删除并且不会被存放在剪贴板中；而用"剪切"按钮或"剪切"命令后，选定的内容被删除，但同时被存放在剪贴板中。如果出现了误删的情况，或者想恢复之前删除的文字，可以单击常用工具栏中"撤销"按钮或使用编辑菜单中的"撤销(U)键入"命令，还可使用快捷键 Ctrl+Z。

6．剪切、复制和粘贴

若要进行剪切操作，须先选定内容，再用"编辑"菜单中的"剪切"命令或单击常用工具栏中的"剪切"按钮，还可以直接按下 Ctrl+X 快捷键，剪切后，文本将被存放在剪贴板中。

复制文本的操作与剪切类似，只是将"剪切"换成"复制"，复制操作的快捷键是 Ctrl+C。

若要进行粘贴操作，须先定位粘贴位置。粘贴操作与剪切和复制类似，可使用"粘贴"命令或"粘贴"工具按钮，粘贴操作的快捷键是 Ctrl+V，粘贴操作后，剪切板中的内容将被粘贴到指定位置。

7．查找与替换

如果在一篇很长的文档中查找某个字符或想使用新的字符替换原来的字符，用人工来完成既费力又费时。Word 提供了自动查找和替换功能，能够很方便地解决这个问题。

查找：单击"编辑"菜单中的"查找"命令，在"查找和替换"对话框中单击"查找"选项卡，输入要查找的文本(查找内容最多为 255 个字符)，然后单击"查找下一个"或"查找全部"按钮，即可快速查找到输入的内容。用户也可以使用快捷键 Ctrl+F 打开"查找和替换"对话框。

替换：在"查找和替换"对话框中选择"替换"选项卡，在"查找内容"框中输入要被替换的目标文本，在"替换为"框中输入用来替换的新文本，然后单击"替换"或"全部替换"按钮，即可快速完成替换操作。用户也可以使用快捷键 Ctrl+H 打开已切换为替换状态的"查找和替换"对话框。

8．修订

修订可以将用户的修改痕迹记录下来。修订操作可以通过"审阅"菜单中的相关操作实现。打开修订功能后,用户所有的更改,包括插入、删除、格式修改都会被标记。

(三) 文档排版

1. 字符格式

Word 中的字符包括字母、空格、标点符号、数字和符号(如 &、@、♯ 等)及汉字。字符格式主要包括设置不同的字体、字号、字形、修饰、颜色和字符间距等。

(1) 设置字体、字号和字形。

在用 Word 键入新文本时,中文是以默认字体(宋体)、字号(五号)和常规字形显示的。英文字体默认为 Times New Roman,字号也为五号。用户可按照需求设置字体、字号、字形,常用的方法有三种:① 使用"字体"对话框;② 使用格式工具栏上的按钮;③ 使用格式刷复制其他文本的格式。

(2) 设置字符底纹、边框和字符缩放。

选定要格式化的内容,使用格式工具栏中相应按钮即可实现字符底纹、边框和字符缩放的设置。其中,字符缩放可以确定字符水平缩放的比例。单击"字符缩放"按钮右侧的下拉箭头时,会显示缩放比例列表,用户可根据需要从中选择一个比例。

2. 段落格式

段落是指以段落结束标记结束的文字、图形、对象或其项目的集合。要改变一个文档的外观,可以从文本的段落缩进、段落间距、行间距、对齐方式等方面来进行设置。

(1) 段落缩进。

段落缩进可以将段落和其他内容分开。段落边界和页边距的距离是缩进值,页边距规定文本的总宽度和总长度,而段落缩进是使段落文本从左、右边距缩进去或突出来。Word 可以设置正文段落的左、右、首行和悬挂缩进。

(2) 段落间距。

段落间距分为"段前距"和"段后距",用户可在"段落"对话框中进行具体数值的设置,也可以选中某段,使用"缩进和间距"选项卡,使用"段前"或"段后"按钮进行微调。

(3) 行间距。

在"段落"对话框中选择"缩进和间距"选项卡,单击"行距"框右侧的箭头,用户可在下拉列表框中选择所需行距。若选择"最小值""固定值""多倍行距"中的一种,还需要输入具体的数值。

知识拓展
8.3

(4) 对齐方式。

文本的对齐方式分两个方面:水平对齐和垂直对齐。

① 水平对齐:Word 默认的水平对齐方式是左对齐,这时左缩进与左边界相同。Word 共提供了左、右、居中、两端、分散这五种水平对齐方式。用户可通过对齐按钮或"段落"对话框进行水平对齐方式的设置。

② 垂直对齐:垂直对齐方式包括靠页面顶端对齐、在上下页宽之间均匀分布的两端对齐、居中对齐和底端对齐。只有菜单命令可以设置文档的垂直对齐方式,在"文件/页面设置"命令中选择"版式",单击"垂直对齐方式"框右侧的下拉箭头,用户可在列出的垂直对齐方式中进行选择,单击"应用于"框右侧的下拉箭头,用户可在列表中选择该对齐方式的应用范围,选择好后单击"确定"即可。

3. 符号与编号

用户在编写文档时要经常使用条目性文本。为使文档的条理更清晰,阅读时一目了然,用户可以为这些项目添加符号或编号。在 Word 中选择了添加"项目符号与编号"格式后,Word

将设置 0.75 cm 的悬挂缩进,项目符号或编号将出现在选定的段落及新输入的段落前。

4. 分栏

Word 自动将文本设置为单栏格式。根据需要,用户还可以将整个文档或部分文档设置成板报样式的多栏格式,以改变文档的外观。用户可通过"分栏"对话框实现分栏的操作。如果预定的分栏类型都不符合要求,则可以在"分栏"对话框中进行自定义设置。若要把多栏正文转换成正常的一栏正文,可在选中多栏正文后,在"分栏"对话框中的"预设"框中,选择"一栏"命令,再单击"确定"按钮,多栏正文就变成了一栏。

5. 样式

样式是存储在 Word 中的段落或字符的一组格式化命令,可改变文本的外观。用户可在格式工具栏中的"样式"列表框中预览样式的外观。

6. 文档目录

目录显示整个文档的结构和分布,具有导读的作用,可方便读者查阅和浏览文档内容。Word 最多提供 9 级标题和目录,用户可先设置好标题,然后再给文档插入目录。

7. 页眉页脚

页眉和页脚分别处于每一页的顶端和底端,可以包含文字、图形、日期、单位地址和页码等信息。

8. 页码

Word 提供多种不同编码的页码格式,用户可以根据需要将页码插在页眉或页脚的不同位置,也可以将页码从某节文档或整篇文档中删除。

(四) 文档的打印

1. 打印预览

打印预览窗口呈现的文档效果与打印出来的效果完全相同。用户可通过"文件"→"打印预览"命令来预览文档的打印效果。

真题测试
8.3—8.4

2. 打印输出

打印文档前用户需提前设置好打印的各项参数,包括打印范围、文档份数、单双面打印、纸张方向等。

(五) 文档中表格的操作

1. 插入表格

在 Word 中,有多种方法可以插入表格,常用的方法包括:① 使用"插入"菜单;② 使用工具栏中的"插入表格"按钮;③ 使用工具栏中的"表格与边框"按钮。

2. 编辑表格

(1) 选定表格。

对表格进行编辑之前,需要先选定操作目标,操作目标可以是某个单元格、某行、某列或整个表格。

(2) 行、列的添加和删除。

在往表格中添加行(列)时,需要先选定目标行(列),再执行"表格"菜单中的"插入"命令,选择"行(在上方)[列(在左侧)]"或"行(在下方)[列(在右侧)]",即可在目标行(目标列)上方(左侧)或下方(右侧)添加行(列)。

在删除表格中的行(列)时,需要先选定目标行(列),再执行"表格"菜单中的"删除"命令。

(3) 单元格的合并和拆分。

在 Word 中,用户可以通过使用菜单命令或工具栏中的按钮将两个或多个单元格合并成一个单元格,也可根据需要将一个单元格拆分成多个单元格。

（六） 文档中图形图像的操作

1. 图形图像的插入

Word 文档中除了可以输入文本、插入表格外,还可以插入各种图形图像,如图片、文本框、艺术字、自选图形、符号和公式、水印等。这些图形图像基本都可以通过"插入"菜单下的相应命令插入到 Word 文档中。

(1) 插入图片。

Word 文档中可以插入"来自文件""来自扫描仪""来自手机"的各种图片,还可以插入"在线图片",将图片插入到文档之后,用户可以根据需要对图片进行缩放、裁剪以及其他效果的处理。

(2) 插入文本框。

Word 文档中可以插入横排或竖排的文本框,文本框虽然用于输入文字,但它是一个整体,它是可移动和可改变大小的,用户也可以将文本框与文档中的原有文字按不同方向排列,以此呈现出用户想要的效果。

(3) 插入艺术字。

艺术字是具有特殊效果的文字,在 Word 中插入艺术字后,用户还可以对其进行阴影、拉伸、变形及三维效果的处理,使文档呈现出一定的美观度。

(4) 插入自选图形。

Word 中除了可以插入图片外,还可以插入各种自选图形,如箭头、星形、梯形等。用户可以通过"插入"菜单插入自选图形,也可以用"绘图"工具栏中的各种图形工具绘制各种自选图形。

(5) 插入符号和公式。

用户在编辑文档时,如编辑数学、物理等内容时,往往需要输入一些专业的符号和公式,由于键盘上的字母和符号有限,故 Word 向用户提供了插入复杂公式和符号的功能,此功能在数学、物理、化学等领域应用广泛。

(6) 插入水印。

用户可以在 Word 文档的背景中插入一些半透明的文字或图案,我们把这些文字或图案称为水印。水印一般不影响主题内容的正常显示和使用,起到保护版权等作用。

2. 图形图像的处理

对图形图像进行处理之前须先选中要操作的对象。若要选中单个对象,可以用鼠标单击该对象的任意部位;若要选中多个对象,则可以按住 Shift 键不放,然后依次单击多个对象,这样被单击过的对象将同时被选中。

(1) 移动、复制和删除图形图像。

移动操作很简单,选中操作对象,直接拖拽到目标位置即可,也可以用键盘上的方向键进行移动。复制和删除之前也须先选中操作对象,然后使用菜单命令进行复制或删除,也可以使用键盘进行操作,复制的快捷键为 Ctrl+C,删除可用 Delete 键。

(2) 设定图形图像的格式。

根据需要,用户可以对图形图像进行各种格式设置和排版操作,例如,可以对图形图像的大小、颜色、亮度、对比度等参数进行设置。一般方法是：右击操作对象,然后使用菜单命令或调出相应工具栏使用工具按钮进行相应设置。

第二节 电子表格系统 Excel

一、Excel 简介

Microsoft Excel(以下简称"Excel")是微软公司设计的一款电子表格软件。直观的界面、出色的计算功能和图表工具,使 Excel 成为最流行的个人计算机数据处理软件。

Excel 的工作窗口及其各组成部分如图 8.2 所示。

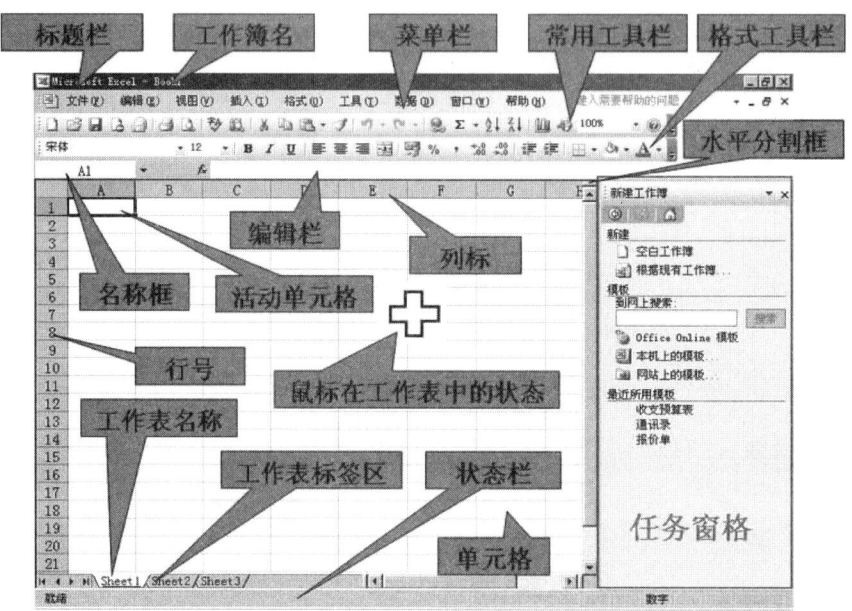

图 8.2　Excel 的工作窗口及其各组成部分

二、Excel 基本操作

（一）Excel 的启动与退出

1. 启动

用户可通过双击桌面上的快捷方式或者使用"开始"→"所有程序"→"Microsoft Office"→"Microsoft Excel"菜单命令启动 Excel,Excel 启动之后工作区会出现新的、空白的工作簿。

2. 退出

用户可通过下列方式之一退出 Excel：① 单击标题栏右端的"关闭"按钮；② 使用"文件"→"退出"菜单命令；③ 双击标题栏的控制图标；④ 按"Alt＋F4"组合键。

（二）工作簿的操作

Excel 直接处理的对象是工作表,若干个工作表组成工作簿,工作簿是 Excel 中存储和处理数据表格的文件。

1. 新建工作簿

用户可通过"文件"菜单中的"新建"命令和工具栏中的"新建"按钮添加新的工作簿,新建的工作簿默认的文件名是 Book1,之后再新建时会被依次命名为 Book2、Book3 等。

2. 打开工作簿

打开工作簿有多种方法：用户可通过双击要打开的工作簿文件图标打开，也可使用"文件"菜单下的"打开"命令或者使用工具栏中的"打开"按钮打开。

3. 保存工作簿

工作簿经过编辑之后可以保存到磁盘里，以备后期再次使用。用户可通过单击"保存"按钮或使用"文件"→"保存"菜单命令完成工作簿的保存工作。

4. 关闭工作簿

用户可以通过单击标题栏中的关闭窗口按钮或者使用"文件"→"关闭"菜单命令关闭工作簿。

（三）工作表的操作

1. 插入工作表

新创建的工作簿默认有三个工作表（Sheet1、Sheet2 和 Sheet3），而一个工作簿最多可容纳 255 个工作表，用户可选用下列任意一种方法插入新的工作表：① 使用"插入"→"工作表"菜单命令；② 鼠标右击某个工作表标签，在弹出的快捷菜单中单击"插入"命令，在新弹出的对话框中选择"工作表"选项，然后单击确定；③ 使用组合键"Shift+F11"插入工作表。

2. 重命名工作表

重命名工作表的方法一般有两种：① 双击某工作表，然后输入新名称；② 右击某工作表，选择"重命名"命令进行重命名。

3. 移动和复制工作表

（1）移动工作表。

移动工作表的操作可使工作表按用户需求重新进行排列。操作过程为：选定要移动的工作表，按住鼠标左键拖动，拖动过程中会有一个黑三角随着移动，黑三角的位置即是工作表所要移动到的位置。

（2）复制工作表。

复制工作表的具体操作是：右击某工作表，在弹出的快捷菜单中选择"移动或复制工作表"命令，然后在弹出的对话框中勾选"建立副本"，再对位置进行设置即可（如图 8.3 和图 8.4 所示）。

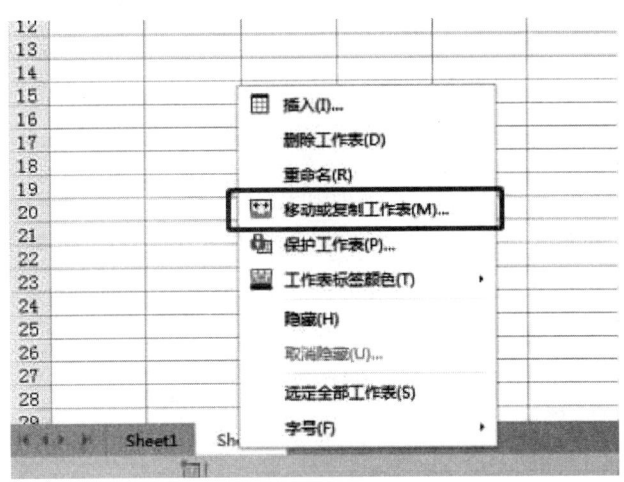

图 8.3 工作表的复制操作(1)

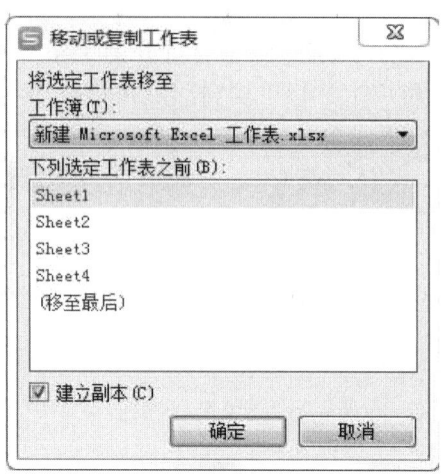

图 8.4 工作表的复制操作(2)

三、Excel 中常用的公式及函数

(一) 公式

Excel 中的公式由等号、运算项和运算符组成。公式以等号开头,运算符连接各种数据、函数、区域和地址等运算项。

Excel 中公式的运算符包括算术运算符、比较运算符、文本运算符、引用运算符四大类。

工作表中每个单元格都有自己唯一的标识(由行号和列号组成),叫作单元格地址,如"A1""B5"等。单元格地址若出现在公式中,我们称为单元格引用,引用的目的在于计算时告诉系统到哪个单元格去抓取数据。单元格的引用分为相对引用、绝对引用和混合引用三种。

1. 相对引用

相对引用时,若公式所在单元格的位置发生变化,则相对引用的单元格也随着变化,复制公式时相对应用会自动改变。

2. 绝对引用

绝对引用时,若公式所在单元格的位置发生变化,绝对引用的单元格不变,复制公式时绝对引用不做改变。

3. 混合引用

混合引用有绝对行和相对列或者绝对列和相对行。混合引用时,若公式所在单元格的位置发生变化,则其中的相对引用随之变化,绝对引用不变,复制公式时相对引用自动改变,绝对引用不做改变。

(二) 函数

为了便于用户计算、统计、汇总和处理数据,Excel 提供了大量函数。下面介绍一下 Excel 中函数的语法及常用的函数。

1. 函数的语法

在 Excel 中使用函数时,以"="开始,后面接函数名称,函数名称后接"( )",括号内是函数的参数,以逗号分隔多个参数。例如,=SUM(Number1,Number2,…)。

2. 常用函数

Excel 中的常用函数及其格式、功能和举例如表 8.3 所示。

表 8.3 Excel 中的常用函数

函数名	函数格式	功能	举例
求和函数	SUM(number1,number2,…)	计算所有参数值的和	=SUM(1,2,3)
平均值函数	AVERAGE(number1,number2,…)	求出所有参数的算术平均值	=AVERAGE(1,2,3)
计数函数	COUNT(number1,number2,…)	计算参数列表中的数字项的个数	=COUNT(1,2,3,"hello")
最大值函数	MAX(number1,number2,…)	求出一组数中的最大值	=MAX(1,2,3)
最小值函数	MIN(number1,number2,…)	求出一组数中的最小值	=MIN(1,2,3)
绝对值函数	ABS(number)	求出相应数字的绝对值	=ABS(−3)
取整函数	INT(number)	将数值向下取整为最接近的整数	=INT(8.56)
IF 函数	IF(Logical,Value_if_true,Value_if_false)	对指定条件的逻辑判断，结果为真或假，返回对应判断结果	=IF(2>5,1,0)

四、Excel 数据的输入

在 Excel 的单元格中，用户可以输入多种类型的数据，如文本、数值、公式、日期、时间等。输入数据前，需要先选中目标单元格，然后输入数据，编辑完之后按 Enter 键确认。如果一个单元格内需要输入多行文字，则使用"Alt+Enter"组合键可在同一个单元格内强制换行，而编辑栏中仅显示首行文字。

（一）常量的输入

1. 字符型数据的输入

字符型数据是由汉字、英文字母或其他字符开头的数据，默认为在单元格内左对齐。如果字符型数据全部由数字组成，也就是要把一串数字作为文本保存（比如学号、身份证号等），可以在输入时前面先输入一个英文状态下的单引号，这样系统会将输入内容认定为字符型数据。

2. 数值型数据的输入

数值型数据可以由数字（0~9）、正号、负号、小数点、分数号（/）、百分号（%）、指数符号（E 或 e）、货币符号（¥或$）和千位分隔号（,）等组成。数值型数据默认为在单元格内右对齐，当数据长度超过单元格宽度时，系统会自动将数据以科学计数法形式表示。

知识拓展 8.4

（二）自动填充数据

1. 使用填充柄

填充柄是 Excel 中提供的快速填充单元格的工具。当选定某个单元格时，我们会看到其右下角有个方形点，当鼠标指针移动到这个方形点上面时，它就会变成细黑十字形，向下或向右拖拽它即可完成对单元格的数据、格式、公式的填充。

2. 填充序列

自动填充还可以实现等差、等比等多种填充形式。具体操作方法是：选中要填充的单元格，单击"编辑"菜单，然后选择"填充/序列"命令。

五、Excel 中的数据处理及图表操作

（一）数据处理

Excel 中的数据处理操作主要包括排序、筛选、分类汇总等。

1. 排序

对数据进行排序是数据分析过程中不可或缺的一个环节，是指按照一定规则对表格中的数据进行升序或降序的整理。排序包括简单排序和复杂排序。

（1）简单排序。

简单排序是指对单一字段按升序或降序进行排列，用户可通过菜单命令或工具按钮对数据进行简单排序。

（2）复杂排序。

当对排序的要求比较复杂时，就要通过设置"主关键字""次要关键字"和"第三关键字"等对数据进行排序。

2. 筛选

数据筛选是指当设定一个筛选条件时，在表格中显示满足该条件的数据，隐藏不满足条件的数据的操作。当筛选条件被删除时，隐藏的数据会重新显示出来。Excel 中数据筛选分两种：自动筛选和高级筛选。

真题测试
8.8

（1）自动筛选。

自动筛选一般用于简单条件的筛选，用户可通过使用"数据"→"筛选"→"自动筛选"菜单命令的方法对数据进行简单筛选。

（2）高级筛选。

高级筛选用于复杂条件的筛选，筛选结果既可以显示在原始表格中，也可以显示在新的指定位置。用户可通过使用"数据"→"筛选"→"高级筛选"菜单命令的方法对数据进行高级筛选。

3. 分类汇总

分类汇总是指先按某字段对数据进行分类，字段值相同的记录作为一类，再对各类中的数据进行求和、计数、求平均等汇总运算的操作。同一个分类字段，用户可进行多种汇总运算。

特别需要注意的是：分类汇总之前，要先对数据按分类的列进行排序，并且保证数据中不能有空列或空行。

（二）图表操作

图表可以用来更加形象、直观地表示数据本身的特点和数据之间的某种关系，是 Excel 的重要组成部分。Excel 中提供了多种数据图表类型，每种图表各有优势，例如，柱形图能更好地比较数据之间的多少关系；折线图能更好地反映数据之间的趋势关系；饼图能更好地表示数据之间的比例分配关系等。用户可根据需要选择建立相应的图表，以更加形象直观地表达数据信息。

1. 图表的建立

建立图表之前，首先需要选中要分析的数据区域，然后通过"插入"→"图表"菜单命令来建立图表。

2. 图表的编辑

图表建立之后,用户可以对图表的类型、图表中的元素(图表标题、坐标轴、网格线、图例、数据标志)、图表大小和格式等进行重新设置,也可以对图表进行复制、移动、缩放、删除等操作。

第三节　PowerPoint 演示文稿

一、PowerPoint 简介

PowerPoint 属于制作演示文稿的软件,用于制作、维护以及播放幻灯片。PowerPoint 可以用来辅助教学、演讲、汇报、产品的展示和推销等。PowerPoint 中常用术语包括演示文稿、幻灯片、模板、幻灯片版式等。

知识拓展 8.5

(一) PowerPoint 的窗口组成

PowerPoint 工作窗口(如图 8.5 所示)主要分为功能区和工作区。功能区包括标题栏、菜单栏和工具栏。

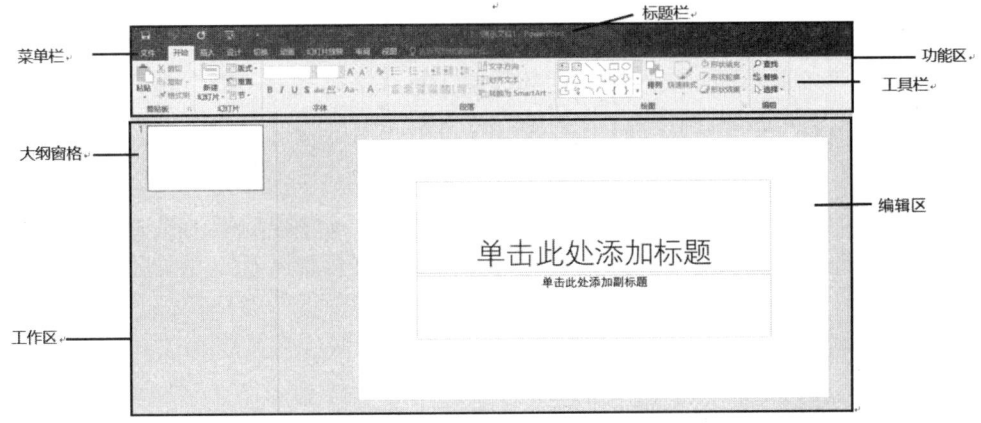

图 8.5　PowerPoint 工作窗口

(二) PowerPoint 的视图方式

为建立、编辑、浏览、放映幻灯片的需要,PowerPoint 提供了以下六种视图方式。

1. 普通视图

普通视图是 PowerPoint 的默认视图,分为大纲窗格、幻灯片窗格、备注窗格和任务窗格四个部分。大纲窗格为组织内容、编写大纲提供了简明环境;幻灯片窗格为制作者查看幻灯片的整体和布局效果提供方便;备注窗格用于输入幻灯片的备注信息;任务窗格作为操作的快速向导,不用时可以关闭。

2. 大纲视图

大纲视图具有较宽的窗口,以便制作者输入和编辑内容,以及进行符号、项目编号等的设置。

3. 幻灯片视图

幻灯片视图是缩略图的呈现效果,以便制作者观看幻灯片的设计效果。幻灯片视图通常用于添加、删除和移动幻灯片等。

真题测试
8.9

4．幻灯片浏览视图

幻灯片浏览视图便于制作者直观查看全部幻灯片的总体情况,在此视图中,用户也可进行移动、复制、删除幻灯片等操作。

5．幻灯片放映视图

在幻灯片放映视图下,用户可以预览幻灯片的放映效果。

6．备注页视图

在备注页视图中,用户可以输入备注。在幻灯片演示过程中,备注通常不显示,如需要查看,可右击鼠标激活快捷菜单,使用备注及选项命令即可。

二、PowerPoint 基本操作

（一）PowerPoint 的启动和退出

1．启动

用户可通过使用"开始"→"程序"→"Microsoft Office"→"Microsoft PowerPoint"菜单命令或双击桌面上已有的快捷方式图标启动 PowerPoint。

2．退出

用户可通过下列方式之一退出 PowerPoint：① 单击标题栏右端的"关闭"按钮；② 使用"文件"→"退出"菜单命令；③ 双击标题栏的控制图标；④ 按"Alt＋F4"组合键。

（二）幻灯片的基本操作

1．插入幻灯片

插入幻灯片的方法有三种：① 使用"插入"→"新幻灯片"菜单命令；② 直接在格式工具栏中单击"新幻灯片"按钮；③ 在"幻灯片"窗格中,右击需要插入幻灯片的位置,执行"新幻灯片"命令。

2．移动、复制和删除幻灯片

（1）移动。

在幻灯片浏览视图下将鼠标指针指向需要移动的幻灯片,按下左键进行拖动操作,到达目标位置后,释放鼠标即可完成幻灯片移动操作。

（2）复制。

在做上述移动操作时,若同时按下 Ctrl 键,所做的就是复制操作。

（3）删除。

在幻灯片视图下,用户可以通过右击要删除的幻灯片,然后使用"删除"命令的方法来删除幻灯片,也可以通过选中幻灯片,使用 Delete 键来删除幻灯片。

3．在幻灯片中加入内容

若要在幻灯片中输入文字、需先通过"插入"→"文本框"菜单命令在幻灯片上插入文本框,然后将文字输入文本框内。

幻灯片中除了可以输入文本信息外,还可以插入图片、艺术字、表格、超链接和音频、视频等多媒体对象,具体操作可通过在"插入"菜单命令中选择相关命令来实现。

（三）幻灯片格式的设置

用户不仅可以往幻灯片中插入文字、图片、音频、视频等,为了使幻灯片具有整体效果,用户还可对其进行格式设置。

1. 应用模板

用户可根据审美与用途的不同，为幻灯片选择合适的模板，通过"设计"→"主题"→"应用于选定幻灯片"命令，即可设置应用模版。

2. 设置幻灯片背景

用户可以为一张或多张幻灯片设置背景，设置方法为：右击幻灯片，选择"设置背景格式"。幻灯片的背景既可以是单色、渐变色、线条图案等，也可以是来自文件的图片。

（四）PowerPoint 的放映

1. 动画效果

设置幻灯片中各个对象（图片、文字等）播放时的动画效果一般有两种方法：一是预设动画方案；二是自定义动画。

（1）预设动画方案。

PowerPoint 预设了许多现成的动画方案，可以快速地设置幻灯片中各个对象播放时的动画效果。首先选中进行预设动画操作的幻灯片然后使用"选择幻灯片放映/动画方案→幻灯片设计"菜单命令，在打开的窗口中选择相应的动画方案，此动画方案可以应用到当前幻灯片中，也可以应用到所有幻灯片中。

真题测试
8.10

（2）自定义动画。

在普通视图中，选中幻灯片，然后使用"幻灯片放映"→"自定义动画"菜单命令，在打开的对话框中，可进行进入、退出、强调及动作路径的不同动画效果的设置。

2. 切换效果

PowerPoint 提供从一张幻灯片到另一张幻灯片的切换效果，并且可以搭配声音。操作步骤为：在普通视图下，选中幻灯片，使用"幻灯片放映"→"幻灯片切换"菜单命令，在打开的窗口中可进行切换效果的设置，还可以设置切换的时间、速度等。

3. 超链接技术

一般情况下，PowerPoint 会依次放映演示文稿中的幻灯片，但有时根据实际情况的需要，用户需要从一张幻灯片直接跳转到另外一张幻灯片，这时可以使用超链接功能，也可以使用动作按钮。

（1）插入超链接。

在普通视图下，选中要进行超链接设置的对象（可以是文字，图像等），然后使用"插入"→"超链接"菜单命令，在打开的窗口中，可以选择不同的链接目标（链接目标可以是原有文件或网页、本文档中位置、新建文档和电子邮件等）。

（2）使用动作按钮。

在幻灯片上添加动作按钮，可以帮助用户控制演示文稿的放映。在普通视图下，选择要设置动作按钮的幻灯片，然后使用"幻灯片放映"→"动作按钮"菜单命令，在打开的窗口中可以进行插入动作按钮的各种设置，包括按钮样式、目标对象等。

4. 演示文稿的放映

PowerPoint 中提供的演示文稿的放映方式有以下三种。

（1）演讲者放映。

演讲者放映是常规的放映方式，在放映过程中，用户可控制幻灯片放映进度和动画效果，若要自动放映幻灯片，可使用"幻灯片放映"→"排练计时"菜单命令，通过设置幻灯片放映的时间，可实现幻灯片自动播放。

(2) 观众自行浏览。

如果演示文稿在小范围内放映,同时又允许观众手动操作,可选择"观众自行浏览"命令。在这种情况下,演示文稿呈现在小窗口上,放映时可通过命令实现移动、编辑、复制和打印等操作,从一张幻灯片到另一张幻灯片的切换可通过移动滚动条来实现。

(3) 在展台浏览。

如果演示文稿在展台、摊位等无人看管的地方放映,可以选择"在展台浏览"的放映方式。采用该方式时,PowerPoint 将自动设定"循环放映、ESC 停止"的复选框。

三、PowerPoint 的打印与发布

(一) 演示文稿的打印

PowerPoint 中的大纲、幻灯片、讲义和备注等都可以打印。用户可根据需要设置打印内容在纸上呈现的尺寸和方向。具体操作:使用"文件"→"打印"菜单命令,在打开的对话框中设置打印范围、打印份数、打印版式等,设置好相关参数后即可进行打印。

(二) 演示文稿的发布

PowerPoint 可以将演示文稿转换成 HTML 文件并发布到网络上。具体操作:使用"文件"→"另存为网页"菜单命令,在打开的"另存为"对话框中设置文件名并选择位置,然后在"发布为网页"对话框中设置好其他参数,单击"发布"按钮即可。

本章知识结构

- Office基础知识
  - 字处理软件Word
    - Word简介
    - Word基本操作
  - 电子表格系统Excel
    - Excel简介
    - Excel基本操作
    - Excel中常用的公式及函数
    - Excel数据的输入
    - Excel中的数据处理及图表操作
  - PowerPoint演示文稿
    - PowerPoint简介
    - PowerPoint基本操作
    - PowerPoint的打印与发布

本章小结

(一) 本章重难点

本章重难点内容均是三种常用软件 Word、Excel、PowerPoint 的基本操作,要求考生能

够了解三种软件,并进行熟练操作。

(二)学习时要注意的问题

学习本章时,考生应多上机实践,熟练并掌握 Word、Excel、PowerPoint 的基本操作。

备考指南

本章由 Word、Excel、PowerPoint 三部分组成。本章的考试题型主要为单项选择题,偶尔会有案例分析题。学习时应对照本书讲解内容,结合实际的上机操作,熟悉三种软件的操作。

自测训练

一、单项选择题

1. Word 属于( )。
   A. 操作系统   B. 数据库管理系统
   C. 文字处理软件   D. 通信软件

2. 下列可以打开一个 Word 文档的方法是( )。
   A. 打开 Word.txt 文件
   B. 运行数据库.wps 文件
   C. 点击"常用"工具栏中的"新建"按钮
   D. 运行 abc.doc 文件

3. 对于编辑中的 Word 文档的保存操作,下面描述不正确的是( )。
   A. 允许自动保存   B. 按"Ctrl+S"快捷键手动保存
   C. 允许后台保存   D. 按"Ctrl+A"快捷键手动另存

4. 在 Word 的页眉和页脚中,不能插入( )。
   A. 字符   B. 日期   C. 图片   D. 声音

5. 在 Word 编辑环境中,下列关于表格操作不正确的是( )。
   A. 可以进行单元格的合并
   B. 可以进行表格的合并
   C. 可以对表格中的数据进行排序
   D. 可以利用公式对表格中的数据进行求和操作

6. 在 Word 中,最方便的调整图片的版式为( )。
   A. 嵌入型选择   B. 紧密型
   C. 浮于文字上方   D. 四周型

7. Word 中,若需要在文档每页页面底端插入注释,应该插入以下哪种注释?( )
   A. 脚注   B. 尾注   C. 批注   D. 题注

8. 在 Excel 中存储和处理数据的文件是( )。
   A. 工作簿   B. 工作表   C. 单元格   D. 活动单元格

9. 在 Excel 中,在 A1 单元格中输入=SUM(8,1,9),则其值为( )。
   A. 16   B. 17   C. 18   D. 19

10. 在 Excel 中,一个完整的函数包括( )。
    A. "="和函数名   B. 函数名和变量名

C. "="和变量 　　　　　　　　D. "="、函数名和变量

11. 在Excel中输入身份证号码时,先输入下列哪一个符号可以使系统将身份证号码当作字符进行处理(　　)。
    A. "　　　　B. '　　　　C. ;　　　　D. .

12. 在Excel中,单元格绝对引用的表示方式是(　　)。
    A. B2　　　B. &B&2　　　C. $B#2　　　D. B2

13. 在Excel中,当C7单元格中有公式=SUM(C3:C6),把它复制到E7单元格后,双击E7单元格将显示出(　　)。
    A. =SUM(C3:C6)　　　　　　B. =SUM(C4:C7)
    C. =SUM(E3:E6)　　　　　　D. SUM(E3:E7)

14. 在PowerPoint制作的多媒体作品中,无法设置超链接的是(　　)。
    A. 文字　　　B. 图标　　　C. 背景　　　D. 文本框

15. Excel中的数据不包括(　　)。
    A. 文字　　　　　　　　B. 日期与时间
    C. 公式　　　　　　　　D. 图形

16. 在Excel中,数值型数据不可以使用的符号是(　　)。
    A. \　　　B. %　　　C. ,　　　D. —

参考答案及解析

一、单项选择题

1.【参考答案】C。解析:Word属于文字处理软件。故选C。

2.【参考答案】D。解析:Word文件的扩展名为.doc或.docx。故选D。

3.【参考答案】D。解析:"Ctrl+A"组合键实现的是全选功能,D不正确。故选D。

4.【参考答案】D。解析:Word是一款功能强大的文字处理软件,支持多媒体排版,在Word文档中可插入图片、表格等对象,但不能插入声音和视频等对象,页眉、页脚中当然也不能插入声音。故选D。

5.【参考答案】B。解析:Word没有表格合并的功能。故选B。

6.【参考答案】C。解析:在Word中,最方便的调整图片的版式为浮于文字上方。故选C。

7.【参考答案】A。解析:Word文档中的脚注是一种解释性或说明性的文本,作为正文的说明,出现在文档中每一页的底端。故选A。

8.【参考答案】A。解析:在Excel环境中用来存储并处理工作表数据的文件称为工作簿。故选A。

9.【参考答案】C。解析:SUM是Excel中的求和函数,根据题意,A1的值应为8+1+9=18。故选C。

10.【参考答案】D。解析:Excel中一个完整的函数包括"="、函数名和变量。故选D。

11.【参考答案】B。解析:在Excel中输入身份证号时,可以设置单元格格式为文本再输入,也可以先输入一个英文单引号,再输入身份证号码,这样,系统会将身份证号当作字符处理。故选B。

12.【参考答案】D。解析:在Excel中,单元格绝对引用时,须在行标和列标前分别加"$"。故选D。

13.【参考答案】C。解析：因为是相对地址引用，且从 C7 复制到 E7 移动了两列，所以 C3:C6 会变成 E3:E6。故选 C。

14.【参考答案】C。解析：在 PowerPoint 中，背景不能设置超链接。故选 C。

15.【参考答案】D。解析：Excel 中的数据包括文本、数值、公式、日期、时间等，不包括图形。故选 D。

16.【参考答案】A。解析：在 Excel 中，数值型数据是使用最多、最为复杂的数据类型。数值型数据可以由数字(0~9)、正号、负号、小数点、分数号(/)、百分号(%)、指数符号(E 或 e)、货币符号(¥或$)和千位分隔号(,)等组成，数值型数据不可以使用的符号是"\"。故选 A。

模块二 高中信息技术课程与教学的理论与实践

第九章　高中信息技术课程

考纲内容

本章为高中信息技术课程，在考纲中要求如下：
1. 理解《普通高中技术课程标准（实验）》（信息技术）规定的课程目标、教学内容和实施建议，用以开展学科教学和指导学生实训实践。
2. 理解信息技术课程的课程性质、基本理念、设计思路和课程目标。
3. 熟悉《普通高中技术课程标准（实验）》（信息技术）所规定的模块结构、内容标准和要求。
4. 理解信息技术教学内容的特点及呈现形式，能够根据学生学习的需要使用教材。

考纲解读

1. 本章内容考查普通高中信息技术课程知识，试题主要以简答题为主。
2. 本章中信息技术课程的课程性质、基本理念、学科核心素养、课程目标、课程结构、课程内容及呈现形式是重点内容，也是历年考试中的重点考查内容。

第一节　高中信息技术课程的课程性质及基本理念

一、课程性质

信息技术作为当今先进生产力的代表，已经成为我国经济发展的重要支柱和网络强国的战略支撑。信息技术涵盖了获取、表示、传输、存储和加工信息在内的各种技术。自电子计算机问世以来，信息技术沿着以计算机为核心到以互联网为核心，再到以数据为核心的发展脉络，深刻影响着社会的经济结构和生产方式，加快了全球范围内的知识更新和技术创新，推动了社会信息化、智能化的建设与发展，催生出现实空间与虚拟空间并存的信息社会，并逐步构建出智慧社会。信息技术的快速发展，重塑了人们沟通交流的时间观念和空间观念，不断改变着人们的思维与交往模式，深刻影响着人们的生活、工作与学习。提升中国公民的信息素养，增强个体在信息社会的适应力与创造力，对个人发展、国力增强、社会变革有着十分重大的意义。

普通高中信息技术课程是一门以全面提升学生信息素养,帮助学生掌握信息技术基础知识与技能、增强信息意识、发展计算思维、提高数字化学习与创新能力、树立正确的信息社会价值观和责任感的基础课程。课程围绕信息技术学科核心素养,吸纳学科领域的前沿成果,构建具有时代特征的学习内容;课程兼重理论学习和实践应用,通过丰富多样的任务情境,鼓励学生在数字化环境中学习与实践;课程倡导基于项目的学习方式,将知识建构、技能培养与思维发展融入运用数字化工具解决问题和完成任务的过程中;课程提供学习机会,让学生参与到信息技术支持的沟通、共享、合作与协商中,体验知识的社会性建构,培养信息意识,理解信息技术对人类社会的影响,提高信息社会参与的责任感与行为能力,从而成为具备较高信息素养的中国公民。

二、基本理念

高中信息技术课程的基本理念主要体现在以下几个方面。

1. 坚持立德树人的课程价值观,培养具备信息素养的公民

面对网络和数字化工具不断普及的现实,高中信息技术课程培养学生对信息技术发展的敏感度和适应性,帮助学生学会有效利用信息社会中的海量信息、丰富的媒体和多样化的技术工具,优化自己的学习和生活,提高服务社会的能力。同时,高中信息技术课程引导学生理解信息技术应用过程中个人与社会的关系,思考信息技术为人类社会带来的机遇和挑战,履行个人在信息社会中的责任和义务,帮助学生成长为有效的技术使用者、创新的技术设计者和理性的技术反思者。

2. 设置满足学生多元需求的课程结构,促进学生个性化发展

高中信息技术课程遵循高中学生的认知特征和个性化学习需要,体现信息技术课程的层次性、多样性和选择性。课程的必修部分致力于构建我国高中阶段全体学生信息素养的共同基础,关注系统性、实践性和迁移性;选择性必修部分致力于拓展学生的学习兴趣,提升课程内容的广度、深度和问题情境的复杂度,为学科兴趣浓厚、学科专长明显的学生提供挑战性的学习机会。

3. 选择体现时代性和基础性的课程内容,支撑学生信息素养的发展

高中信息技术课程的内容紧扣数据、算法、信息系统和信息社会等学科大概念,结合信息技术变革的前沿知识与国际信息技术教育的发展趋势,引导学生学习信息技术的基本知识与技术,感悟信息技术学科方法与学科思想;结合学生已有的学习经验和将要经历的社会生活,在课程中嵌入与信息技术有关的现实社会问题和情境;结合数据加工、问题解决和信息系统操作的真实过程,发展学生的计算思维,增强他们的信息社会责任,实现知识与技能、过程与方法、情感态度与价值观的统一。

4. 培育以学习为中心的教与学关系,在问题解决过程中提升信息素养

高中信息技术课程的实施考虑到不同背景和不同知识基础的学生,倡导多元化教学策略;激发学生开放、合作、协商和注重证据的行动意识,使其积极参与到信息技术支持的交互性、真实性的学习活动中;鼓励学生在不同的问题情境中,运用计算思维来形成问题解决的方案,体验信息技术行业实践者真实的工作模式和思考方式;创造机会使学生感受信息技术所引发的价值冲突,思考个体的信息行为对自然环境和人文环境带来的影响。

5. 构建基于学科核心素养的评价体系,推动数字化时代的学习创新

高中信息技术课程的评价以学科核心素养的分级体系为依据,利用多元方式跟踪学生的学习过程,采集学习数据,及时反馈学生的学习状况,改进学习,优化教学,评估学业成就;

注重情境中的评价和整体性的评价,评价方式和评价工具支持学生自主和协作地进行数字化问题解决,促进基于项目的学习;完善标准化纸笔测试和上机测试相结合的学业评价,针对专业能力较强的学生,可引导其完成案例分析报告或研究性论文。

第二节　高中信息技术课程的学科核心素养与课程目标

一、学科核心素养

学科核心素养是学科育人价值的集中体现,是学生通过学科学习而逐步形成的正确价值观念、必备品格和关键能力。高中信息技术学科核心素养由信息意识、计算思维、数字化学习与创新、信息社会责任四个核心要素组成。它们是高中学生在接受信息技术教育过程中逐步形成的信息技术知识与技能、过程与方法、情感态度与价值观的综合表现。四个核心要素互相支持、互相渗透,共同促进学生信息素养的提升。

真题测试
9.1

1. 信息意识

信息意识是指个体对信息的敏感度和对信息价值的判断力。具备信息意识的学生能够根据问题的需要,自觉、主动地寻求恰当的方式获取与处理信息;能够敏锐地感觉到信息的变化,分析数据中所承载的信息,采用有效策略对信息来源的可靠性、内容的准确性、指向的目的性做出合理判断,对信息可能产生的影响进行预期分析,为解决问题提供参考;在合作解决问题的过程中,愿意与团队成员共享信息,实现信息的更大价值。

2. 计算思维

计算思维是指个体运用计算机科学领域的思想方法,在形成问题解决方案的过程中产生的一系列思维活动。具备计算思维的学生,在信息活动中能够采用计算机可以处理的方式界定问题、抽象特征、建立结构模型、合理组织数据;通过判断、分析与综合各种信息资源,运用合理的算法,形成解决问题的方案;总结利用计算机解决问题的过程与方法,并迁移到与之相关的其他问题解决中。

3. 数字化学习与创新

数字化学习与创新是指个体通过评估并选用常见的数字化资源与工具,有效地管理学习过程与学习资源,创造性地解决问题,从而完成学习任务,形成创新作品的能力。具备数字化学习与创新能力的学生,能够认识数字化学习环境的优势和局限性,适应数字化学习环境,养成数字化学习与创新的习惯;掌握数字化学习系统、学习资源与学习工具的操作技能,用于开展自主学习、协同工作、知识分享与创新创造,助力终身学习能力的提高。

4. 信息社会责任

信息社会责任是指信息社会中的个体在文化修养、道德规范和行为自律等方面应尽的责任。具备信息社会责任的学生,具有一定的信息安全意识与能力,能够遵守信息相关的法律法规,信守信息社会的道德与伦理准则,在现实空间和虚拟空间中遵守公共规范,既能有效维护信息活动中个人的合法权益,又能积极维护他人的合法权益和公共信息安全;关注信息技术发展带来的环境问题与人文问题;对于信息技术创新所产生的新观念和新事物,具有积极的学习态度、理性的判断和付诸行动的能力。

二、核心素养水平分级

学科核心素养水平分级是指对学科核心素养发展水平的划分,这是建立学业质量标准的前提,也是课程评价的依据。高中信息技术学科核心素养的水平分级体系包括"预备级""水平1""水平2""水平3"四级水平。

"预备级"意在协调高中与义务教育学段之间的衔接关系,表征高中学生的入学起点水平,也是学生经历初中信息技术课程学习之后所应达到的素养水平。"水平3"表征高中阶段学科核心素养发展的最高水平。该水平的发展要求是以信息技术学科发展为主导,以学生的计算思维培养为核心,强调了解决问题情境的复杂性。在"预备级"与"水平3"这"两极"水平确定的基础上,遵循发展性原则,按照思想与观念的内化程度、任务与情境的复杂度、知识与技能的深广度与难易度,进行"水平1""水平2"两级水平的划分,最终建立学科核心素养的水平分级体系,并以学科核心素养为经、以水平划分为纬,对各要素的各级水平的具体表现进行描述,为内容标准的制定、教材的编写、学业评价的设计提供依据。

1. 信息意识水平分级

(1) 预备级。

① 在日常生活中,按照一定的需求主动获取信息;

② 能够区分载体和信息;

③ 针对简单的信息问题,能根据来源的可靠性、内容的真伪性和表达的目的,对信息进行判断。

(2) 水平1。

① 针对特定的信息问题,自觉、主动地比较不同的信息源,确定合适的信息获取策略;

② 根据不同的受众特征,能选择恰当的方式进行有效交流;

③ 根据特定任务需求,甄别不同信息获取方法的优劣,并能利用适当途径甄别信息;

④ 在日常生活中,根据实际解决问题的需要,恰当选择信息工具,具备信息安全意识;

⑤ 主动关注信息技术工具发展中的新动向和新趋势,有意识地使用新技术处理信息。

(3) 水平2。

① 针对较为复杂的信息问题,能综合分析获取的信息,评估信息的可靠性、真伪性和目的性;

② 在较为复杂的信息情境中,利用多种途径甄别信息,判断其核心价值;

③ 具备选用信息技术工具进行信息安全防范的意识;

④ 能判断他人信息选择的合理状况并给予适当提示。

(4) 水平3。

① 在较为复杂的信息情境中,确定信息的关键要素,发现内在关联,挖掘核心价值;

② 针对复杂的信息问题进行需求分析,综合判断信息,确定解决问题的途径;

③ 具备服务信息社会,为信息社会积极贡献的意识。

2. 计算思维水平分级

(1) 预备级。

① 在日常生活中,认识到数字化表示信息的优势;

② 针对给定的简单任务,能够识别主要特征,并能用流程图画出完成任务的关键过程;

③ 了解对信息进行加工处理的价值、过程和工具,并能够根据需求选择适当的工具。

(2) 水平1。

① 针对给定的任务进行需求分析,明确需要解决的关键问题;

② 能提取问题的基本特征,进行抽象处理,并能用形式化的方法表述问题;

③ 能运用基本算法设计解决问题的方案,并能使用编程语言或其他数字化工具实现这

一方案;

④ 按照问题解决方案,能选用适当的数字化工具或方法获取、组织、分析数据,并能迁移至其他相关问题的解决过程中。

(3) 水平2。

① 针对较为复杂的任务,能运用形式化方法描述问题,并采用模块化和系统化方法设计解决问题的方案;

② 能正确区分问题解决中涉及的各种数据,并能采用适当的数据类型表示;

③ 针对不同模块,能设计或选择合适的算法,利用编程语言或其他数字化工具实现各模块功能;

④ 能利用适当的开发平台整合模块功能,实现整体解决方案。

(4) 水平3。

① 对基于信息技术的问题解决方案,能够依据信息系统设计的普遍原则进行较全面的评估,并采用恰当的方法迭代优化解决方案;

② 能把利用信息技术解决问题的过程迁移到学习和生活的其他相关问题的解决过程中。

3. 数字化学习与创新水平分级

(1) 预备级。

① 在利用信息技术支持学习的过程中,认识到网络和相关资源的教育优势;

② 能根据学习任务进行学习资源的需求分析,利用网络获取学习资源;

③ 能利用简单的数字化工具,完成作品的设计与创作。

(2) 水平1。

① 在学习过程中,能够评估常用的数字化资源和工具,根据需要合理选择;

② 针对特定的学习任务,能运用一定的数字化学习策略管理学习过程与资源,完成任务,创作作品;

③ 能在网络上学习空间中开展协作学习,建构知识。

(3) 水平2。

① 在技术丰富的学习环境中,能有效评估多样化的数字化资源与工具对特定学习任务的价值;

② 针对较复杂的学习任务,能使用网络工具快速搜索、获取和甄别学习资源,在有效管理的基础上,创造性地解决问题,形成个性化的作品;

③ 根据不同学科的特征,能有效运用相应的数字化学习资源与工具,提高学习质量。

(4) 水平3。

① 能根据学习任务的复杂程度和个体学习需求的特点,合理运用数字化环境,主动参与协作学习与协同创作;

② 能够独立或合作开发支持学科学习的个性化学习资源,实现知识创新;

③ 能适应真实和虚拟混合环境中的学习,感悟信息技术对强化与提升个体认知能力、促进知识创新和学习自觉性的特殊价值。

4. 信息社会责任水平分级

(1) 预备级。

① 认识信息技术发展对社会进步和人们生活带来的影响;

② 在信息技术应用过程中,认识信息技术可能引发的一些潜在问题;

③ 在信息活动过程中,能采用简单的策略和方法保护个人信息,安全使用信息设备;
④ 遵守基本的信息法律法规,按照社会公认的信息伦理道德规范开展信息活动。

(2) 水平1。

① 在信息活动中,具有信息安全意识,尊重和保护个人及他人的隐私;
② 采用简单的技术手段,保护数据、信息以及信息设备的安全;
③ 认识人类信息活动需要信息法律法规的管理和调节,能自觉遵守信息法律法规、信息伦理道德规范;
④ 正确认识现实社会身份、虚拟社会身份之间的关系,合理使用虚拟社会身份开展信息活动;
⑤ 在信息交流或合作中,尊重不同的信息文化,积极、主动地融入信息社会中。

(3) 水平2。

① 在信息技术应用过程中,能运用一定的技术性策略保障信息安全;
② 在信息活动中,认识到信息技术具有两面性,在带来积极作用的同时,也会带来一些负面影响;
③ 自觉抵制违反信息法律法规和道德准则的行为,针对不良信息行为,知道运用法律方式解决问题。

(4) 水平3。

① 能从发展的角度,理解信息法律法规、信息伦理道德规范的合理性;
② 在信息活动中,掌握保护个人权益和自觉维护健康信息环境的手段和方法。

三、课程目标

高中信息技术课程旨在全面提升全体高中学生的信息素养。课程通过提供技术多样、资源丰富的数字化环境,帮助学生掌握数据、算法、信息系统、信息社会等学科大概念,了解信息系统的基本原理,认识信息系统在人类生产与生活中的重要价值,学会运用计算思维识别与分析问题,抽象、建模与设计系统性解决方案,理解信息社会特征,自觉遵循信息社会规范,在数字化学习与创新过程中形成对人与世界的多元理解力,负责、有效地参与到社会共同体中,从而成为数字时代的合格公民。

第三节　高中信息技术课程的课程结构与课程内容

一、课程结构

(一) 设计依据

1. 以立德树人为课程结构设计的指导思想

课程结构设计要充分挖掘信息技术学科中的思想、文化内涵和育人因素,引导学生健康的技术价值追求,提高学生在信息社会中生存、发展与创新的能力。

2. 按照《普通高中课程方案(2017年版)》设置课程结构与课程内容

依据学分和课时规定,紧扣学科大概念体系,精心架构和选择课程结构与课程内容,确保知识结构清晰、难易梯度合理,控制内容负荷,提供适度的认知挑战。

3. 参照国际信息技术教育研究的最新成果

依据我国基础教育的国情,借鉴国际中小学信息技术教育的最新研究成果,参照先进课程体系的设计思想和已有经验,调整和优化信息技术课程内容模块,提高课程结构设计的前瞻性。

4. 依据信息技术学科自身的发展特征

依据信息技术学科理论性、工具性和实践性并重的特征,设计活动情境,注重学生在项目中学习;依托快速发展与日益更新的信息技术工具,保持对新技术成果的开放性,鼓励师生共同学习。

(二) 课程结构

普通高中信息技术课程由必修、选择性必修和选修三类课程组成,具体课程结构如表9.1 所示。

表 9.1　普通高中信息技术课程结构

类别	模块设计	
必修	模块1：数据与计算 模块2：信息系统与社会	
选择性必修	模块1：数据与数据结构 模块2：网络基础 模块3：数据管理与分析	模块4：人工智能初步 模块5：三维设计与创意 模块6：开源硬件项目设计
选修	模块1：算法初步 模块2：移动应用设计	

1. 必修课程

普通高中信息技术必修课程是全面提升高中学生信息素养的基础,强调信息技术学科核心素养的培养,渗透学科基本知识与基本技能,是每位高中学生必须修习的课程,是选择性必修课程和选修课程学习的基础。普通高中信息技术必修课程包括"数据与计算"和"信息系统与社会"两个模块。

2. 选择性必修课程

普通高中信息技术选择性必修课程是根据学生升学、个性化发展需要而设计的,分为升学考试类课程和个性化发展类课程两大类。选择性必修课程旨在为学生将来进入高校继续开展与信息技术相关方向的学习以及应用信息技术进行创新、创造提供条件。选择性必修课程包括"数据与数据结构""网络基础""数据管理与分析""人工智能初步""三维设计与创意""开源硬件项目设计"六个模块。其中,"数据与数据结构""网络基础""数据管理与分析"三个模块是为学生升学需要而设计的课程,三个模块的内容相互并列;"人工智能初步""三维设计与创意""开源硬件项目设计"三个模块是为学生个性化发展而设计的课程,学生可根据自身的发展需要进行选学。

3. 选修课程

普通高中信息技术选修课程是为满足学生的兴趣爱好、学业发展、职业选择而设计的自主选修课程,为学校开设信息技术校本课程预留空间。选修课程包括"算法初步""移动应用设计"以及各高中自行开设的信息技术校本课程。

(三) 学分与选课

普通高中信息技术必修课程的学分为3学分,每个学分18课时,共54课时。必修课程是本学科学业水平合格性考试的依据,学生学完必修课程后,可参加高中信息技术学业水合格性考试。

学生在修满信息技术必修学分的基础上,可根据兴趣爱好、学业发展和职业倾向,学习选择性必修课程和选修课程,发展个性化的信息技术能力或达到更高的学业水平。选择性必修课程和选修课程中,每个选修模块为 2 学分,每学分 18 课时,共 36 课时。

选择性必修课程是对必修课程的拓展与加深,满足学生升学和个性化发展的需要。学生可根据能力、发展需要选学。选择性必修课程中的"数据与数据结构""网络基础"和"数据管理与分析"是本学科学业水平等级性考试的依据。学生修完这三个模块后,可参加高中信息技术学业水平等级性考试。选择性必修课程中的"人工智能初步""三维设计与创意""开源硬件项目设计"三个模块的修习情况应列为综合素质评价的内容。

选修课程体现了学科的前沿性、应用性,学生可根据自身能力、兴趣或需要选学。选修课程的修习情况应列为综合素质评价的内容。

二、课程内容

(一) 必修课程的内容

1. 模块1:数据与计算

(1)基本情况。

信息技术与社会的交互融合引发了数据量的迅猛增长,数据对社会生产和人们生活的影响日益凸显。本模块针对数据(包括大数据)在信息社会中的重要价值,分析数据与信息的关系,强调数据处理的基本方法与技能,发展学生利用信息技术解决问题的能力。本模块是信息技术课程后续学习的基础。

通过本模块的学习,学生能认识到数据在信息社会中的重要价值,合理处理与应用数据,掌握算法与程序设计的基本知识,能根据需要运用数字化工具解决生活与学习中的问题,认识到人工智能在信息社会中越来越重要的促进作用,逐步成为信息社会的积极参与者。

本模块包括"数据与信息""数据处理与应用""算法与程序实现"三部分内容。

(2)内容要求。

① 在具体感知数据与信息的基础上,描述数据与信息的特征,知道数据编码的基本方式。

② 在运用数字化工具的学习活动中,理解数据、信息与知识的相互关系,认识数据对人们日常生活的影响。

③ 针对具体学习任务,体验数字化学习过程,感受利用数字化工具和资源的优势。

④ 通过典型的应用实例,了解数据采集、分析和可视化表达的基本方法。

⑤ 根据任务需求,选用恰当的软件工具或平台处理数据,完成分析报告,理解对数据进行保护的意义。

⑥ 从生活实例出发,概述算法的概念与特征,运用恰当的描述方法和控制结构表示简单算法。

⑦ 掌握一种程序设计语言的基本知识,使用程序设计语言实现简单算法;通过解决实际问题,体验程序设计的基本流程,感受算法的效率,掌握程序调试与运行的方法。

⑧ 通过人工智能典型案例的剖析,了解智能信息处理的巨大进步和应用潜力,认识人工智能在信息社会中的重要作用。

(3)教学提示。

在本模块的教学中,教师可通过项目活动创设问题情境,引导学生在解决问题的过程中感受信息技术对人们日常生活的影响,帮助他们探究数据与计算的知识,提高利用信息技术解决问题的能力,发展计算思维。

① 借助数字化学习环境,教师可引导学生体验数字化学习与创新活动,通过整合其他学科的学习任务,帮助学生学会运用数字化工具(如移动终端、开源硬件、网络学习平台、编程软件、应用软件等)建构知识、表达思想。

例如,在小组研讨过程中,教师可引导学生利用思维导图等数字化工具,梳理小组成员在"头脑风暴"(一种创造能力的集体训练方法)活动中的观点,建立观点结构图,形成研讨报告。

② 数据的采集、分析和可视化表达是数据处理的重要环节。在教学过程中,教师可提供日常生活的应用实例,引导学生分组探讨数据采集、分析和可视化表达的方法,感受它们对人们日常生活的影响。

例如,通过"网络购书"的实践活动,教师可组织学生探究"网站为用户自动推荐商品的原因",辨析网站获取用户数据的基本类型,了解基本的分析方法(如对比分析法、平均分析法等),思考网站数据可能会对用户产生的影响。

③ 通过创设程序设计的活动情境,教师可组织学生在解决问题的过程中探究顺序结构、选择结构和循环结构的特点,通过小组学习,分析问题,设计解决问题的算法。

例如,教师可引导学生通过编程实现枚举法中的"百钱买百鸡"等经典案例,体验程序设计的基本过程,学习程序设计的基本方法;通过设计"选课系统""趣味小游戏"等具有一定实用价值的程序,提高利用程序设计解决实际问题的基本能力。

④ 在教学实施中,教师可通过情境模拟或实景观察等方式,让学生体验人工智能对社会发展的影响,感受人工智能与社会各领域结合带来的巨大变化,思考人工智广泛使用可能会引发的社会问题及应对策略。

例如,通过研讨人工智能在智力竞赛及图像记忆挑战中夺冠、战胜顶级人类棋手等事件,教师可引导学生深入了解人工智能技术,思考人工智能发展对社会发展的影响,以及可能会引发的社会问题。

在教学过程中,除了正常的课堂教学外,教师还可以组织学生参观学校或社会场所的信息中心,观察信息中心的组织和运行模式,了解信息设备的功能和维护方法,听取专业人员介绍数据处理的策略,体验信息中心在学校管理或社会生活中的作用。

(4) 学业要求。

学生能够描述数据与信息的特征,知道数据编码的基本方式;掌握数字化学习的方法,能够根据需要选用合适的数字化工具开展学习(即培养信息意识、数字化学习与创新的核心素养)。了解数据采集、分析和可视化表达的基本方法,能够利用软件工具或平台对数据进行整理、组织、计算与呈现,并能通过技术方法对数据进行保护;在数据分析的基础上,完成分析报告(即培养信息社会责任、计算思维的核心素养)。依据解决问题的需要,设计和表示简单算法;掌握一种程序设计语言的基本知识,利用程序设计语言实现简单算法,解决实际问题(即培养计算思维的核心素养)。了解人工智能技术,认识人工智能在信息社会中的重要作用(即培养计算思维、信息意识的核心素养)。

2. 模块2:信息系统与社会

(1) 基本情况。

在信息社会中,现实空间与虚拟空间相互交织,形成了一个全新的社会环境,在改变人们生活、工作与学习的同时,也塑造出一种全新的生存与发展方式。本模块是针对信息社会生存与发展的需要,为强调利用信息系统解决问题的过程与方法,提升学生信息安全和社会责任意识而设置的必修模块。

通过本模块的学习,学生能了解人、信息技术和社会的关系,认识信息系统在社会中的作用,合理使用信息系统解决生活、学习中的问题,理解信息安全对当今社会的影响,能安全、守法地应用信息系统。

本模块包括"信息社会特征""信息系统组成与应用""信息安全与信息社会责任"三部分内容。

(2) 内容要求。

① 探讨信息技术对社会发展、科技进步以及人们生活、工作与学习的影响,能描述信息社会的特征,了解信息技术的发展趋势。

② 通过分析典型的信息系统,知道信息系统的组成与功能,理解计算机、移动终端在信息系统中的作用,能描述计算机和移动终端的基本工作原理。

③ 通过分析物联网应用实例,知道信息系统与外部世界的连接方式,了解常见的传感与控制机制。

④ 观察日常生活中的信息系统,理解计算机网络在信息系统中的作用,通过组建小型的无线网络,了解常见网络设备的功能,知道接入方式、带宽等因素对信息系统的影响。

⑤ 通过分析常见的信息系统,理解软件在信息系统中的作用,能借助软件工具与平台开发网络应用软件。

⑥ 在日常生活与学习中,合理使用信息系统,负责任地发布、使用与传播信息,自觉遵守信息社会中的道德准则和法律法规。

⑦ 认识到信息系统应用过程中存在的风险,熟悉信息系统安全防范的常用技术方法,养成规范的信息系统操作习惯,树立信息安全意识。

⑧ 通过搭建小型信息系统的综合活动,体验信息系统的工作过程,认识信息系统在社会应用中的优势与局限性。

(3) 教学提示。

在本模块教学中,教师可通过典型信息系统的案例分析与实际体验等方式,引导学生学习信息系统知识,合理使用信息系统解决生活、学习中的问题,理解信息社会的特征,具备信息社会责任意识。

① 结合实际生活中的信息系统应用实例,教师可引导学生思考信息系统的组成要素,认识信息系统对人们日常生活与社会发展的重要作用。

例如,教师可通过剖析"电子商务系统""网络订票系统"等信息系统实例,引导学生总结归纳信息系统的组成要素,了解信息系统的常见功能,以及它们对人们日常生活与学习的作用。

② 教师可利用信息技术实验室创设真实的问题情境,为学生提供从信息系统设计规划到软硬件操作的实践体验机会,提高学生对信息系统价值的认识以及利用信息系统解决问题的能力。

例如,在信息技术实验中,教师可通过"依托二维码的物联网系统""远程控制系统"等实验,指导学生合作或独立完成一个信息系统的硬件搭建和软件安装。

③ 教师可结合信息系统中个人信息泄露与数据安全隐患方面的案例,引导学生真实感受信息系统安全的重要性;通过组织学生体验信息系统的实践活动,引导学生掌握信息系统安全防范的常用技术方法,学习与信息安全相关的法律法规。

例如，教师可组织学生通过小组活动，研讨"网络购物""公共场所WIFI使用"等应用实例，分析信息系统应用中可能出现的信息安全问题，总结相关的防范策略，学习信息系统安全防范的常用技术方法，以及与信息安全相关的法律法规。

此外，在教学过程中，教师还可以结合当地的实际情况，组织学生参观学校或其他机构中运行的信息系统，开展信息系统的综合实践活动，让学生体验信息系统的行业应用，了解信息系统建设的全过程，包括设计、构建、运行、管理、维护等。

（4）学业要求。

学生能描述信息社会的特征，了解信息技术对社会发展、科技进步以及个人生活与学习的影响（即培养信息意识的核心素养）。知道信息系统的组成与功能，描述信息系统常用终端设备（如计算机、智能手机和平板电脑等）的基本工作原理；知道信息系统与外部世界的连接方式，了解常见的传感与控制机制，以及接入方式、带宽等因素对信息系统的影响；理解软件在信息系统中的作用，借助软件工具与平台开发网络应用软件（即培养计算思维的核心素养）。能构建简单的信息系统，积极利用各种信息系统促进学习与发展（即培养数字化学习与创新的核心素养）。在信息系统应用过程中，能预判可能存在的信息泄露等安全风险，掌握信息系统安全防范的常用技术方法；认识信息系统在社会应用中的优势与局限性，能够自觉遵守相关法律法规与伦理道德规范（即培养信息意识、信息社会责任的核心素养）。

（二）选择性必修课程的内容

1. 模块1：数据与数据结构

（1）基本情况。

在数字化时代，数据对科学发现、技术进步、经济发展以及人们的日常生活有着越来越深刻的影响。理解数据的作用及价值，对学生适应信息社会、学会数字化生存有着十分重要的意义。

数据结构是信息技术学科的核心内容之一，对培养学生信息意识与计算思维、深入理解并掌握信息技术学科知识与实践方法、形成学科核心素养，具有非常重要的作用。本模块是针对数据、数据结构及其应用而设置的选择性必修模块。

通过本模块的学习，学生能进一步了解数据（包括大数据）的作用，在掌握常用数据结构的概念、特点、操作、编程实现方法等内容的基础上，能对简单的数据问题进行分析，选择恰当的数据结构，并用一种程序设计语言编程实现，在问题解决过程中对数据抽象、数据结构的思想与方法有初步的认识。

本模块包括"数据及其价值""数据结构""数据结构应用"三部分内容。

（2）内容要求。

① 通过列举实例，分析数据与社会各领域的关系，理解数字、数值和数据的基本含义。

② 通过列举实例，认识数据作为新的原材料、生产资料和基础设施的价值和意义。

③ 结合生活实际，理解数据结构的概念，认识数据结构在解决问题过程中的重要作用。

④ 通过案例分析，理解数组、链表等基本数据结构的概念，并能编程实现其相关操作；比较数组、链表的区别，明确这两种数据结构在存储不同类型数据中的应用。

⑤ 通过问题解决，理解包括字符串、队列、栈在内的线性表的概念和基本操作，并编程实现。

⑥ 通过列举实例，认识抽象数据类型对数据处理的重要性，理解抽象数据类型的概念，了解二叉树的概念及其基本操作方法。

⑦ 通过数据排序和查找操作,体验迭代和递归的方法,理解算法与数据结构的关系。

(3) 教学提示。

算法与数据结构是问题求解中相辅相成、不可分割的两个方面。在本模块教学中,教师可以通过设计范例的方式来引导学生理解数据结构、抽象数据类型等基本概念。

在学习数组、链表以及线性表内容时,教师可以引导学生参与基于真实问题的项目学习,经历建立数据模型、抽象数据、选择数据结构、算法实现、上机调试、问题解决的全过程。

例如,当车库单行车道出口受阻时,车辆不能挪动。这时停在单行车道上的车辆就要采用"后进先出"的方式倒出。通过这样的事例,教师可引入"栈"的概念及特征,然后适当开放项目范围,让学生自己寻找要解决的问题,设计相关的项目主题并开展项目学习。

再如,利用二维数组描述围棋棋盘,数组中的每一个元素对应棋盘中的一个位置,设置数据元素值为 0,表示该位置没有棋子;设置数据元素值为 1,表示该位置为一方棋子;设置数据元素值为 2,则表示该位置为另一方棋子。

(4) 学业要求。

学生能够运用生活中的实例描述数据的内涵与外延,能够将有限制条件的、复杂的生活情境中的关系进行抽象,用数据结构表达数据的逻辑关系(即培养信息意识、计算思维的核心素养)。能够从数据结构的视角审视基于数组、链表的程序,解释程序中数据的组织形式,描述数据的逻辑结构及其操作,评判其中数据结构运用的合理性;能够针对限定条件的实际问题进行数据抽象,运用数据结构合理组织、存储数据,选择合适的算法(如排序、查找、迭代、递归等)编程实现、解决问题(即培养计算思维、数字化学习与创新的核心素养)。能够分析数据与社会各领域间的关系,自觉遵守相应的伦理道德和法律法规(即培养信息社会责任的核心素养)。

2. 模块 2:网络基础

(1) 基本情况。

网络不但是数据传输的物理基础,也是支撑信息社会的重要基础设施。理解网络基本知识,熟练使用典型网络服务,是现代信息社会中生存与发展的基本技能之一。本模块是针对网络基本知识和实践应用而设置的选择性必修模块。

通过本模块的学习,学生应了解计算机网络的核心概念与发展历程,了解常用网络设备的功能,能通过网络命令查询网络及设备的工作状态,发现网络故障,认识互联网对社会发展的影响,能利用信息技术分享网络资源,具备网络应用安全意识。

本模块包括"网络基本概念""网络协议与安全""物联网"三部分内容。

(2) 内容要求。

① 了解计算机网络的发展历史,知道网络的结构、类型、特征及演变过程;理解计算机网络与通信、互联网及移动互联网对现代社会的重要意义。

② 认识常见网络传输介质的特性,理解影响网络传输质量的主要物理因素;能描述网络的拓扑结构及不同类型网络的主要特点。

③ 熟悉 TCP/IP 协议的主要功能和作用,理解网卡、交换机、路由器等基本网络设备的作用和工作原理。

④ 了解网络操作系统的功能,能使用基本网络命令查询联网状态、配置情况以及发现网络故障。

⑤ 熟悉常见网络服务的应用情境,能识别网络资源的类型,能利用适当的工具在计算

机和移动终端上生成与分享网络资源。

⑥ 认识网络应用中信息安全和信息的隐私、保护的重要性,了解常用网络安全协议[SSL(安全套接层)、IPSec(网际协议安全性)等协议]的作用;能够设置及使用简易防火墙,能够使用适当工具对数据和终端设备进行加密。

⑦ 掌握物联网的概念及其发展历程,了解与物联网相关的设备及其功能,能描述其工作原理。

⑧ 体验物联网、"互联网+"以及其他相关网络在日常生活、学习中的应用[如 Bluetooth(蓝牙)、NFC(近场通信)等],探讨创新网络服务对人们未来生活、工作与学习的影响。

(3) 教学提示。

在本模块教学中,教师可创设网络实验环境,引导学生在实际操作中掌握网络应用的技能,理解操作背后的技术原理,体验物联网给人们生活带来的便利。

① 通过本模块的教学,教师既要引导学生从操作层面掌握常用的网络应用技术,也要让学生对网络配置等内容形成理性认识。

例如,教师可提供基本的网络设备和器材,让学生经历从硬件连接到网络配置的全过程,让学生在具体的联网过程中掌握相关参数的设置方法。

② 教师教学实施中应结合学生日常使用网络的具体实例展开,引导学生合理使用网络、解决简单的联网问题。

例如,教师可设置一些联网中常见的故障,包括硬件连接故障、网络连接的错误配置等,引导学生从分析问题入手,判断故障原因,探索解决故障的方法。

③ 对于网络应用,教师要引导学生深入理解生活、学习中与网络技术相关的各种事物与现象的本质,理解创新网络服务的价值。

例如,教师可让学生尝试利用多种方法实现大量资源文件的共享,对比各种方法的优缺点,理解各种方法的适用情境,进而体验网络技术给人们生活带来的便利。

④ 教师可通过实际案例,引导学生了解网络环境的优势与不足,使学生认识到既要积极利用网络,也要增强安全使用网络的意识,懂得安全使用网络的相关技术方法。

例如,教师可列举一些网络信息泄露的案例,引导学生分析可能导致个人信息泄露的原因;通过实际操作体验,帮助学生掌握防范网络安全问题的基本方法,使学生形成安全使用网络的意识,养成安全使用网络的行为习惯。

本模块教学适宜在能够接入互联网的信息技术实验室中开展,可根据条件配置相应的组网设备或者开源的板卡,为学生创建操作实践的环境。在开展网络连接、网络服务等活动时,要尽量采用较新的技术、软件和设备,并与学生的日常网络使用经验建立联系。

(4) 学业要求。

学生要知道网络的结构、特征和发展过程,理解物联网的概念,认识与物联网相关的应用(即培养信息意识的核心素养)。理解影响网络传输质量的基本因素,熟悉 TCP/IP 等协议的功能和作用,描述网络的拓扑结构,掌握使用基本网络命令查询联网状态、配置情况及发现故障的操作(即培养计算思维的核心素养)。理解网卡、交换机、路由器等网络设备的作用和工作原理,熟知常见的网络服务,能够根据任务特点选择恰当的网络服务,理解创新网络服务的意义,列举日常生活中与物联网相关的设备,描述其工作原理(即培养数字化学习与创新的核心素养)。形成积极、安全使用网络的观念,具备防范网络安全隐患的意识,能判断日常网络使用中不安全问题产生的原因,掌握构建个人安全网络环境的基本方法(即培养信息社会责任的核心素养)。

3. 模块3：数据管理与分析

(1) 基本情况。

数据管理与分析技术已经广泛应用于人们的日常生活与学习中，成为解决问题的重要方式。有效地管理与分析数据（包括大数据）可帮助人们获取有价值的信息，为决策形成提供重要依据。本模块是针对数据管理技术与数据分析方法的应用而设置的选择性必修模块。

通过本模块的学习，学生应了解数据管理与分析技术，能根据需求分析、形成解决方案；能选择一种数据库工具对数据进行管理，从给定数据中提取有用信息并应用于实际问题解决中；在活动过程中形成对数据特征、数据价值、数据管理思想与分析方法的认识。

本模块包括"数据需求分析""数据管理""数据分析"三部分内容。

(2) 内容要求。

① 结合生活实际，能认识到数据是一种重要的资源，通过科学管理与分析数据，可以使数据实现其应有价值，感受数据管理与分析技术的重要性。

② 结合具体案例，初步了解、分析业务需求，建立数据管理与分析问题整体解决方案的基本过程；尝试对既定方案进行分析、评价，发现问题并优化方案。

③ 结合案例，了解数据采集途径的多样性；能利用适当的工具对数据进行采集和分类；认识噪声数据的现象和成因；理解不同结构化程度数据（包括结构化数据、半结构化数据和非结构化数据）的区别及其在管理与应用上的特点。

④ 结合案例，了解关系数据模型的基本概念，掌握设计简单关系数据库的逻辑结构的方法。

⑤ 使用数据库管理系统建立数据库，了解数据库基本的数据查询方法（如选择、投影、排序、统计等），能使用结构化查询语言进行简单的数据查询。

⑥ 结合实际案例，认识数据丢失的风险，能利用实时备份与定时备份、全备份、增量备份与差异备份等多种方法进行数据备份。

⑦ 了解常用的数据分析方法（如对比分析法、分组分析法、平均分析法和相关分析法等）；能在实践中选用适当的数据分析工具，分析、呈现并解释数据。

⑧ 运用数字化学习方式，了解数据管理与分析技术的新发展；结合恰当的案例分析，认识数据挖掘对信息社会问题解决和科学决策的重要意义。

(3) 教学提示。

本模块的教学应该在丰富的案例资源基础上进行，案例的获得可以有多种方式。

① 教师可提供贴近学生现实生活的典型案例，如校园歌手大赛成绩管理、图书馆图书及借阅管理、社会实践调查问卷的管理与分析、早餐营养搭配管理、超市销售记录的管理与分析等。选用的案例应该包含数据库建设与数据生成的主要环节，可进行主要的查询操作以彰显其意义，又不至于过分复杂，以免超出学业允许的限度；应能反映整体性思想，选用的案例应由小到大，由简单到复杂，从而能有效引导学生形成关于数据管理的更大联想空间。

② 教师还可以选取贴近学生学习和生活的典型问题，引导和鼓励学生自行采集和创建典型案例，在具体问题解决方案制订和实施的过程中，开展自主学习或协作学习。考虑到学生的既有知识积累，建议引导学生在使用数据分析工具的过程中，理解数据管理的思想，进而理解数据管理技术。

例如，教师可在电子表格软件与其他数据库之间共享数据，以帮助学生有效地迁移所学知识；还可以借助这些数据分析软件，将获得的数据可视化，加强学生对数据分析方法的掌握及数据意义的理解。

本模块的教学适宜在计算机网络环境下开展,要求至少配备一种数据库管理系统和一种数据分析软件。除此之外,教师也可以组织学生参观企业或社会场所的信息中心,听取专业人员介绍数据管理与分析的策略,体会数据管理与分析的重要价值,感受数据对人类社会的重要影响。

(4) 学业要求。

学生能够确定学习和生活中的业务数据问题,能提出解决方案,评价其合理性、完整性以及分析方案优化或改进的可能性(即培养计算思维的核心素养)。能认识有效管理与分析数据对获取有价值信息、形成正确决策的作用与意义,认识数据管理与分析技术对人类社会生活的重要影响;能在特定的信息情境中,根据业务数据问题解决的需要,利用多种途径采集与甄别数据(即培养信息意识的核心素养)。能按照特定数据管理需求,使用数据库管理系统建立关系数据库,会选用恰当的策略与方法,对数据进行管理(即培养计算思维的核心素养)。认识数据备份的重要性,能根据需要及时备份与还原数据,确保数据安全(即培养信息社会责任的核心素养)。会采用适当的方法提取数据;能正确选用数据分析方法和工具,分析并解释数据(即培养计算思维的核心素养)。能根据需要,主动选用数字化工具开展自主或协作学习,创造性地解决问题(即培养数字化学习与创新的核心素养)。

4. 模块 4:人工智能初步

(1) 基本情况。

人工智能是通过智能机器延伸、增强人类改造自然和治理社会能力的新兴技术。近年来,人工智能的发展呈现出深度学习、跨界融合、人机协同等新特征,推动了社会各领域从数字化、网络化向智能化的跃升,深刻改变着人们的生活方式和思维模式。本模块是针对人工智能的发展特征,从基础知识与应用、简单人工智能应用模块及开发等方面设置的选择性必修模块。

通过本模块的学习,学生应该了解人工智能的发展历程及概念,能描述典型人工智能算法的实现过程,能通过搭建简单的人工智能应用模块,亲历设计与实现简单智能系统的基本过程与方法,增强利用智能技术服务人类发展的责任感。

本模块包括"人工智能基础""简单人工智能应用模块开发""人工智能技术的发展与应用"三部分内容。

(2) 内容要求。

① 能描述人工智能的概念及其基本特征;知道人工智能技术的发展历程、典型应用与趋势。

② 通过剖析具体案例,了解人工智能的核心算法(如启发式搜索、决策树等),熟悉智能技术应用的基本过程和实现原理。

③ 知道特定领域(如机器学习)人工智能应用系统的开发工具和开发平台,通过具体案例了解这些工具的特点、应用模式及局限性。

④ 能利用开源人工智能应用框架,搭建简单的人工智能应用模块,并能根据实际需要配置适当的环境、参数及自然交互方式等。

⑤ 通过简单智能系统的应用,体验、了解社会智能化所面临的伦理及安全挑战,知道信息系统安全的基本方法和措施,增强安全防护意识和责任感。

⑥ 辩证认识人工智能对人类社会未来发展的巨大价值和潜在威胁,能自觉维护和遵守人工智能社会化应用的规范与法规。

(3)教学提示。

在本模块教学中,教师既可以通过案例分析、项目设计等方式引导学生拓展思维,也可以向学生展示或剖析比较典型的智能系统,如早期的专家系统以及"深蓝(Deep Blue)""沃森(Watson)""阿尔法围棋(AlphaGo)"和"百度大脑"等系统。

在引导学生发现问题、尝试用人工智能方法解决问题的过程中,让学生初步了解和体验人工智能的特点,感受人工智能对生活与学习带来的影响,进一步激发学生学习和探究新技术、新知识的积极性,提高他们综合应用信息技术的能力。

在学习智能控制系统的设计与制作内容时,要充分利用学生的自主学习与探究学习能力,采用小组合作、项目学习等方式组织教学,如结合物联网、机器人等技术,鼓励学生积极探究、大胆实践,激发学生的创新思维。

在学习有关人工智能基础知识方面的内容时,可多采用案例剖析法,让学生在模仿中习得,在创造中推新。尽可能利用学生在必修、选择性必修等课程学习中已取得的经验,降低学习障碍,保证学习效果。

在学习简单智能系统开发内容时,可以采用小组合作、项目学习等方式组织教学,充分利用丰富的开源硬件和人工智能应用框架等资源,搭建面向实际生活的应用场景,发挥学生的自主学习和探究学习能力,鼓励学生积极探究、大胆实践,激发学生的创新思维。

(4)学业要求。

学生能描述人工智能的基本特征,会利用开源的人工智能应用框架,搭建简单智能系统(即培养计算思维的核心素养)。了解人工智能的新进展、新应用(如机器学习、自动翻译、人脸识别、自动驾驶等),并能适当运用在学习和生活中(即培养数字化学习与创新的核心素养)。了解人工智能的发展历程,能客观认识智能技术对社会生活的影响(即培养信息意识、信息社会责任的核心素养)。

5. 模块5:三维设计与创意

(1)基本情况。

三维设计作为一种立体化、形象化的新兴设计方法,已经成为新一代数字化、虚拟化、智能化设计平台的重要基础。三维设计方法的学习与应用,既有利于培养学生的空间想象能力,也有利于发展学生科学、技术、工程、人文艺术、数学等学科综合性的思维能力。本模块是针对三维图形创作与编辑和三维动画创意方法而设置的选择性必修模块。

通过本模块的学习,学生能够理解基于数字技术进行三维图形和动画设计的基本思想与方法,能够结合学习与生活的实例设计三维作品并发布,体验利用数字技术进行三维创意设计的基本过程与方法。

本模块包括"三维设计对社会的影响""三维作品设计与创意""三维作品发布"三部分内容。

(2)内容要求。

① 能通过调查和案例分析,描述三维设计及相关技术的现状和发展趋势,具体说明三维设计及相关技术给人们的生活、工作、学习带来的影响。

② 认识三维设计及相关技术在数字化环境中的普遍性,了解三维设计及相关技术在不同领域的实际应用。

③ 通过剖析、模仿三维作品的样例,掌握三维设计的基本方法,尝试添加并实现自己的创意。

④ 了解三维设计中建模的意义,能从建模的思想出发,合理创设模块,并进一步规划完

善三维作品的设计。

⑤ 从生活与学习需求出发,利用三维设计软件创作三维作品,添加适当的效果,达到设计的要求。

⑥ 能根据交流或创作的需要,选择适当的形式发布三维作品,实现表达意图。

⑦ 能适当评价与鉴赏他人的作品,体会作品所表达的创作思想,理解其中蕴含的创意。

(3) 教学提示。

在本模块教学中,教师要注重教学示范与学生动手实践相结合,切实培养学生三维设计与创意的综合素质;另外,还要引导学生理解数字媒体领域的发展趋势,渗透创新意识。

① 建议以活动设计为主线,教学活动突出理论与实践一体化,结合各个实例,层层递进展开教学,强化学生的知识理解和技能掌握,培养学生的创新能力。

例如,组织学生开展"创意杯子设计"活动,引导学生联系实际并展开联想,设计各种有创意的三维作品,可以是极具艺术效果的杯子,也可以是有特殊功能的杯子(如能测量杯子中的水温等)。活动从建模规划开始,到利用三维设计软件添加并实现自己的创意,最后完善全部的设计。

② 在教学过程中,教师可以借鉴实际案例,引导学生先模仿后探究,鼓励他们思考如何将作品与虚拟现实技术、增强现实技术相结合,在数字化学习过程中实现数字化创新之目的。

例如,教师可以解读一些优秀的三维作品,分析这些作品在设计和实现中体现出的与众不同的特点,组织学生进行有针对性的模仿。接下来,提供一些半成品,引导学生在此基础上开展独立思考,完善并实现作品的功能。

③ 在教学过程中,教师要注重培养学生的协作学习精神,鼓励学生主动发布自己的作品,对他人的作品做出合理的、有建议性的评价。

例如,教师可组织学生开展小组学习,引导学生互帮互助,共同成长;引导学生有效利用学校已有的设备发布作品,可以在网络上发布,也可以利用三维打印机打印出来,便于其他同学欣赏和评价,鼓励学生之间互提建议、交流思想。

本模块适宜在能够接入互联网的信息技术实验室中开展教学,构建便于学生进行交流的网络学习平台,营造良好的数字化学习氛围。用于学生学习的计算机要具备较好的三维图形处理功能,最好能配备三维打印机。

(4) 学业要求。

学生初步了解三维设计及相关技术的基础知识,形成三维设计及相关技术在当今社会重要作用的认识(即培养信息意识的核心素养)。掌握三维设计中关于建模的基本知识与技能,加深模块化信息处理能力,并逐步延伸到系统化的信息处理能力(即培养计算思维的核心素养)。能够利用数字化环境查找学习资源,运用三维设计的思想、方法与技术进行创作与表达(即培养数字化学习与创新的核心素养)。通过学习中的交流和相互评价,理解知识产权对信息社会产生的影响,增强积极参与信息社会建设的意识,树立数字化环境下积极进取的态度(即培养信息社会责任的核心素养)。

6. 模块6:开源硬件项目设计

(1) 基本情况。

基于开源硬件的项目设计与开发有益于激发学生创新的兴趣,培养学生动手实践的能力,同时也是在信息技术课程中实现STEAM(科学、技术、工程、人文艺术与数学)教育的理想方法,本模块是针对学生个性发展需要,按照开源硬件项目设计流程而设置的选择性必修模块。

通过本模块的学习,学生能搜索并利用开源硬件及相关资料,体验作品的创意、设计、制作、测试、运行的完整过程,初步形成以信息技术学科方法观察事物和求解问题的能力,提升计算思维与创新能力。

本模块包括"开源硬件的特征""开源硬件项目流程""基于开源硬件的作品设计与制作"三部分内容。

(2)内容要求。

① 基于实例分析,认识开源硬件的特征与发展,理解利用开源硬件进行信息技术创新的意义。

② 通过剖析使用开源硬件完成作品的实例,体验基于开源硬件完成项目的基本流程,知道常用开源硬件的功能与特征。

③ 基于事物特征的分析,设计基于开源硬件的作品开发方案,描述作品各组成部分及其功能作用,明确各组成部分之间的调用关系。

④ 根据设计方案,选择恰当的开源硬件,搜索相关的使用说明资料,审查与优化作品设计方案。

⑤ 了解作品制作过程中各种设备与组件的安全使用规则和方法,根据设计方案,利用开源硬件、相关组件与材料,完成作品制作。

⑥ 根据设计方案,利用开源硬件的设计工具或编程语言,实现作品的各种功能模块的功能。

⑦ 根据设计方案,测试、运行作品的数据采集、运算处理、数据输出、调控执行等各项功能,优化设计方案。

⑧ 完善项目作品的设计方案,践行开源与知识分享的精神,理解保护知识产权的意义。

(3)教学提示。

在本模块教学中,教师要充分发挥信息技术课程特有的教学环境优势,以 STEAM 教育理念为指导,利用开源硬件开展项目学习,让学生体验研究和创造的乐趣,培养学生利用信息技术解决问题和创新设计的意识和能力。

① 教师可组织学生利用开源硬件设计开发一些生活中的简单信息系统,引导学生理解项目设计过程中常用的开源硬件,熟悉开源硬件的基本使用方法,认识基于开源硬件的信息系统的基本结构及一般设计流程。

例如,教师可组织学生利用开源硬件平台中的温度传感器、相关输入和输出组件等,设计开发"温度监测调控系统",当温度达到一定值后,结合一定的条件(如季节)控制风扇、空调器的启动或关闭。然后通过该系统的实例解析,让学生了解基于开源硬件的信息系统的实现方法。

② 新知识的学习要以实例为依托,教师要引导学生掌握学习内容,鼓励学生的创新性应用,在活动过程中应把大部分时间留给学生去探索,让学生通过多次迭代的过程完善项目设计;适时跟踪学生完成项目的过程,及时给予知识指导和问题解决思路的指导;鼓励学生交流与合作,践行开源与知识分享的精神。

例如,教师可事先准备一个利用红外传感器操作控制的小游戏,让学生体验该游戏,分析其中利用传感器等开源硬件实现数据输入、处理与输出控制的方法,引导学生思考该类系统可能的应用领域和场景,鼓励学生讨论与探索类似系统的开发,尝试改进系统,进行更有意义的创新设计。

③ 教师要在实例剖析的基础上,设计较为开放的任务,给学生充分的想象与创新空间;

活动过程中可以把学生分成小组,采用基于项目的学习方式,让学生经历"提出想法→设计系统解决方案→利用开源硬件实现解决方案"的完整过程;项目作品的评价可从创新性、实用性和解决问题的效果等不同方面做出判断,鼓励创新性的作品,发展学生的创新能力。

教师在设计教学环境时,可采用较为灵活的教室座位布局,以方便学生开展小组合作与探究;除了能够联网的计算机外,还应根据项目的特征与实施需要,配置开源硬件的设计工具、组装工具、测试测量工具与仪器等。

(4) 学业要求。

学生能在信息技术环境下综合利用科学、技术、工程、人文艺术与数学学科的相关知识,理解利用信息技术解决问题的基本思路与方法;认识数字化工具在问题解决方案中的价值与作用(即培养信息意识、数字化学习与创新的核心素养)。知道基于开源硬件进行项目设计的一般流程,能将其应用于实际项目中,根据事物的特点进行一定的抽象,设计符合事物特性的系统;能利用各种材料、开源硬件与软件实现所设计的项目方案,能利用开源硬件的设计工具、编程语言实现外部数据的输入、处理,利用输出数据驱动执行装置的运行(即培养计算思维的核心素养)。理解并自觉践行开源的理念与知识分享的精神,理解保护知识产权的意义(即培养信息社会责任的核心素养)。

(三) 选修课程的内容

1. 模块1:算法初步

(1) 基本情况。

对问题的抽象或形式化描述是算法的基础。算法的每一步都是一个准确表达的步骤或指令,旨在用一系列这样的步骤在有限的时间内解决实际问题。解决同一个问题存在不同的算法,算法有效或无效、高效或低效等差别。学习算法,可以从系统的角度描述和解决问题,有助于学生未来的专业发展。本模块是针对算法及其初步应用而设置的选修模块。

通过本模块的学习,学生应该理解利用算法进行问题求解的基本思想、方法和过程,掌握算法设计的一般方法;能描述算法,分析算法的有效性和效率,利用程序设计语言编写程序实现算法;在解决问题的过程中能自觉运用常见的几种算法。

本模块包括"算法基础""常见算法及程序实现""算法应用"三部分内容。

(2) 内容要求。

① 通过分析实际问题,经历描述问题并利用符号语言将其形式化的过程,理解解决问题的起点是问题的描述,算法的基础是形式化描述。

② 经历将解决问题的方法归结为一系列清晰准确步骤的过程,理解算法的概念、基本要素和基本特征。

③ 分析欧几里得、割圆术、秦九韶等经典算法,能够用自然语言、伪代码、流程图等多种方式描述这些算法。

④ 通过案例分析,理解二叉树的概念及其遍历的方法,初步掌握二叉树在搜索算法中的应用。

⑤ 通过问题解决,掌握贪心、分治、动态规划、回溯等常见算法,并结合具体问题开展编程实践。

⑥ 通过比较解决同一个问题的不同算法,体验算法效率的差别,理解算法的正确性、可读性、健壮性,掌握算法分析的一般方法和过程,会计算算法的时空复杂度。

⑦ 能有意识地把算法及算法思想迁移应用于实际生活和学习中,分析算法的优势和不足。

(3) 教学提示。

本模块是学生在学习必修和选择性必修课程内容的基础上,对算法内容更为系统的、深入的学习,因此在教学中要注意利用前阶段的学习基础,创设利用算法解决问题的情境,让学生经历将实际问题形式化的过程,深入理解算法的特征,掌握常见算法的描述、编程及应用的方法,并能有意识、负责任地应用算法解决实际问题。

在教学过程中,教师可针对具体的算法情境问题,让学生经历利用算法解决问题的全过程;从实际问题入手,让学生分析问题,建立数学模型,将其形式化,用计算机语言编程解决;在解决问题的过程中,注重思路和方法的引导,以利于学生计算思维的形成和发展。

(4) 学业要求。

学生能了解算法的概念、基本要素和基本特征,能够分析、描述实际问题,能用自然语言、伪代码、流程图等描述算法,并利用符号语言将其形式化;初步掌握二叉树在搜索算法中的应用,掌握贪心、分治、动态规划、回溯等常见算法及其编程应用;掌握算法分析的一般方法和过程,能够计算算法的时空复杂度(即培养计算思维、信息意识的核心素养)。了解算法的优势和不足,能够负责任地应用算法,并将算法思想迁移到实际生活和学习中(即培养数字化学习与创新、信息社会责任的核心素养)。

2. 模块2:移动应用设计

(1) 基本情况。

随着移动技术的快速发展与普及,运用移动终端解决日常生活与学习中的问题已成为信息社会中国公民的一项重要技能。合理使用移动终端,可以帮助人们快速获取信息、高质量地沟通与交流。本模块是针对移动应用设计,为满足学生个性化发展而设置的选修模块。

通过本模块的学习,学生能够了解常用移动终端的功能与特征,形成移动学习的意识,掌握移动应用设计与开发的思想方法,根据需要设计适当的移动应用,创造性地解决日常学习和生活中的实际问题。

本模块包括"移动技术对社会的影响""移动应用功能设计与开发""移动应用中的信息安全"三部分内容。

(2) 内容要求。

① 体验基于移动终端的日常应用,结合移动应用的典型实例,认识移动技术对人类社会的影响。

② 了解常见移动终端的类型与功能,能描述移动终端的特征与组成,认识不同移动软件系统的特点。

③ 在具体的移动应用设计实践中,了解移动应用的基本架构,理解基于图形化开发工具进行移动应用设计与开发的基本方法,能利用模拟器测试移动应用程序。

④ 了解移动终端中常用传感器的种类及功能,理解其数据采集方式,能在移动应用设计中使用多种数据输入方式。

⑤ 分析移动终端信息呈现的特点,了解移动终端的多种信息输出方式,能在移动应用设计中使用多种信息输出方式。

⑥ 基于实例分析,理解移动应用中本地数据存储与读取的基本方法,能初步利用适当的应用程序接口(API)读写数据。

⑦ 分析网络数据收发的实例,了解用移动终端传输网络数据的基本方法,能在移动应用设计中使用网络进行简单的数据收发。

⑧ 了解移动应用中的信息安全及个人数据保护方法,理解防止移动应用信息泄露等风

险的基本思想与技术方法。

(3) 教学提示。

在本模块教学中,教师可借助多种学习手段,通过项目学习的方式使学生经历移动应用设计的整个过程,掌握移动应用设计的基础知识和一般方法,提高数字化学习与创新能力。

① 在教学过程中,教师要引导学生认识移动应用的优势及其对社会发展的作用,熟悉移动终端的特点,逐步形成运用移动应用程序解决相关问题的思维与技能。

例如,教师可引导学生利用移动终端中的电子笔记功能,以图文并茂的日记形式记录学习、生活,或者利用移动终端中的浏览器,随时随地搜索、浏览学习和生活中遇到的问题,体验移动应用带来的便利。

② 教师可借助形象化的表达手段(如实物、动画、视频、虚拟现实等)以及简单的模拟或小实验,引导学生认识移动终端的组成,了解移动应用设计与开发的方法与过程。

例如,教师可以动画、视频等方式,引导学生了解移动终端中各种传感器的作用,通过恰当的方法利用传感器采集数据。

③ 教师可把整个移动应用设计的流程规划为一系列小任务(涉及移动应用的各种功能),并用一条恰当的线索连接成一个综合性的任务,以任务驱动的方式,让学生参与到任务解决的过程中,体验相对完整的开发过程。

例如,首先设计一个"只能输入纯文本"的记事本,然后在记事本中增加"设置字体及简单格式"的功能,接下来增加"插入表格和图像"的功能,最后在记事本中增加"网络存储与备份"的功能。

本模块的教学适宜在能够连入互联网的信息技术实验室中开展,至少需配备一种移动应用开发的模拟器以及相应的移动应用程序开发软件。在教学过程中,教师可引导学生以个人或小组的形式设计任务,利用真机或模拟器实践设计与开发的方法。

(4) 学业要求。

学生知道移动应用的特点,认识到信息社会中移动应用的价值(即培养信息意识的核心素养)。能够利用移动终端选择恰当的移动应用进行学习,解决生活与学习中的问题,提升实践与创新能力(即培养数字化学习与创新的核心素养)。能够基于移动终端的特点,利用图形化的设计开发工具,设计开发基于单台设备的移动应用;能够初步进行本地数据的存取和基于网络的数据传输,开发基于真实任务的简单移动应用,设计基于移动应用的问题解决(即培养计算思维的核心素养)。重视移动应用中的信息安全问题,初步掌握移动应用中的信息安全及个人数据保护的基本思想与相应技术方法(即培养信息社会责任的核心素养)。

第四节　高中信息技术课程的学业质量

一、学业质量的内涵

学业质量是学生在完成本学科课程学习后的学业成就表现。学业质量标准是以本学科核心素养及其表现水平为主要维度,结合课程内容,对学生学业成就表现的总体刻画。依据不同水平学业成就的关键特征,学业质量标准明确将学业质量划分为不同水平,并描述了不同水平学习结果的具体表现。

二、学业质量水平

高中信息技术学业质量水平是根据问题情境的复杂程度、相关知识和技能的结构化程度、思维方式、探究模式或价格观念的综合程度等进行划分的。高中信息技术学业质量水平一共有四级，每级水平主要表现为学生整合信息技术学科核心素养，在不同复杂程度的情境中运用各种重要概念、思维、方法和观念解决问题的关键特征。不同水平之间具有由低到高逐渐递进的关系。

（一）学业质量水平第一级

学业质量水平第一级具体包括以下四个方面。

第一，依据一定的任务需求，比较不同信息获取方法的优劣，知道数据与信息的关系，确定合适的信息获取方法；认识人工智能在信息社会中的重要作用；对信息系统在人们生活、工作与学习中的重要作用有一定的认识，在信息系统应用过程中，能够判断系统可能存在的信息安全风险，了解规避风险的方法，对于信息系统在社会应用中的优势及局限性有一定的认识。

第二，针对典型的数据问题，利用软件工具或平台对数据进行整理、组织与计算，通过技术方法对数据进行保护；在数据分析的基础上，能利用合适的统计图表呈现数据分析结果；依据解决问题的需要设计算法，采用流程图的方式描述算法，掌握一种程序设计语言的基本知识，能编写简单程序用以解决问题；了解人工智能技术；通过分析简单的信息系统，知道计算机、智能终端与软件的作用，了解信息系统与外部世界的连接方式，以及网络接入方式、带宽等影响信息系统运行的因素，知道网络应用软件的开发方法。

第三，了解数字化学习的基本方法，对信息系统在完成学习任务中的作用有一定认识，能利用信息系统进行协作学习；能对学习过程中所使用的资源与工具进行初步评估；针对特定的问题，能运用合适的数字化工具进行信息处理。

第四，通过分析典型的信息安全问题，认识在人类信息活动中运用法律法规与伦理道德准则进行约束、管理与调节的必要性；在信息系统应用过程中，能识别和抵制不良行为；具有保护信息安全、尊重知识产权的意识，能自觉遵守相关法律法规和伦理道德准则，具备防治计算机病毒的基本能力；不随意泄露个人信息或获取他人隐私。

（二）学业质量水平第二级

学业质量水平第二级具体包括以下四个方面。

第一，依据不同的任务需求，自觉、主动地比较不同的信息源，确定合适的信息获取策略，明晰数据与信息的关系；认识到信息系统对人们生活、工作与学习的重要性，在信息系统构建与应用的过程中，能够利用已有经验判断系统可能存在的信息安全风险，主动运用规避风险的思想与方法。

第二，对于日常生活中常见的问题，能利用软件工具或平台准确而有序地对数据进行整理、组织、计算与呈现，并妥善做好数据保护；在对数据进行综合分析的基础上，能撰写解决问题的分析报告；能依据问题解决的需要设计算法，运用算法描述方法和三种控制结构合理表示算法，利用一种程序设计语言实现简单算法，解决问题；通过构建简单的信息系统，知道信息系统的组成与功能，能描述计算机、移动终端与软件的作用，能借助工具或平台开发网络应用软件。

第三，掌握一定的信息系统应用策略，善于利用信息系统进行自主学习与协作学习，深入理解信息系统在完成任务中的作用；在解决生活和学习中的问题时，能评估常见的数字化资源与工具对特定学习任务的价值，并能对其做出合理的选择；针对不同的问题，能采用自主或协作方式，运用合适的数字化工具进行信息加工与处理，进而建构知识、表达思想、解决问题。

第四,通过使用信息系统,理解人类信息活动需要信息法律法规、伦理道德进行管理与调节,自觉抵制不良的信息系统操作行为,能利用信息安全防范的常用技术方法维护信息系统应用环境,有较强的知识产权保护意识;在与他人进行信息交流时,能有效保护个人或他人的隐私;区分虚拟社会与现实社会身份的差别,能在虚拟社会中与其他成员安全、负责任地交流;对于信息系统在社会应用中的优势及局限性有较深的认识。

(三) 学业质量水平第三级

学业质量水平第三级具体包括以下四个方面。

第一,了解数据管理和分析的基本过程与方法,能认识到数据的有效管理与处理对于提高信息价值的重要意义,能够按照给出的数据分析方法分析数据并进行可视化呈现,提取有用信息,形成结论;知道数据结构对于数据处理的重要性,能够辨别简单的基于线性表的程序设计中的数据组织形式,描述数据的逻辑结构、存储结构和运算;初步认识数据在网络中的传输过程,知道网络的结构、特征和发展过程,了解影响网络传输质量的基本因素;能配置相关参数、构建简单的网络应用环境,具有较强的网络安全意识;理解物联网的概念,认识与物联网相关的应用。

第二,能够针对特定的业务问题,利用数据管理与分析技术,对既定方案进行评估,发现问题;能够描述数据、数据结构及其相关概念,说明数据对信息社会的重要性;能够针对模型较为直观的实际问题,合理选用字符串、队列、栈等数据结构组织、存储数据,并能运用排序、查找、迭代、递归等算法编程解决问题;能根据业务逻辑的需要,设计利用数据库解决某一具体数据管理与分析问题的方案;能根据具体的数据分析要求提取数据,利用数据分析工具分析数据,并能解释和呈现结果;知道网络服务与相应的应用协议之间的关系,了解 TCP/IP 协议的功能和作用,认识网络的拓扑结构,能使用基本网络命令查询联网信息。

第三,对信息系统中常用的网络连接方式有一定的认识,理解网卡、交换机、路由器等网络设备的作用和工作原理;理解数据管理与分析系统或工具在完成任务中的作用,能够基于学习中的数据管理与任务分析进行自主或协作探究。

第四,能针对数据分析案例,认识到数据准确性和可靠性的重要作用;有数据备份与还原意识,能按照要求进行数据备份与还原;构建个人网络环境时,会运用基本的安全防护方法,对于日常网络使用中的安全问题,具备基本的判断能力,具有安全使用网络的观念。

(四) 学业质量水平第四级

学业质量水平第四级具体包括以下四个方面。

第一,掌握数据管理和分析的基本过程与方法;能够根据特定问题解决的需要,在较为复杂的信息情境中,利用多种途径对数据进行采集和分类;认识数据的准确性、可靠性、真伪性对解决数据业务问题的关键作用,并能对此进行评估;能够甄别不同的数据分析与表达方法的优劣,选用合适的方法对数据进行分析与可视化表达,提取有用信息,形成结论;能够评判线性表等数据结构使用的合理性;了解数据在网络中的传输过程,理解影响网络传输质量的基本因素,具有较强的防范网络安全隐患的意识。

第二,能够针对学习和生活中的特定数据业务问题,运用系统思想和结构化思维,对数据业务进行需求分析和问题求解,提出明确的数据管理与分析解决方案并进行优化;能够针对模型较为隐蔽的实际问题进行数据抽象,运用线性表等数据结构合理组织、存储数据,选择合适的算法编程实现,解决问题;能根据现实问题解决的需要,利用迭代的思想,对数据业务问题的解决方案进行一定程度的优化分析,并能评价其合理性、完整性,分析方案优化或改进的可能性;能够根据业务逻辑的需要,设计利用数据库解决某一具体数据管理与分析问题的方案,并通过实施这一方案来验证其有效性;能根据不同的数据分析要求,采用合适的方法提取数据,运用适当的数据分析工具分析数据,并能对分析结果进行合理解释和恰当呈现;理解不同的网络服务与传输协议的关系;熟悉 TCP/IP 等协议的主要功能和作用,描述网络的拓扑结构,掌握使用基本网络命令查询联网信息、配置网络的基本方法。

第三,对于信息系统中的网络连接方式有比较完整的认识,能够判断与处理网络连接过程中出现的常见问题;能列举日常生活中与物联网相关的设备,描述其工作原理;能够运用数据管理与分析技术完成任务,并在此过程中进行自主或协作探究;能够评估常见的数字化资源与工具对学习支持的价值,根据需要合理选择;在数字化学习环境中具有贡献和分享的意识和行动,能够尝试制作数字化学习资源并利用网络来分享。

第四,能根据数据分析的目的和意图,判断数据分析任务的复杂性和多样性,并选用合适的数据分析与可视化方法和工具,提高数据的识别度,使之更符合受众需求;有数据备份与还原意识,能正确评估各种备份机制的特点,能根据需要及时备份与还原数据,确保数据安全;掌握构建个人安全用网环境的基本方法,具备判断日常网络使用中不安全问题产生的原因和应对网络安全问题的能力,具有较强的网络安全意识,形成积极、安全使用网络的观念。

三、学业质量水平与考试评价的关系

高中信息技术学业质量标准是阶段性评价、学业水平合格性考试和学业水平等级性考试命题的重要依据。学业质量标准的第二级水平是高中毕业生在本学科应该达到的合格要求,学业质量标准的第四级水平是学科学业水平等级性考试的命题依据。

第五节 高中信息技术课程的实施建议

一、教学与评价建议

(一) 教学建议

信息技术教学是培养学生信息技术学科核心素养的基本途径。教师在教学中要紧紧围绕学科核心素养,凸显"学主教从、以学定教、先学后教"的专业路径,把项目整合于课堂教学中,重构教学组织方式,创设有利于学生开展项目学习的数字化环境、资源和条件,引导学生在数字化学习的过程中,领悟数字化环境对个人发展的影响,养成终身学习的习惯。具体的教学建议如下。

1. 领会学科核心素养的内涵,全面提升学生的信息素养

全面提升学生的信息素养是普通高中信息技术课程的根本任务,学科核心素养是信息素养的具体表现。为了将学科核心素养落实于课堂教学中,实现课程的根本任务,信息技术教师首先需要领会学科核心素养的内涵。

信息意识是指个体对信息的敏感度和对信息价值的判断力,是在具体信息情境和信息活动中逐步养成的。教师在教学中要为学生创设信息情境,提供发现问题、自主解决问题的机会,引导学生主动将问题求解与信息技术进行关联。

计算思维作为一种思维方式,需要在解决问题的过程中不断经历分析、思考、实践求证、反馈调适而逐步形成。教师在进行教学设计时,可根据教学内容提炼计算思维的具体过程与表现,将其作为学生项目学习的内在线索,引导学生在完成不同项目的情境中,反复亲历

计算思维的全过程。

数字化学习与创新强调了学生在数字化环境中的发展。教师在进行教学设计时，可根据学生的学习基础，创设适合学生需要的数字化环境与活动，引导学生在运用计算思维完成项目的实践过程中，通过自主学习和协作学习，利用数字化资源与工具，创造性地解决问题或创作出有个性的数字化作品。

信息社会责任的形成需要学生直面问题，在思考、辨析、解决问题的过程中逐渐形成正向、理性的信息社会责任感。教学时可结合学习过程中的生成性资源，引导学生挖掘、观察现实世界中的典型信息事件，鼓励学生面对信息困境，通过求证、讨论和交流，做出正确的选择和行动。

2. 把握项目学习本质，以项目整合教学

基于项目的学习是指学生在教师引导下发现问题，以解决问题为导向开展方案设计、新知学习、实践探索，具有创新特质的学习活动。项目学习很大程度上还原了学习的本质，这种基于真实情境的学习能促进学生对信息问题的敏感性、对知识学习的掌控力、对问题求解的思考力的发展。在项目实施过程中，各种能力的综合也促进了学生信息技术学科核心素养的形成。开展项目学习时，教师要创设适合学生认知特征的活动情境，引导他们利用信息技术开展项目实践，形成作品。因此，项目学习应以信息技术学科核心素养的养成为目标，在项目实践中渗透学科核心素养，整合知识与技能的学习。

教学中，教师可以先整体梳理各课程模块的教学内容，再以阶段性教学内容（模块或者单元）为依托，提炼学生习得知识后应具备的学科核心素养，并以此为节点设计项目的推进路径，力争使项目实施既能合理渗透信息技术学科核心素养，又能有效整合相关的教学内容。

 **案例**

程序设计项目实施案例
——必修课程模块 1 中"算法与程序实现"部分的项目实施方案示例

一、所属模块，必修课程模块 1：数据与计算。

二、内容要求，掌握一种程序设计语言的基本知识，使用程序设计语言实现简单算法。通过解决实际问题，体验程序设计的基本流程，感受算法的效率，掌握程序调试与运行的方法。

三、知识与技能要点，输入和输出语句，赋值语句，选择结构语句，基本数据类型，常用系统函数，算术、关系和逻辑基本运算及表达式。

四、学科核心素养，① 根据不同受众的特征，选择恰当的方式进行有效的交流（信息意识）；② 针对给定的任务进行需求分析，明确需要解决的关键问题（计算思维）；③ 应用基本算法设计解决问题的方案，能使用编程语言或其他数字化工具实现这一方案（计算思维）；④ 针对特定的学习任务，运用一定的数字化学习策略管理学习过程与资源，完成学习任务，创作作品（数字化学习与创新）；⑤ 在信息交流或合作中，尊重不同的信息文化，积极、主动融入信息社会中（信息社会责任）。

五、具体实施环节、活动内容和阶段目标如表 9.2 所示。

表 9.2　程序设计项目实施案例具体实施环节、活动内容和阶段目标

实施环节	活动内容	阶段目标
项目范例展示，引导学生开展项目设计	教师展示基于真实情境的程序设计作品（必须包含有选择结构语句，并且能在程序中恰当地运用选择结构语句解决问题） 学生欣赏程序作品，构思自己的作品	利用文字处理软件、演示文稿制作软件等，形成项目设计的初步方案
方案交流，提高学生设计项目的可行性	学生汇报、展示自己设计的项目方案 教师从项目成果、呈现方式、实现技术等角度，提出项目调整的建议	在一定范围内展示、交流自己的项目方案
项目实施	学生根据自拟项目方案实施项目，结合项目需要，利用教师提供的资源，开展新知识的学习，最终解决问题 教师事先搭建好数字化学习的平台，并为学生个性化的学习需求提供指导	进一步熟悉编程环境，能根据算法，合理运用变量、赋值语句、常见系统函数及顺序、选择控制语句编写代码，调试程序直至正确
项目交流评价	组织学生通过多种数字化平台提交作品及相关文档（设计思想、技术文档、交流文稿等），开展项目成果的交流与评价，并选择典型成果进行课堂展示和交流评价	撰写项目成果的相关文档，有效组织需要的材料并正确提交，在撰写交流文稿时开展自我评价，在网络中开展互评

3. 重构课堂教学组织方式，加强学生探究性学习

在项目学习，特别是开放性项目学习的过程中，学生是项目的设计者、实施者和项目成果的推介者，教师是学生项目设计和实施过程中的引领者和指导者。在教学中，教师应淡化知识的单一讲解，鼓励学生通过自主探究解决项目中的问题，在解决问题的过程中整合知识学习，促进思维发展。教师要从"学会操作"的课堂价值取向转向"形成学科核心素养"的价值诉求，引导学生从实际生活中发现项目素材，培养学生的信息意识，在"尝试→验证→修正"的"试错"过程中发展学生的计算思维，引导学生从自主寻求项目实施所需知识和技能的过程中形成数字化学习能力与创新能力，在项目成果的推介交流中提升信息社会责任。

项目的开放性及解决方案的多样性，既能调动学生学习的积极性，激发学习兴趣，也能引发更多生成性问题。在项目活动中，教师可以根据学生学习的需要，采用个性化教学的指导方式，既为学生提供自由创作的空间，又确保学生的个性化问题得到及时支持与解决。建议教师创建网络学习空间，通过知识详解、范例创作、常见问题答疑等，帮助学生解决一般性问题；通过组建互助小组，引导学生在交流互助中共同提升思维与能力，甚至可以将合作互助行为纳入评价范畴，引导学生开展更深入的交流合作。

4. 创设数字化学习环境，为学生提供丰富的课程资源

为促进学生学科核心素养的发展，教师在充分利用真实情境的教学活动空间时，也应通过信息技术帮助学生创设个人虚拟的网络活动空间，形成应用便捷、资源丰富、内容可靠、环境安全的数字化学习环境。现实空间与虚拟空间的结合，有助于改善学生的学习方式，激发学生的探究欲望，与此同时，也丰富了教师的教学手段，拓宽了师生互动交流的渠道。学生在亲历数字化学习的过程中，体验数字化环境对教育发展的影响，并促进终身学习习惯的养成。

"互联网+"正在深刻影响着社会各个领域的行业生态。教学过程中，教师可围绕学科核心素养，通过互联网构建可持续发展的学习资源建设规划，将学生项目学习中的生成性资源转化为后续学习资源，引导学生成为资源的使用者和建设者，促进学生在信息意识、计算思维、数字化学习与创新、信息社会责任等学科核心素养方面的全面发展。

（二）评价建议

评价是信息技术教学的有机组成部分，应基于信息技术学科核心素养展开。教师可以综合运用多种评价手段，在教学中起到有效导向的作用。评价的主要目的是促进学生的学习，改善教师的教学，完善课程方案的设计。评价方式要有利于学生学习，有利于教学活动的开展。评价内容要从单纯关注知识与技能向关注学生学业成就转变，同时还要关注现实问题解决和团队合作等多种能力的提升。通过评价的合理实施，不断提高信息技术教师的教学水平，激发学生学习、应用信息技术的兴趣，帮助学生逐步提升信息素养。

1. 评价的原则

高中信息技术教学评价应遵循以下原则。

（1）强调评价对教学的激励、诊断和促进作用，发挥评价的导向功能。

在信息技术教学过程中，应通过灵活多样的评价方式激励和引导学生学习，培养学生的信息素养。教师应注意观察学生实际的技术操作过程及活动过程，分析学生典型的信息技术作品，全面考查学生信息技术操作的熟练程度和利用信息技术解决问题的能力。建议教师在向学生呈现评价结果时，多采用评价报告、学习建议等方式，适当采用鼓励性语言，激发学生的内在学习动机，帮助学生明确自己的不足和努力方向。

在对学生学业进行总结性评价时，应根据评价目的、学习内容及课程特点，采用多种形式的评价方式，评价内容与手段要有利于学生学习，有利于教师反思和改进自己的教学过程，发挥评价与教学的相互促进作用。

（2）评价应面向全体学生，尊重学生的主体地位，促进学生的全面发展。

促进学生全面发展是现代教育评价应有的价值取向。在评价过程中，教师应尊重学生的水平差异和个体差异，要创造条件让学生甚至家长主动参与到评价中，增强学生自主评价的积极性。要以多样化的评价促进学生核心素养的提升，不能简单地以分数或等级来评估学生，要多采用表现性评价语言，注重学生在不同起点上的提高，而不仅仅是看重他们是否都达到了某一共同标准。

（3）评价应公平公正，注重过程性评价与总结性评价相结合。

评价方案的设计和实施应考虑全体学生的实际情况，评价方案要事先制订并及时公布，不仅让教师、学生知晓，还应让家长、社会了解。信息技术学科具有很强的操作性和实践性，学生经历的学习过程也是评价的重要依据，对学生的学业评价应尽量采用过程性评价和总结性评价相结合的方式。要充分利用信息技术的学科优势，采用电子作品档案袋、学习平台记录表等技术手段记录学生的学习状况，客观评估学生的学习过程与学习态度，力求全面、公平、公正地评价学生的学业状况。

（4）评价应科学合理，应不断提高评价的信度和效度。

评价内容的选择应从学科基本要求出发，评价情境的创设要科学合理，应注重评价的信度和效度。信息技术学科具有很强的应用性，学习内容大多与生活息息相关，如信息处理技术、网络技术、数据管理技术等，因此，评价内容的设计与选择应贴近学生的学习和生活，注重评价的实用性和导向性。评价情境的创设既要有利于评价目标的落实，也要有利于学生学习能力的提高。

2. 评价活动的设计与实施

普通高中信息技术评价活动要根据评价的目的、要求、对象等进行设计，针对不同的评价目的，应该设计不同的评价情境。

（1）确定评价目标与内容。

评价目标与内容应根据学科核心素养的水平层级、各课程模块相应的学业质量水平等确定。学科核心素养水平是确定评价目标的重要依据。学生修习普通高中信息技术必修课程后,应该达到核心素养水平1;修习选择性必修课程后,应达到核心素养水平2;继续修习选修课程后,应该达到核心素养水平3。

课程的内容要求、学业要求与学业质量标准是确定评价活动内容的重要依据。各课程模块内容规定了一个模块的基本教学内容与学业要求,而学业质量标准是衡量学生学业水平的基本指标。面向核心素养的评价尤其要关注情境的设计,要从多个维度设计合理的评价活动。情境要来源于学生的学习和生活,要从问题解决的过程与方法层面设计评价方案。评价活动应能有效诊断学生的信息技术学科核心素养发展水平,为学生毕业、升学提供依据,为学生未来的发展提供建设性的意见。

(2)确定评价方式和评价的具体指标。

普通高中信息技术学业评价一般包括纸笔测试、上机测试等方式。

纸笔测试和上机测试各有所长,适合不同的评价内容和目标,应相互补充、综合运用。纸笔测试的效率较高,适于短时间内对大量学生进行集中考查,适于考查学生对信息技术基础知识的掌握和理解,但不适于评价学生的实际操作技能。在设计纸笔测试试卷时,要控制选择题、填空题等客观题型的比例,适度设置和增加要求学生通过理解和探究来解决的开放性题目,如问题解决分析、作品设计等,以拓展纸笔测试在评价内容和评价目标等方面的广度和深度。上机测试是信息技术总结性评价中不可或缺的重要组成部分。上机测试可以评价学生使用技术工具的熟练程度,能够考查学生利用信息技术解决问题的能力。

根据不同的评价目的和要求,学业评价也可以采用多种方式展开。学业水平考试这类总结性评价,可采用纸笔测试、上机测试相结合的形式;一般过程性评价可通过课堂观察、学习行为分析、作品评价、档案袋资料采集等方式,从知识、能力、情感等方面全面衡量学生的学习状况,并可以作为学业评价的依据。

高中信息技术课程日常学习中的过程性评价应围绕信息技术学科核心素养展开,所选择的评价维度要能充分体现学生的信息技术学科核心素养水平,尤其要关注信息意识、信息社会责任等总结性评价相对较难测量的素养。在课程实施过程中采取目标与过程并重的策略,记录学生的动态学习过程,评价时尽量体现出学生在学习过程中各方面能力的提升情况。例如,对于信息技术技能评价,可通过学生的信息活动,引导学生正确、规范地使用数字化工具,并能运用数字化工具解决实际问题,提升学生运用数字化工具改善学习和便捷生活的能力,促使学生形成信息社会责任意识。

 案例

项目活动设计与评价案例
——必修课程模块1"算法与程序实现"部分项目评价方案示例

(一)确定项目的基本要求

根据必修课程模块1"数据与计算"内容要求中的1.6和1.7,结合教学内容,设计一个或多个项目活动,引导学生经历"项目设计""项目实施""项目成果交流评价"等环节,以设计算法、程序实现为主要形式开展项目活动。每个项目活动的基本要求如下。

(1)项目主题健康,内容积极向上。

(2)项目指向可以是解决学习或生活中的一个实际问题,也可以是帮助自己实现一个愿望。

(3)项目成果以计算机程序为主要形式。程序实现技术要涉及前期所学的算法、语

句知识;程序应能正常运行并完成正确的数据处理;程序应具备必需的交互功能以及简洁、美丽的用户界面。

(二)制定项目活动的评价标准

关于项目活动的评价标准,需要针对具体要求逐条设计。为了激励学生深入探究、张扬个性,评价标准可以根据评价的实际情况设置基本项和奖励项,每一项除评价标准外,还需设置一定的权重。具体评价标准示例如表9.3所示。

表9.3 项目活动的评价标准示例

分类	项目	评价标准	权重
基本项	主题	主题明确,源于生活	
	内容	体现出积极向上、正确的信息社会责任意识;包含必要的文档资料(项目设计方案、作品使用说明等)	
	功能	能基本完成方案中预设的目标;数据处理方式和执行流程合理、正确	
	技术	能体现学到的最新知识点;算法、语句应用恰当;代码风格简洁、易于维护	
奖励项	主题	源于生活且高于生活,能启发人们对现实应用的新思考	
	内容	能呈现有别于其他成员的成果,如本学科知识的深层次研究或跨学科的研究结果呈现等	
	功能	能较好地解决现实问题,具有一定的推广应用价值	
	技术	能通过自主学习,运用新知识、新技术实现项目创意或运用较巧妙的算法解决问题	

(三)项目活动的评价实施

在平时教学中,对每个项目活动的评价要及时,评价要突出激励和引导作用。例如,在学生完成项目方案设计后及时开展方案评价,可以引导学生从创意、可行性等方面进行调适和改进;在完成作品后开展成果交流评价,可以引导学生在原有基础上进行更深层次的学习和成果优化。评价时应采用多元评价方式,互评、自评等多种方式相结合。在项目活动的基础上,再结合学生的日常学习表现、知识与技能的掌握情况,确定学生在这一部分的总体成绩。表9.4和表9.5是项目综合评价和单元综合评价的示例。

表9.4 项目综合评价示例

序号	项目	互评 (0~100分)	自评 (0~100分)	教师评 (0~100分)	项目综合 评价得分
1					
2					
3					
⋮					
平均得分					

注:项目综合评价得分=互评×30%+自评×30%+教师评×40%

表9.5 单元综合评价示例

项目综合评价得分	知识综合评价得分	单元综合评价得分

注:单元综合评价得分=项目综合评价得分×70%+知识综合评价得分×30%

(3) 评价结果的解释与反馈。

对利用评价工具所获得的信息和数据进行分析处理,最终得出的评价结论,就是评价结果。评价结果解释的重点应聚焦在学生学科核心素养的发展与变化上。要结合学习过程,针对学生的个性特点,对评价结果做出个性化、发展性的解读。对于评价结果的反馈,应注意方式和范围,要积极创造条件,让学生参与评价结果的判断和解释过程。在呈现评价结果时,应根据评价目的和要求,选择恰当的反馈方式,关注学生的隐私保护,遵循有利于学生成长、学校管理和教师教学的原则。

二、学业水平考试命题建议

(一) 学业水平合格性考试

高中信息技术学业水平合格性考试面向全体高中学生,是对学生高中阶段信息技术学科基础知识和基本技能掌握情况的标准参照考试。学业水平合格性考试应重视对学生知识、技能和问题解决能力的考查,注重理论联系实际,注重信息技术和社会、经济发展的联系,注重信息技术知识和技能在生产、学习、生活等方面的广泛应用,激发学生学习信息技术的兴趣,促进学科核心素养目标的达成。学业水平合格性考试注重全面考查学生学习的广度,强调考试的知识覆盖面,应保证一定的考试时间和全面的考核内容。

根据学业水平合格性考试的性质和要求,考核内容以必修课程两个模块为基础,以考核学业质量水平第二级为依据,结合当地学生的学习情况进行命题。

为了全面评价学生的学业水平,应创设多种评价方式,如纸笔测试、上机测试、过程性评价等,多途径采集学生准确的学习信息。如果采用大规模统一考试,则建议采用上机测试的形式,注重考核学生的实践能力和应用能力。

(二) 学业水平等级性考试

学业水平等级性考试主要用于学生升学,即为高校入学提供依据。学业水平等级性考试应具有较高的信度、效度、必要的区分度和适当的难度。学业水平等级性考试在考查知识与技能的同时,还要注重考查能力,把对能力的考核放在首要位置,尽量采用能测试学生问题解决和实践能力的形式,如纸笔测试与上机测试相结合的方式。

根据高中信息技术学业水平等级性考试的性质和要求,考核内容建议以必修课程和选择性必修课程中的"数据与数据结构""网络基础""数据管理与分析"三个模块为基础,选择既能体现信息技术学科核心素养,又能为高校培养人才打下基础的内容。制定评价标准时,应依据相应的学业质量水平,结合当地教学的实际情况进行命题。

(三) 命题建议

高中信息技术学业水平合格性考试与等级性考试的命题对科学性、公平性、规范性等方面的要求较高,在命题时应注意以下几点。

1. 关注品德教育,有机渗透情感、态度与价值观教育

在试题设计中应重视渗透对情感、态度与价值观的考核,使学生认识到作为数字化时代的中国公民,应该具备良好的信息素养,遵守网络规范和网络道德,使自己的言行符合法律法规和社会伦理道德的要求,同时要加强知识产权意识,在保护个人知识产权不受侵犯的同时,不侵犯他人的知识产权。

2. 以考查学科核心素养为出发点,注重基础知识与基本技能的考核

信息技术学科核心素养的高低是体现信息技术学习成果的重要指标。命题时应紧紧围

绕核心素养的各级水平要求，注重基础知识与基本技能的考核，尤其要关注学科的重点知识与核心能力。在命题时，要将学科核心素养水平表现、相关模块内容要求、学业要求、学业质量标准等有机结合。一般可以采用以下方法：

（1）根据测试类型，合理选择测试模块，准确把握相应的学业质量水平，将信息技术学科核心素养各级水平与学业质量水平的关系梳理清楚；

（2）根据内容要求确定所要测试的内容，根据学业质量水平确定测试要求，根据学科核心素养水平表现确定考核能力要求；

（3）突出对学生在真实情境中解决问题能力的考核，不仅要写明知识与技能方面的要求，更要明确学生在特定情境中应达到的具体水平与表现。

3. 围绕学科核心素养设计命题指标，关注学生发展，突出能力考核

基于学科核心素养测试的试题设计要从学生的认知规律出发，通过创设新的问题情境，在了解、理解、探究、运用等不同能力层次上对学生进行较为全面的考核。在命题指标设计时，除了难度、区分度、信度等常规指标以外，还要考虑情境、知识、学科核心素养水平等维度。

基于真实情境下的问题解决是测试核心素养的重要方式。信息技术在社会生活中的应用非常广泛，情境的设计与选择一方面要尽可能符合本学科的学业要求，另一方面也要拓宽思路，在社会、人文、科学等领域选择具有一定开放性和复杂性的情境。情境维度的设计可以有多种角度、多种方式。

4. 试题设计要体现学以致用的思想，注重信息技术与现实生活的结合

在设计试题内容时，要紧紧围绕信息技术学科的四个大概念：数据、算法、信息系统、信息社会，试题的设计既要使测试内容富有时代气息，反映社会热点，也要使情境设计贴近学生的生活经验。问题的引出要自然贴切，渗透信息技术综合实践能力的要求；问题解决过程中要突出对重点知识与技能的考查，在情境中考查学生对知识的掌握和对信息技术的理解与应用。在考查学生知识与技能的同时，也应融入对学习过程和方法的考查，判断学生综合应用信息技术的能力。

 **案例**

高中信息技术学科核心素养水平测试题示例

（一）试题描述

某公司取得了高中英语教材相关的音频资料授权，准备利用这些音频资料开发一个英语学习App，以供学生学习英语使用。

问题：你认为开发人员在规划设计这个App的过程中，除了设计用户注册模块、用户登录模块以外，还需要设计哪些功能模块？

（二）试题说明

本题取材于日常学习与生活中的情境，主要考核学生规划设计应用软件的能力，懂得通过需求分析合理地开发数字化学习软件。本题看似考查学生的软件设计能力，实际上也能看出学生的信息技术应用水平。本题不需要学生进行具体的软件制作，主要通过学生对软件功能模块设计的回答，考核学生两方面的水平：一是算法与程序设计方面的学习水平；二是日常生活中应用软件使用的熟练程度，从而在一定程度上反映出学生的信息技术专业水平。

1. 考核的学科核心素养

主要考核信息意识、数字化学习与创新方面的学科核心素养。

2. 考核的内容

本题考核的内容主要是"信息系统与社会"模块中,有关信息系统中的应用系统开发、设计与应用方面的内容。设计的情境维度主要来源于学生的日常生活与学习方面。

3. 不同水平学生的作答及评分建议

本题是一个半开放的试题,根据学科核心素养分级水平描述,可以将学生的回答及得分分成以下三类:

(1) A类(每个1分,最高1分):水平1学生可能的回答

① 密码找回功能和签到功能;

② 帮助功能;

③ 定时提醒功能。

(2) B类(每个1分,最高2分):水平2学生可能的回答

① 有关教材中课文及单词的音频播放功能;

② 练习评测及计分功能;

③ 搜索音频资料的功能;

④ 下载音频资料的功能;

⑤ 依据年级或者学段,对音频分级的功能。

(3) C类(每个2分,最高2分):水平3学生可能的回答

① 学习社区(或者各种学习交流)的功能;

② 对比用户朗读的录音与原音后进行评分的功能;

③ 针对学生的学习结果提供反馈的功能;

根据学生的回答情况及最终得分情况,可以对学生在这道题上的核心素养水平进行判定:

得1分:水平1;

得2~3分:水平2;

得4~5分:水平3。

三、地方和学校实施本课程的建议

课程的实施涉及教育行政部门、教育教研机构及普通高中学校。各地应充分认识到信息技术课程在整个高中课程体系中的重要地位,重点做好师资队伍建设、基础设施设备建设及教学资源建设等诸方面工作,使信息技术课程能在本地生根发芽,健康成长。

（一）关于师资

随着课程改革的深入,信息技术的课程理念及教学内容也发生了相应的变化,给地方和学校实施课程提出了新的挑战。建议各地采取有效措施加强信息技术教师队伍的建设,按课程要求配足信息技术专职教师,为课程开设提供基本的保障。同时,各地还应开展多样化的教师培训和教研活动,提高信息技术教师的教学能力。

开展教师培训时,建议将重点放在以下四个方面。

(1) 明确新课程的理念,让教师明确学科课程蕴含的立德树人价值,明确学科课程追求

的核心素养内涵,为准确依据课程标准实施教学指明方向。

(2)明确课程标准所表述的内容及教学要求,让教师了解课程标准的内容结构体系,明确教学要求,创新教学手段,彰显先进的教学观念及方法,使课程标准的教学要求得以有效实施。

(3)提高信息技术教师的知识水平和技能水平,让一线教师了解当前信息技术发展的最新动向及趋势,了解信息系统的基本原理及基本应用方法,掌握数据结构及算法求解的基本原理和编程实现,掌握数字化学习的基本路径及常见方法。教师信息意识的增强、信息素养的提升,可以为课程标准的实施打下良好的基础。

(4)加强教师的学科专业知识培训。依据课程标准中涉及的课程模块,以专项培训的方式加大信息技术教师本学科知识技能的培训力度,提高信息技术教师的学科专业水平。

此外,建议各地教研部门组织形式多样、内容丰富的教研活动,鼓励信息技术教师积极参与其中,不断提高自身的教学研究能力和自我发展能力,使课程教学更具方向性。各普通高中学校也要立足本校实际,开展丰富多彩的校本教研活动,反思教学得失,促使教师教学水平的提高。

(二) 关于基础设施设备

对于信息技术课程而言,必要的基础设施、基本设备是课程实施的物质基础。各普通高中学校要根据学生人数的多少、教学课时的需求,设立能满足各模块教学需要的信息技术教室和信息技术实验室,配备数量合理、配置适当的计算机和相应的实验设备,并配备满足各模块教学需要的软件及网络设施。有条件的地区及学校可以为开设移动应用课程、变革课堂教学方式和学生学习方式创造条件。

各普通高中学校首先要根据本校平行班的数量,设立信息技术教室,建议按照教育技术装备要求,配足配齐计算机和相关网络设施,努力保证每班上课时一人一台计算机,并安装能保证课程正常开展的软件;其次,设立信息技术实验室。实验室应针对每个模块单独设立,着重满足学生实践操作的需求;除了考虑配备实验用品之外,还应当考虑配备适当的工具和测试仪器,以保证实验的水平和质量。条件不足的学校,也应设立多个模块共同使用的信息技术实验室,以便教学的正常开展。

(三) 关于教学资源

信息技术课程教学资源主要包括教师教学材料、学生学习材料和教与学的环境等与教师教学、学生学习密切相关的资源。这些资源是课程实施必不可少的素材,直接关乎信息技术教学的质量,应当给予足够的重视。

信息技术课程教学资源的建设,应以数字化的教学资源建设为重点。建议各地教育相关部门依托本地教育行政部门设立的教育资源应用平台,结合信息技术课程的特点,建设适应教学需要的教学资源,提供给本地区信息技术教师教学使用。特别倡导普通高中学校在校本教研的基础上,积极鼓励教师使用信息化教学手段、应用数字化教学资源,并在使用的过程中锐意创新,改进和完善数字化教学资源,丰富适合本学科教学的一线经验,为课程实施提供鲜活的素材。教研机构要在教学资源建设中发挥引领导向作用,把握资源建设的正确方向,使之有效地支持教学、服务教学,提高资源的利用水平,促进教师发展,提升教学质量。

本章知识结构

- 高中信息技术课程
  - 高中信息技术课程的课程性质及基本理念
    - 课程性质
    - 基本理念
  - 高中信息技术课程的学科核心素养与课程目标
    - 学科核心素养
    - 核心素养水平分级
    - 课程目标
  - 高中信息技术课程的课程结构与课程内容
    - 课程结构
    - 课程内容
  - 高中信息技术课程的学业质量
    - 学业质量的内涵
    - 学业质量水平
    - 学业质量水平与考试评价的关系
  - 高中信息技术课程的实施建议
    - 教学与评价建议
    - 学业水平考试命题建议
    - 地方和学校实施本课程的建议

本章小结

（一）本章重难点

本章的重点是理解信息技术课程的课程性质、基本理念、设计思路、学科核心素养和课程目标，掌握信息技术学科的课程结构；本章的难点是理解《普通高中技术课程标准（实验）》（信息技术）规定的课程目标、教学内容和实施建议，用以开展学科教学和指导学生实训实践。

（二）学习时要注意的问题

在学习本章内容时要注意以下几点问题：

1. 理解高中信息技术的学科核心素养和课程目标；
2. 明确各部分课程内容的具体要求和学业要求；
3. 能够根据各部分课程内容的教学提示，指导具体教学设计。

备考指南

本章内容主要包括高中信息技术课程的课程性质、基本理念、学科核心素养、课程目标、课程结构、课程内容,课程内容的特点及呈现形式是重点内容,本章内容主要出现在历年考试的主观题中,要求考生能够熟练掌握课程性质、课程目标、学科核心素养、课程结构以及教学要求。

自测训练

一、简答题

1. 简述普通高中信息技术课程的基本理念。
2. 简述普通高中信息技术课程的学科核心素养。
3. 简述普通高中信息技术课程的主要内容。
4. 简述普通高中信息技术课程的学业质量的内涵。
5. 简述普通高中信息技术课程的实施建议。

参考答案及解析

一、简答题

1.【参考答案】

普通高中信息技术课程的基本理念主要体现在以下五个方面:

（1）坚持立德树人的课程价值观,培养具备信息素养的公民;

（2）设置满足学生多元需求的课程结构,促进学生个性化发展;

（3）选择体现时代性和基础性的课程内容,支撑学生信息素养的发展;

（4）培育以学习为中心的教与学关系,在问题解决过程中提升信息素养;

（5）构建基于学科核心素养的评价体系,推动数字化时代的学习创新。

2.【参考答案】

普通高中信息技术课程的学科核心素养主要包括以下四个方面:

（1）信息意识;

（2）计算思维;

（3）数字化学习与创新;

（4）信息社会责任。

这四个方面互相支持、互相渗透,共同促进学生信息素养的提升。

3.【参考答案】

普通高中信息技术课程包括必修课程、选择性必修课程和选修课程。

（1）必修课程:

模块1：数据与计算;

模块2：信息系统与社会。

（2）选择性必修课程:

模块1：数据与数据结构;

模块2：网络基础;

模块3：数据管理与分析;

模块4：人工智能初步;

模块5：三维设计与创意;

模块6：开源硬件项目设计。

（3）选修课程：

模块1：算法初步；

模块2：移动应用设计。

4.【参考答案】

学业质量是学生在完成本学科课程学习后的学业成就表现。学业质量标准是以本学科核心素养及其表现水平为主要维度，结合课程内容，对学生学业成就表现的总体刻画。依据不同水平学业成就的关键特征，学业质量标准明确将学业质量划分为不同水平，并描述了不同水平学习结果的具体表现。

5.【参考答案】

一、教学与评价建议

（一）教学建议

（1）领会学科核心素养的内涵，全面提升学生的信息素养；

（2）把握项目学习本质，以项目整合教学；

（3）重构课堂教学组织方式，加强学生探究性学习；

（4）创设数字化学习环境，为学生提供丰富的课程资源。

（二）评价建议

1. 评价应坚持以下原则：

（1）强调评价对教学的激励、诊断和促进作用，发挥评价的导向功能；

（2）评价应面向全体学生，尊重学生的主体地位，促进学生的全面发展；

（3）评价应公平公正，注重过程性评价与总结性评价相结合；

（4）评价应科学合理，应不断提高评价的信度和效度。

2. 评价活动的设计与实施主要应做到以下几点：

（1）确定评价目标与内容；

（2）确定评价方式和评价的具体指标；

（3）评价结果的解释与反馈。

二、学业水平考试命题建议

（1）关注品德教育，有机渗透情感、态度与价值观教育；

（2）以考查学科核心素养为出发点，注重基础知识与基本技能的考核；

（3）围绕学科核心素养设计命题指标，关注学生发展，突出能力考核；

（4）试题设计要体现学以致用的思想，注重信息技术与现实生活的结合。

三、地方和学校实施本课程的建议

（1）各地采取有效措施加强信息技术教师队伍的建设，按课程要求配足信息技术专职教师，为课程开设提供基本的保障。同时，开展多样化的教师培训和教研活动，提高信息技术教师的教学能力。

（2）各普通高中学校要根据学生人数的多少、教学课时的需求，设立能满足各模块教学需要的信息技术教室和信息技术实验室，配备数量合理、配置适当的计算机和相应的实验设备，并配备满足各模块教学需要的软件及网络设施。

（3）信息技术课程教学资源的建设，应以数字化的教学资源建设为重点，积极鼓励教师使用信息化教学手段、应用数字化教学资源，并在使用的过程中锐意创新，改进和完善数字化教学资源，丰富适合本学科教学的一线经验，为课程实施提供鲜活的素材。

第十章　高中信息技术教育教学

考纲内容

本章为高中信息技术教育教学,在考纲中要求如下:
1. 掌握信息技术教育理念、教学原则、教学策略等一般知识。
2. 理解信息技术教学的特点、规律及一般过程,掌握信息技术教学的基本方法。
3. 了解根据学生身心发展规律开展信息技术教学活动的基本知识。
4. 掌握信息技术教育研究的一般方法。

考纲解读

1. 本章需要考生重点理解和掌握信息技术学科的教学理论和方法,并能在现实教学中加以运用。
2. 通过本章的学习,考生需要掌握多元智能理论、建构主义理论、混合学习理论,了解信息技术教学的特点、原则以及教学方法,这是历年考试中的重点考查内容。

第一节　中学信息技术课程的教学原则和教学策略

一、教学原则

教学原则是在教学工作中必须遵守的一般原理或者准则,教学原则是在教学目标、教学的客观规律以及总结教学实践经验基础上制定出来的。

（一）我国中学教学原则

目前,我国中学教学原则主要有直观性原则、启发性原则、系统性原则（循序渐进原则）、巩固性原则、发展性原则（可接受性原则）、教育性与科学性统一原则、理论联系实际原则和因材施教原则。这八种教学原则的含义及要求如表10.1所示。

表 10.1　我国中学八种教学原则及其含义和要求

教学原则	含义	要求
直观性原则	教师在教学过程中通过引导学生观察所学事物或者图像,让学生能够直观地感受学习对象,对有关事物形成具体清晰的表象,使学生达到理解所学知识的目的	① 根据实际教学选择直观的教具与现代化的教学手段 ② 教师的讲解应该与直观对象相互结合 ③ 在教学中使用正确的直观形象 ④ 重视教学过程中语言的直观作用
启发性原则	在教学中教师要激发学生的学习积极性,引导学生自觉地探索科学知识,主动学习,以达到理解和掌握所学知识的目的	① 激发学生主动学习 ② 利用问题引发学生的探求欲,引导教学步步深入 ③ 发扬教学民主 ④ 在实际问题中启发学生
系统性原则 (循序渐进原则)	在教学中教师应该参照学科的逻辑顺序和学生的认识发展规律开展教学,使学生能够掌握好复杂的课程体系和科学理论体系	① 参考学科、教材中的系统开展教学 ② 针对教学中的主要矛盾进行教学 ③ 教学要按照从易到难、从浅到深的层次来进行 ④ 在教学中将系统连贯性与灵活多样性结合起来
巩固性原则	在教学过程中,教师要引导、帮助学生对学过的知识进行复习,使学生能够牢固地掌握知识内容	① 学生需要已经理解知识内容 ② 教师组织教学活动帮助学生进行巩固 ③ 可以通过扩充、改组和运用知识的形式进行巩固
发展性原则 (可接受性原则)	指教学中的内容、方法和进度要适合学生的发展水平,但是学生需要付出一定的努力才能解决教学中的问题	① 教师要掌握学生的实际水平,从学生实际出发进行教学 ② 考虑不同时代中学生认识发展的特点
教育性与 科学性统一原则	教书和育人并重,基于科学的教学方法开展教学,在教学中教授学生科学知识和道德理论	① 教学和教材要有科学性 ② 在教学中注意学生的思想品德教育 ③ 教师要不断提高自己的专业水平和思想修养
理论联系 实际原则	教师在教学中要把理论知识和实际生活联系起来,注重培养学生学以致用的能力	① 在教学中找到知识与实际生活的联系点 ② 培养学生综合运用知识的能力
因材施教原则	从学生的实际情况、个别差异与个性特点出发,在教学中照顾到学生的差异,开展针对性的教学	① 对存在着差异的学生开展有针对性的教学 ② 教师在教学中应该采取有效措施帮助学生扬长避短

（二）信息技术课程的教学原则

信息技术课程的教学原则是将对信息技术新课标的分析与信息技术教学实践经验相结合而形成的。信息技术课程的教学原则主要包含四个方面：基础性与发展性相结合原则、全面发展与个性发展相统一原则、信息技术与日常生活和学习相整合原则、科学教育与人文教育相融合原则。

1. 基础性与发展性相结合原则

基础性与发展性相结合是针对学生信息素养的培养提出来的,它包括三个方面。

第一,人类社会已经迈入了信息社会,信息技术成为一种基础性工具,信息素养成为社会公民的一项基本素养,这种社会背景就必然要求我们注重对学生信息素养这种基础文化素质的培养。

第二,信息技术以及信息社会是建立在一定基础上不断朝前发展的。这种历史发展规律见之于信息技术课程的教学:一方面,在教学目标的定位上,教师不仅要为学生打牢知识基础,也要让学生掌握学习信息技术的方法,即授之以"渔",让学生的信息素养保持可持续发展,适应技术时代的瞬息万变;另一方面,在教学内容的选择上,既要注重基础,也要适度反映一些新的技术,使学生在掌握基础知识的同时,对社会未来的发展趋势有所了解,增强学生对信息技术发展前景的向往和对未来生活的追求。

第三,学生的心智发展存在一个循序渐进、逐步成熟的客观过程,而信息技术的各个组成部分在技术深度和文化内涵上存在程度上的区分。学生心智发展和信息技术的这些特点主要体现在信息素养的培养上,这就要求教师把握好学生的"最近发展区",注意在内容的难度、深度、广度上的取舍,坚持基础性与发展性的有机结合,促进学生信息素养的全面发展。

坚持基础性和发展性相结合原则,需要注意以下三点。

(1) 重视信息技术基础知识、基本技能、基本方法的学习和基本态度的培养,为学生的终身发展夯实根基。

"基础性"原则体现在中小学信息技术课程的内容选取上,应该选取信息技术领域内对学生未来实际生活具有帮助作用,有使用功能,能够进行迁移应用的内容作为课程内容,如信息和信息技术的重要价值、计算机系统的组成和基本工作流程等内容。

(2) 以发展的眼光促进学生信息素养的一般发展。

"发展的眼光"具有两层意思:一是教师教学过程的发展,二是教学内容的不断发展。教师在教学过程中,要坚持"发展本位"教育价值观,将提升学生的信息素养作为教学宗旨,动态地认识学生信息素养的发展水平。

(3) 加强学习方法的培养,提高学生对信息技术发展变化的适应能力。

① 教师要提升自身的业务能力和信息素养,能够在教学中归纳和总结信息技术的基本特征和一般发展规律。② 在平时的教学过程中,教师要有意识地引导学生进行自主学习,培养学生"提出问题—分析问题—解决问题"的能力。③ 教师在教学中还要注意培养学生的评价能力,培养学生认识自身的能力和批判的意识,让学生成为自己学习真正的主人。

2. 全面发展与个性发展相统一原则

我国地域辽阔,各个区域经济的发展水平不同,教育水平也存在差异,不同地区中的信息技术教育的发展水平也不同。教师在进行信息技术教学时,应当注重学生之间的差异,做到全面发展与个性发展相统一、共同施教和因材施教相结合。要做到这些,教师应从以下四个方面努力。

(1) 研读课程标准,设立多层目标。

信息技术教师应认真研读课程标准,帮助学生达到课程标准的基本要求。在此基础上,教师还要根据学生的信息技术学习实际情况设计多层的教学目标,通过分层次的教学帮助不同基础的学生得到更适合自己能力层次的发展。

(2) 使用多种教学软件,丰富学生任务的设计。

在教学过程中,教师不能只局限于一种或者几种教学软件工具,而应给学生更多的选择空间,让学生结合自身的兴趣特长进行信息技术课程学习。此外,教师还应针对学生能力的差异,设计不同层次和难度的学习任务和内容,满足学生在学习过程中的不同需求。

(3) 了解学生的认知风格,开展针对性教学指导。

不同的学生存在着不同的认知风格,教师应该关注学生的这些认知风格差异,并且在实际的教学中体现出来。在教学过程中,教师应该采用多种教学策略,对不同认知风格的学生给予不同的教学指导,鼓励学生在学习过程中产生思维的碰撞,采取多种方式,使用多种方法解决问题。

(4) 多种教学方式结合共同开展课程教学。

根据实际的教学情况需要,教师可以采取多种有效的教学组织形式开展课程教学。比如,对待教学中出现的共性问题,教师可以采用集体教学的形式;对能力差异较大的学生,教师可以采取分别授课的方式或者小组学习辅导方式,消除他们的恐惧感和畏难感,增强其学习的信心。

3. 信息技术与日常生活和学习相整合原则

信息技术课程是一门基础性、时代性、工具性兼具的课程。学生在信息技术课程中学习到的知识和形成的能力,应该在日常生活中得以整合应用。教师不仅要把教学目标设立在课堂中,更应该设立在学生的日常生活中,训练学生应用信息技术的能力,为日常生活和学习服务。

因此,信息技术的课堂教学非常有必要与学生的日常生活相结合,结合时不仅要贴近学生的日常生活,还要贴近学生的学习日常。

4. 科学教育与人文教育相融合原则

(1) 科学教育与人文教育。

所谓科学教育,就是将科学主义作为教育价值取向,以社会发展需要为标准的功利性教育价值观。所谓人文教育,就是培养人文精神的教育,以人文主义价值理性为教育价值取向的教育。

在信息技术的教学中,科学教育与人文教育都扮演了重要的角色,各自发挥着不同的功能。科学教育和人文教育的侧重面不同:科学教育注重知识、技能、原理的掌握,追求效率与速度,目的是适应信息社会的需要,它有着定量和统一的标准;人文教育强调信息社会中人的生存方式和价值取向,目的是探求信息技术对人类生活的影响和意义,追求生动性、丰富性和评价标准多样性。

(2) 科学教育与人文教育相融合的重要性。

科学教育和人文教育不仅存在着现实价值,也存在自身的局限性与不足,在教育技术中,二者是相辅相成且不可分割的。从社会发展的宏观角度看,把人文教育融入科学教育中是社会发展的必然;从个体发展的微观角度看,人文教育与科学教育融合的呼声也越来越高。

(3) 科学教育与人文教育相融合的思路。

在信息技术教育中融入人文教育的精髓,是信息技术教育中科学教育和人文教育相融合原则的主要思路。一般可以通过让学生在学习中感受信息技术的作用与价值、感悟信息活动中人们的合作和探究精神、理解信息技术提供的思想情感、积极表达和交流等几个环节,实现将人文教育融入信息技术教育当中的目标,最终帮助学生获得精神的自由与升华。

二、教学策略

(一) 教学策略

教学策略是为达到某种预测的教育效果所采取的多种教学行动的综合方案,指在教学目标确定以后,根据已定的教学任务和学生的特征,有针对性地选择与组合有关的教学内容、教学组织形式、教学方法和技术,从而形成的有效率、有意义的特定教学方案。

（二）教学策略的基本特征

教学策略主要有综合性、可操作性、灵活性三个基本特征。

1. 综合性

综合性是指选择或制订教学策略时必须对教学内容、教学组织形式、教学方法、教学步骤等要素加以综合考虑。

2. 可操作性

可操作性是指教学策略应该有明确的内容,能够在教学中供教师和学生参照执行或操作。

3. 灵活性

灵活性是指教学策略不是一成不变的,而是要根据学生的初始学习状态,结合不同教学目标与任务,有目的地对教学内容、教学媒体、教学组织形式、教学方法等进行选择和组合,完成特定的教学任务。

（三）几种主要的教学策略

1. 先行组织者教学策略

先行组织者教学策略是美国认知教育心理学家奥苏贝尔的有意义学习理论的一个重要组成部分。[①] 先行组织者是指教师在教授新教材之前,先给学生一种引导性材料,它要比新教材更加抽象、概括和综合,并能清晰地反映认知结构中原有的观念和新的学习任务的联系。

先行组织者可以分为陈述性组织者和比较性组织者两类。使用陈述性组织者能为新的学习提供最恰当的类属者。使用比较性组织者需要用到学生熟悉的学习材料,教师提供的比较性材料与学生原有的认知结构存在类似的地方,因此,能使学生对新旧知识的分辨能力得到加强。

2. 情境教学策略

广义上讲,教学情境是指作用于学习主体,能使其产生一定情感反应的客观环境。狭义上讲,教学情境是由教学的具体环境和教学内容、师生情绪和情感等所构成的教学氛围,它包括物理的和心理的两方面内容,是"情"和"境"的融合。

情境教学策略倡导教学在与真实情境相类似的环境中发生。因为在真实情境中的学习可以在提高学生学习的参与度,促进其对所学内容意义建构的同时,减少知识与要解决的问题之间的差距,提高学生知识迁移的能力。

动机激发和学习情境的创设是情境教学策略的两个主要方面。动机激发是指在课程开始前,利用班级的多媒体和其他现有条件为学生创设尽量真实且吸引人的情景,目的是引发学生的关注和激发学生的学习兴趣。学习情景的创设是根据教学的实际需要,通过情境的设计,还原知识的背景,恢复其原来的生动性和丰富性。

根据教学情境与现实世界存在之间的关系,教学情境可以分为真实型情境、仿真型情境、提供资源型情境等。根据创设教学情境的目的,教学情境又可以分为问题情境、探究学习情境、合作学习情境、练习情境等。

---

① 何克抗.建构主义——革新传统教学的理论基础(上)[J].电化教育研究,1997(03):3-9.

3. 动机教学策略

学习动机是学生内在的学习需要。学习动机的作用主要有三：一是帮助学生加强新旧知识的相互作用；二是促进学生有意义学习的发生和对所学知识的保持；三是影响学生对知识的提取（回忆）。所以，动机教学策略的重点是教师在教学中发挥主导作用，引发学生内在的学习动机。

奥苏贝尔认为，动机由认知内驱力、自我提高内驱力和附属内驱力三种成分组成。认知内驱力是学生渴望认知、理解和掌握知识，以及陈述和解决问题的倾向。自我提高内驱力是一个人要求凭自己的才能和成就获得相应的社会地位的愿望。附属内驱力是学生为得到家长、教师等的赞扬而学习的需要。

引发学生的学习动机，教师可以从以下六方面努力。

（1）对学生进行学习目的教育，让学生认识到学习的意义。

（2）唤起学生的认知兴趣，引起学生学习的需要和兴趣。

（3）提高学生的志向水平，使其对自己持有较稳定的抱负和期望。

（4）注意教学内容与方法的新颖性，以引起学生学习和探究的欲望。

（5）注意与学生的情感交流。

（6）注意评估、反馈和奖励的频率，在学习中，为了使学生尽力而为，教师应该经常对学生进行鼓励，给予学生反馈。对于学生来说，小而经常的鼓励比大却极少的奖励更有激励作用。

4. 启发式教学策略

孔子的"不愤不启，不悱不发"是对启发式教学策略的高度概括。当学生在思考某一问题且遇到困难急于解决却难以突破时，教师应该适时对学生进行指导，帮助学生打开思路；当学生进行了一定的思考之后，却难以表达时，教师应该向学生提供帮助；当明确思路、探究清事物的本质后，学生就能够用语言准确地表达出来。从以上的概括我们可以发现，给学生指导的时机和给学生指导采用的方法是启发式教学中教师应该重点注意的内容。

教师在应用启发式教学策略进行教学时，应遵循如下原则。

（1）关注学生的思维过程，重视其中的矛盾，能够及时察觉学生产生急于解决却难以解决困难的时刻，分析困难产生的根本原因。

（2）在教学中应做到因材施教，对于同一道题目，不同学生可能会产生不同的疑问点，此时教师应该根据学生困惑的不同，给予不一样的指导。

（3）能够在教学中把握启发的度，在指导的过程中，教师不能直接给学生呈现解决问题的思路，而应在学生遇到困难的时候不断地帮助学生推进思路的发展。

5. 九段教学策略

美国心理学家加涅认为，学习的发生要同时依赖外部条件和内部条件，教学的目的就是合理安排可靠的外部条件，以支持、激发、促进学习的内部条件。加涅在此观点的基础上提出了九段教学策略（如图10.1所示），该策略将教学过程分为九个教学事件。每一个教学事件都体现着学习者不同的内部心理加工过程。

但是我们需要注意的是，图10.1所列的九个教学事件并不是绝对的、不能改变的，图10.1只是将九个事件开展的可能性最大、最合乎逻辑的顺序展示了出来，在实际教学中，教师可以根据实际的教学情况有选择地设计相应的教学事件。

6. 情境-陶冶教学策略（暗示教学策略）

情操-陶冶教学策略主要应用于情感领域的教学目标中，这是因为该教学策略主要通过创设某种与现实生活类似的情境,让学生在思想高度集中但精神完全放松的情境下进行学习,在学习中,学习者通过与他人的充分交流与合作,不断提高合作精神和自主能力,最终达到陶冶个性和培养人格的目的。除此之外,情境-陶冶教学策略还在认知教学的一些领域中被使用。

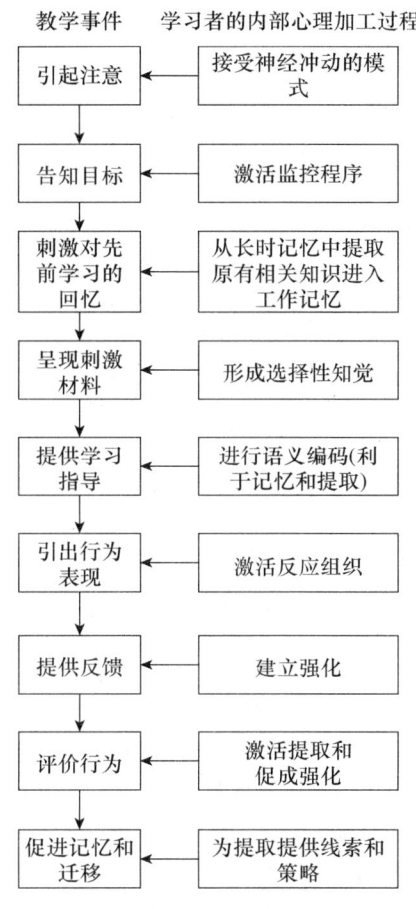

图 10.1　九段教学策略

情境-陶冶教学策略主要包括以下三个环节。

（1）创设情境。

教师通过语言描绘、实物演示和音乐渲染等方式或利用教学环境中的有利因素为学生创设生动形象的场景,激起学生的情绪。

（2）自主活动。

教师安排学生加入各种游戏、唱歌、听音乐、表演、操作等活动中,使学生在特定的气氛中积极主动地从事各种智力操作,在潜移默化中进行学习。

（3）总结转化。

教师通过启发总结,使学生领悟所学内容主题的情感基调,达到情感与理智的统一,并使这些认识和经验转化为指导学生思想和行为的准则。

7. 自主学习教学策略

自主学习教学策略的主线是"自主探索、自主发现",其核心是要发挥学生学习的主动性、积极性,充分体现学生的认知主体作用,其着眼点是如何帮助学生"学"。自主学习教学策略关注学生自身对基本概念及原理等内容的提取,使学生在自主学习的探究过程中发展和锻炼思维,并不断提升能力。

自主学习教学策略的基本思想是让学生通过对具体事例的归纳来获得一般法则,并用它来解决新的问题。其过程如图 10.2 所示。

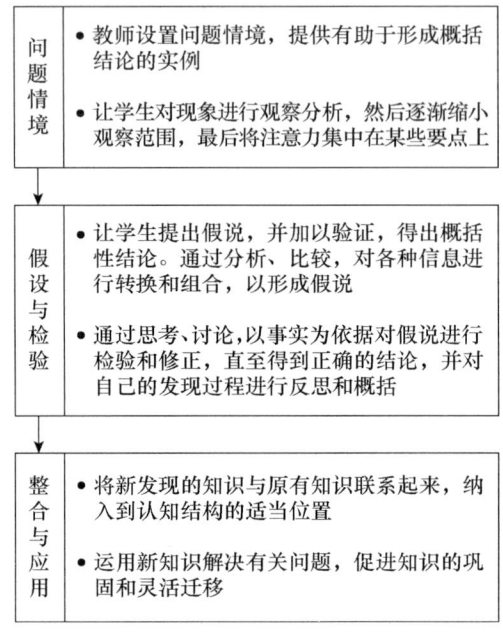

图 10.2 自主学习教学策略

自主学习教学策略能够帮助教师培养学生的探索能力和学习兴趣,使学生的知识保持和应用能力得到提升。需要注意的是,与其他教学策略相比,自主学习教学策略中学生需要花费更多的时间,学习效率较低。因此,教师在使用自主学习教学策略时,为了达到更好的教学效果,要注重学生在学习中的主动性,给学生设立明确易懂的教学目标,向学生提供适时且必要的指导,帮助学生开展自我反馈。

8. 支架式教学策略

支架式教学策略为学习者建构一种对知识理解的概念框架,多用于促进学生对问题的进一步理解。因此,教师在使用该策略时,事先要把复杂的学习任务加以分解,以便把学生的理解逐步引向深入。

支架式教学策略主要包括搭脚手架、进入情境、独立探索、合作学习和效果评价五个阶段,每个阶段包含的任务如图 10.3 所示。

9. 抛锚式教学策略

抛锚式教学策略的使用往往建立在有感染力的真实事件或真实问题的基础上。确定这类真实事件或问题被形象地比喻为"抛锚"。值得注意的是,一旦教学中这类真实事件或问题被确定下来,教学的整个进程也将被确定下来。

抛锚式教学策略包括创设情境、确定问题、自主学习、合作学习和效果评价五个环节(如图 10.4 所示)。

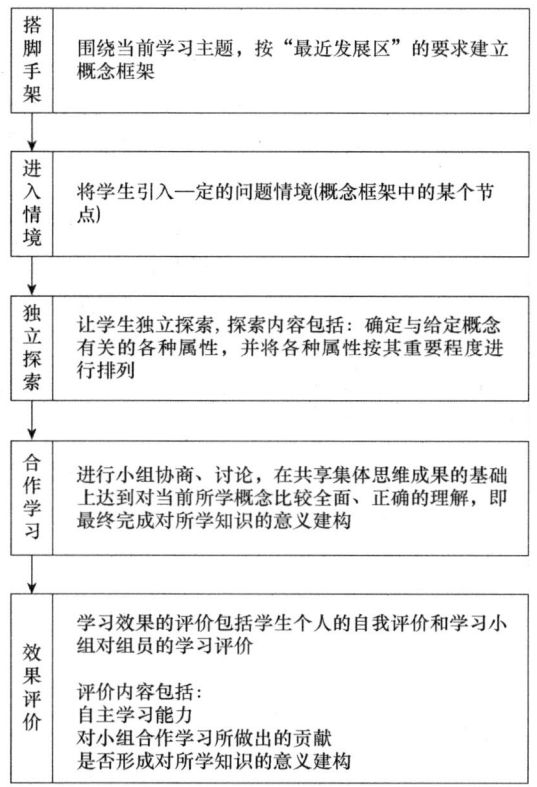

图 10.3　支架式教学策略

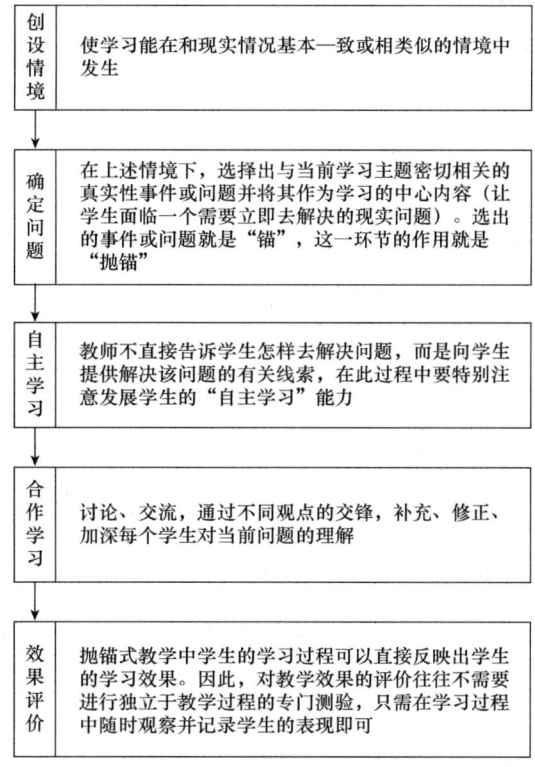

图 10.4　抛锚式教学策略

10. 随机进入式教学策略

学习者可以随意通过不同途径、不同方式进入同样教学内容的学习,从而获得对同一事物或同一问题的多方面的认识与理解,这就是随机进入式教学策略。

随机进入式教学策略主要由呈现基本情境、随机进入学习、思维发展训练、小组合作学习和学习效果评价五个环节构成(如图10.5所示)。

图 10.5 随机进入式教学策略

第二节 高中信息技术学科的特点和课程教学的特点

一、高中信息技术学科的特点

高中信息技术学科主要具有综合性、基础性、工具性、实践性、开放性和层次性六大特点。

1. 综合性

高中信息技术学科除了涉及计算机技术之外,还涉及许多其他学科,如语文、数学、艺术审美等,具有综合性的特点。

真题测试 10.1

2. 基础性

高中信息技术学科的基础性表现在:要关照全体学生全面发展,培养并提升学生的信息素养,并要奠定学生今后工作与生活中有效解决问题,在未来社会中自我学习、持续发展的坚实基础。

3. 工具性

信息技术不仅是学生的学习内容,而且也是学生的学习工具。掌握好这一工具,有利于学生学习方式的改变,有利于其他科目的学习,有利于学生的终身学习和可持续发展。

4. 实践性

实践是培养与提升学生信息素养的有效途径。因此,高中信息技术的上机课时占总课时的比例较大。只有在实践的过程中学生才能真实地感受信息文化并借此增强信息意识,内化信息理论并提高信息应用能力。

5. 开放性

开放性是指学习的对象及所提供的平台都是开放的。这与信息技术发展速度快、知识更新周期短的特点相适应。同时,高中学生信息技术起点的差异性较大,只有在开放的环境中,运用开放性教科书,采用开放性的教学过程与教学评价,才能保证起点水平较低的学生能够适应,也可给学有余力的学生提供进一步发展的空间,最终实现提升全体学生的信息素养的目标。

6. 层次性

信息技术学科的层次性主要表现在学生基础水平与学习特质的层次性和教学内容的层次性两个方面。层次性要求教师对不同的教学内容灵活设计,采用分班教学或同班异步分层教学等教学法,遵循"因材施教"的原则,促进学生全面而富有个性的发展。

二、高中信息技术课程教学的特点

信息技术课程教学与其他课程的教学既有共性亦有不同,随着课程发展和教育改革的推进,信息技术课程教学在延续自身传统的同时,又呈现出许多新的特点,这也对信息技术教师的教学实施提出了新的要求。

（一）教学目标：在多元化和全面性中培养学生的信息素养

信息素养对信息技术课堂教学目标的确立和落实提出了更高的要求。这主要体现在:第一,要重视问题解决能力,特别是创新能力和实践能力的培养,力求知识传授和能力发展的统一;第二,要重视学习能力的培养,从机械模仿、单纯接受向学会学习跃迁;第三,要重视非智力因素的培养,力求认知、情感、态度和谐发展;第四,要重视信息文化的内化,力求技术教育与文化教育完美统一。

（二）教学对象：由被动接受向主动建构转变

由被动向主动转变,就是要尊重学生的主体性,把作为施教客体的学生转变为学习的主体。培养学生自主学习的能力,反对学生被当作"扶贫对象",在教师控制下按既定路线被动学习,提倡将学生作为学习的"自强标兵",在教师的指导下自主学习,从教师传授知识变为学生主动学习知识。

（三）教学方法：以教学需要为中心

1. 教学方法要有针对性

教师在进行信息技术教学时,要针对学生的准备状态、实际教学内容的特点、教师设定的教学目标、教学方法具体适用范围、教学环境中软硬件条件和教师自身的素养条件等,综合权衡、选择和使用合适的教学方法,而不是无原则地仅凭个人好恶或者因循传统,盲目地或者随意地选择使用教学方法。特别是有关态度和情感方面的教学目标,它与信息技术运用能力的培养有很大的不同,各有其适用的教学方法,比如前者适合采用课堂讨论、作品欣赏等方法开展教学,后者则适合采用任务驱动教学法等开展教学。

2. 教学方法要有灵活性

教师在进行信息技术教学时,要根据教学过程中的各种条件及其变化,灵活选用教学方法。灵活性与针对性是相关联的,灵活选用的目的主要是要保证教学方法的针对性,要使教学方法具有针对性就必须灵活地选择和运用。

3. 教学方法应该多样化

教师在进行信息技术教学时,要选择和使用多样化的教学方法以丰富教学过程,而不是用一种或者几种教学方法一教到底,长期没有变化。多样化与针对性、灵活性也是相互关联的,能做到针对性和灵活性基本可以保证教学方法的多样化,多样化的教学需要灵活、有针对性地选择教学方法。

（四）教学过程：贴近生活、探究学习和因材施教

1. 贴近生活

贴近生活突出体现在教学过程要贴近学生的学习和生活经验，在"真实"的情境中通过实际问题的解决培养学生的信息素养。贴近学生的学习和生活经验实质在于：连接学生的已有经验、唤起学生的学习愿望，并以此作为出发点，更好地改造和拓展学生已有的经验。可以根据实际需要有针对性地选择不同的"贴近"方式。

2. 探究学习

在教学过程中，教师不能一味依靠自己讲、学生听的教学方式，让学生在探究过程获取知识也很重要。在教学中教师应该为学生多设计探究的环节，并且加强探究过程中对学生的引导与启发，培养学生探究问题的能力。同时，教师的引导与启发不是直接告诉学生答案，而是给予学生适当的引导，还要留给学生思考进步的空间。

3. 因材施教

因材施教主要是指教学过程要从一刀切和整齐划一向因材施教转变，提倡在教师的指导下学生的个性化学习和特色发展。这个问题主要表现在两个方面。

第一，由于受经济和教育发展水平不平衡的制约，地区与地区之间、学校与学校之间学生信息技术教育存在很大差距，即便在同一所学校的不同班级或同一个班级内部，学生信息技术的起点水平也存在较大差异。这导致长期以来，小学、初中、高中各学段的信息技术教学内容和目标都是从"零"开始的。随着课改的深入，学生零起点问题基本得到解决，但学生与学生之间的差异仍将客观存在，需要教师因材施教，满足不同学生的发展水平和学习需求。

第二，为了兼顾学生的特殊发展，需要教师主动地去发现和培养有专长的学生。

第三节　高中信息技术课程教学的方法及理论基础

一、高中信息技术课程教学的方法

教学方法是师生活动的方式和措施，最为具体，最具有操作性，某种程度上可以看作教学策略的具体化。

高中信息技术课程的教学方法主要有以下几种。

（一）讲授教学法

讲授教学法就是教师对知识进行系统讲解的一种教学方法，是在实际教学中最常见，也最常使用的一种教学方法。一般在信息技术常识性知识的教授中，会使用到讲授教学法，比如在讲解计算机的发展史、计算机的原理等概念性教学内容时会使用到该教学方法。

（二）示范教学法

示范教学法就是教师操作，学生从教师的示范性操作中学习操作的步骤和方法的一种教学方法。这种教学法能够很直观地让学生从教师的示范性操作中学到操作方法，从而完成学习任务，因此，示范教学法非常适合讲解操作性较强的教学内容。

（三）同步教学法

同步教学法就是在授课中，教师和学生同步进行操作，学生掌握所学知识和操作内容来源于和教师同步操作的过程。基于同步教学法的这个特点，它也适用于讲解操作性较强的

教学内容。此教学法有两种应用模式,分别是教师在教师机上边操作边讲解和教师面对全体学生的操作进行指导。

1. 教师在教师机上边操作边讲解

教师在教师机上操作(边操作边讲解),通过计算机投影仪展示给学生看,学生则跟着教师的操作和讲解一步一步地操作,直到完成整个操作过程。这种教学模式在信息技术教学中应用很广。这种教学模式要求计算机教室必须装有计算机投影仪。对有条件的学校来说,采用这种教学模式进行教学效果非常好。

2. 教师面对全体学生的操作进行指导。

教师先讲解或演示一遍,使学生有一个初步印象,然后学生在教师的指导和讲解下同时进行同样的操作,一步一步直到完成整个操作过程。这种教学模式适用于更为广泛的学校,因为应用这种教学模式进行信息技术教学时,教师不需要使用计算机投影仪。

相比于边操作边讲解的模式,在教学中面对全体学生的操作进行讲解时教师会更累,因为此时学生缺乏视觉参照引导,教师就要通过讲解为全体学生解释具体的操作,为了让每一位学生都能完成操作,教师可以采取学生互相帮助的方法,并借此营造良好的学习氛围。

(四) 探索式教学法

根据教学内容,教师为学生设计一个教学任务,教师不做讲解或者是仅仅给学生一个简单的提示,学生依靠自身的探索完成教师给定的任务,并通过探索的过程完成知识的学习,这就是探索式教学法。当学生具有一定计算机基础、教学内容具有趣味性和复杂探索性时,使用探索式教学方法能够取得较好的效果。在探索式教学中,学生应该在学习兴趣的激发下,配合任务的引领和教师的引导,开放思路、积极探索。

(五) 任务驱动教学法

任务驱动教学法是指在学习的过程中,学生在教师的帮助下,紧紧围绕一个共同的任务活动中心,在强烈的问题动机的驱动下,通过对学习资源的积极主动应用,进行自主探索和互动协作的学习,并完成既定任务的一种教学方法。

任务驱动教学法根本的特点是"以任务为主线、教师为主导、学生为主体",基本环节包括创设情境、确定任务、自主学习/协作学习、效果评价四个部分(如图10.6所示)。

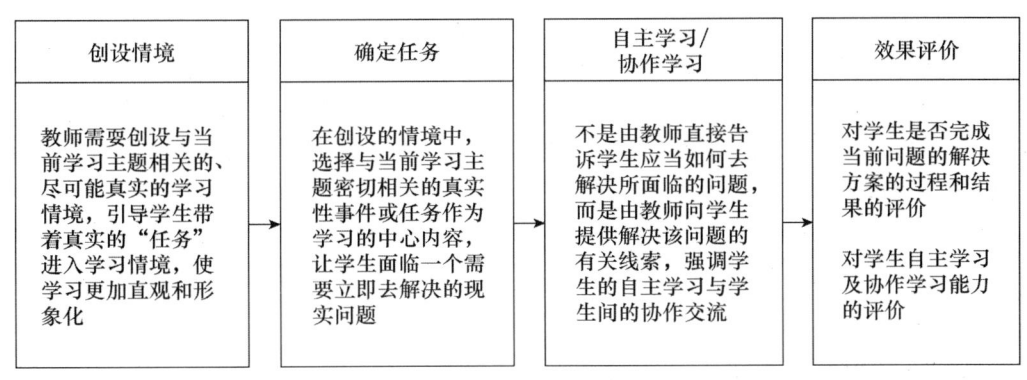

图10.6 任务驱动教学法

需要注意的是,使用任务驱动教学法之前,教师应该为学生创设与现实情况基本一致或相类似的情境。

任务驱动教学法改变了传统教学法中以教师为主体的模式,在这种教学模式下,学生从被动接受者转变成真正的主体。在整个教学过程中,教师和学生都围绕如何完成具体的任务而开展活动,教师的教学思路更为清晰,教学层次更为分明;学生的学习目的更加明确,学生还会不断地获得成就感,逐步形成一个感知心智活动的良性循环,从而不断提高独立探索、勇于开拓进取的自学能力。

以上五种信息技术课程中常用的教学方法并不是独立存在的。在实际教学中,为了取得更好的教学效果,教师往往要要根据实际教学内容的不同,选择合适的一种或多种教学方法并将其组合使用,以充分调动学生的学习积极性。

二、高中信息技术课程教学的理论基础

(一) 多元智能理论

1. 多元智能理论概述

多元智能理论又叫多元智力理论,是由世界著名教育心理学家霍华德·加德纳提出的。智能是在某种社会和文化环境的价值标准下,个体用以解决所遇到的实际问题或生产及创造某种产品的能力。

人的智能是多元的,主要包括语言智能、逻辑-数学智能、空间智能、肢体动觉智能、音乐智能、人际智能、内省智能和自然观察智能。

这八种智能没有重要层次之分,在个体中占据同样的重要地位,而且在不同个体上有不同的表现特点。多元智能理论注重人的全面发展与个性发展的统一,有利于培养具有解决实际问题能力和创新能力的新型人才。

2. 多元智能理论对信息技术课程教学的启示

多元智能理论为信息技术课程教学带来新的启示,为开发学生的多元智能、培养学生的创新精神和解决实际问题的能力提供了坚实的理论基础,多元智能理论对信息技术课程教学的启示主要有以下三点。

(1) 应树立新的学生观、人生观;

(2) 应扬长补短,使用个性化教学策略,发展学生的多种智能;

(3) 应构建多元化的信息技术评价体系。

3. 多元智能理论在信息技术课程教学中的应用

信息技术课程作为一门基础教育中的工具性课程,具有很强的综合性、实践性、创新性,它除了与计算机技术相关外,还不同程度地涉及语文、英语、数学、音乐、美术等学科。正是这种综合性的特点为学生展示自己的多元智能提供了多种可能和机会,为发展学生的多元智能提供了广阔的空间,创造了一个培养学生多元智能的最佳环境。

信息技术是一门促进多元智能发展和进行多元智能教学的有效学科,在信息技术学科中的因材施教、人性化教育、学生的全面发展等方面,多元智能理论的应用有重大的意义。

(二) 建构主义理论

1. 建构主义理论概述

建构主义理论是由瑞士儿童心理学家让·皮亚杰提出的学习理论。建构主义认为,知识不是通过教师传授得到的,而是学生在一定的情境下,借助他人(包括教师和学习伙伴)的帮助,利用必要的学习资料,通过意义建构的方式获得的。[①] 建构主义提倡在教师指导下以

---

① 盛明兰.建构主义理论在计算机教学中的应用[J].中国科技信息,2006(01):88-89.

学生为中心的学习,课堂中师生的角色也应发生改变,教师的角色应从传统的灌输者和传授者变为帮助学生意义建构的促进者;学生的角色应从被动的接受者变为意义的主动建构者。尽管建构主义强调的是学习者的主体认知作用,但是在理解建构主义时也不能忽视教师在教学中的指导功能。

2. 建构主义理论观点构成

第一,在知识观上,建构主义强调知识的动态性,认为知识不是问题的最终答案,而是人对客观现实的一种解释、假设,是不断发展的。

建构主义强调意义不是独立于我们而存在的,是由人建构起个体的知识,并且知识不能以实体的形式存在于个体之外。来自事物的信息本身没有意义,意义的产生是因为人的建构。同时,对事物的理解不光源于事物的本身,还来源于个体原有的知识经验背景。

第二,在学习观上,建构主义认为学习不单是知识由外到内的转移和传递的过程,更是学习者主动地建构自己的知识经验的过程。

学习者的知识建构过程具有三个重要特征:① 学习的主动建构性。学生在面对新信息、新概念和新命题时,会在自己原有的知识经验之上建构,形成自己的理解。② 学习的社会互动性。在学习过程中,学习的成员能够相互沟通交流,分享学习资源,最终完成学习任务。③ 学习的情境性。知识存在于情境之中,如果要理解知识,需要通过在实际情境中应用知识。故而,学习不能只发生在学校之中,还应该提供社会实践机会,让知识和情境化的社会实践结合。

第三,在学生观上,建构主义强调学生已有知识经验、认知结构、兴趣、需要等对意义建构的影响,因而主张学生是学习的主体。

每四,在教学观上,建构主义的教学变为了激发出学生原有的相关知识经验,促进知识经验的"生长"的知识建构活动,以促成知识经验的重新组织、转换和改造。

知识拓展
10.1

(三) 混合学习理论

混合学习理论主张把传统教学方式的优势和 E-learning 的优势结合起来,既要发挥教师引导、启发、监控教学过程的主导作用,又要充分体现学生作为学习过程认知主体的主动性、积极性与创造性。

混合学习理论的核心是根据不同的问题采用不同的解决方式,在教学中体现为根据不同的教学内容选择不同的媒体和信息传递方式进行学习,而且所选择的方式要求付出的代价最小、取得的成绩最大。

第四节　信息技术教育研究

一、教育研究

教育研究即教育科学研究,就是对教育开展科学研究,在研究过程中使用科学的研究方法,并且遵循一定的研究程序,有原则、有目的、有计划、有系统地探索和揭示教育的本质属性和规律的活动过程。

知识拓展
10.2

二、信息技术教育研究的方法

(一) 观察法

观察法是研究者在自然条件下,通过感官或借助于一定的科学仪器,有目的、有计划地对研究对象进行系统考查,从而获取经验事实的研究办法。观察法是教育科学研究中使用广泛的基本的研究方法。

观察法的设计和实施可分为六个步骤(如图10.7所示)。

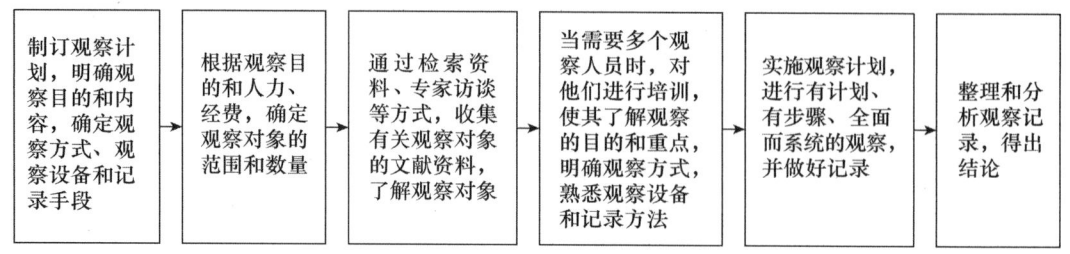

图10.7 观察法的基本步骤

(二) 调查法

调查法是研究者通过问卷、访谈等方式,有目的、有计划地收集研究对象的有关资料,对取得的第一手资料进行整理和分析,从而揭示事物的本质和规律,寻求解决实际问题的方案的研究方法。调查法是教育科学研究中的一种重要的方法,在实际研究中应用得比较广泛。

调查法包括调查表法、问卷法、测验法和访谈法等不同的具体方法,不同方法在程序上虽各有侧重,但都包含七个步骤(如图10.8所示)。

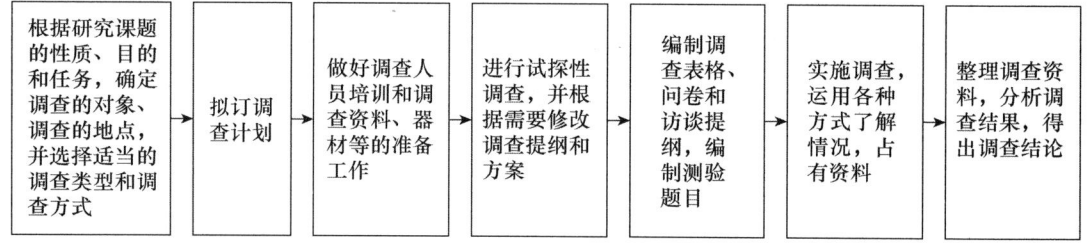

图10.8 调查法的基本步骤

(三) 历史法

历史法是指研究者通过收集某种教育现象发生、发展和演变的历史事实,加以系统客观的分析研究,从而揭示其发展规律的一种研究方法。

历史法并没有固定不变的模式和程序,研究者可以根据研究的具体情况设计研究程序。一般来说,其基本步骤如图10.9所示。

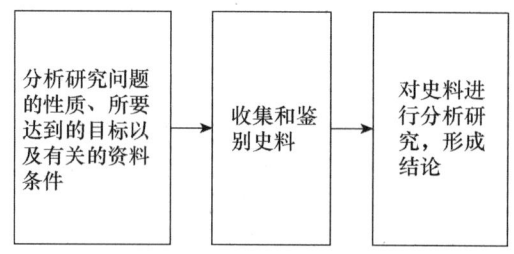

图10.9 历史法的基本步骤

（四）实验法

实验法是研究者按照研究目的，合理地控制或创设一定的条件，人为地影响研究对象，从而验证假设，探讨条件和教育现象之间的因果关系的研究方法。实验法一般包括三个步骤：准备阶段、实验阶段和结果评价阶段（如图10.10所示）。

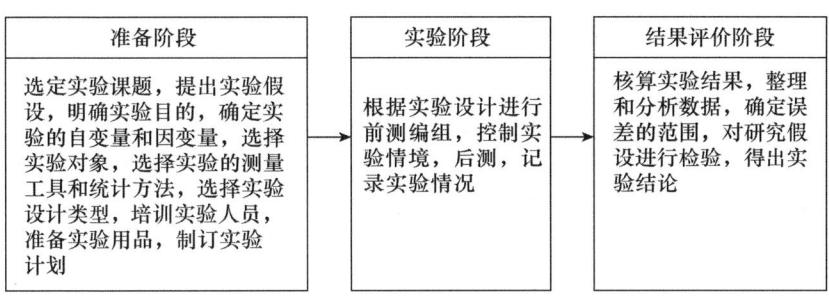

图 10.10　实验法的基本步骤

（五）行动研究法

教育行动研究是指教师在现实教育教学情境中自主进行反思性探索，并以解决工作情境中特定的实际问题为主要目的，强调研究与活动一体化，从工作过程中学习、思考、尝试和解决问题。教育行动研究一般包括确定研究课题、拟订研究计划、实施行动研究和进行总结评价四个步骤（如图10.11所示）。

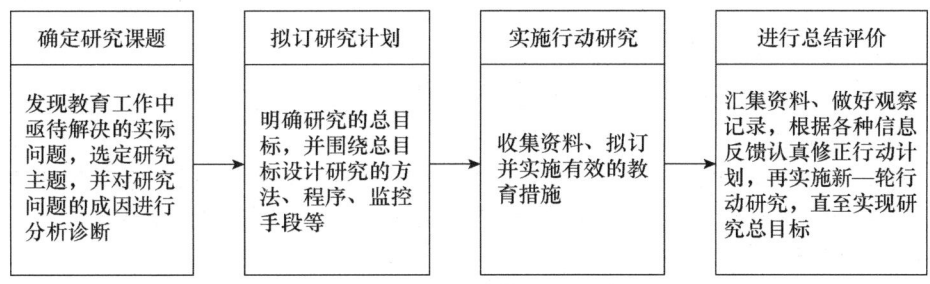

图 10.11　行动研究法的基本步骤

（六）文献研究法

文献研究法是指对文献进行查阅、分析、整理并力图找寻事物本质属性的一种研究方法。该方法通过对文献资料进行理论阐述和比较分析，帮助研究者发现事物的内在联系，寻找教育现象产生的规律性。文献研究法的基本步骤如图10.12所示。

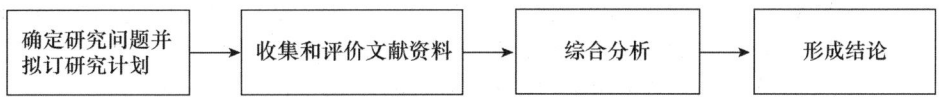

图 10.12　文献研究法的基本步骤

本章知识结构

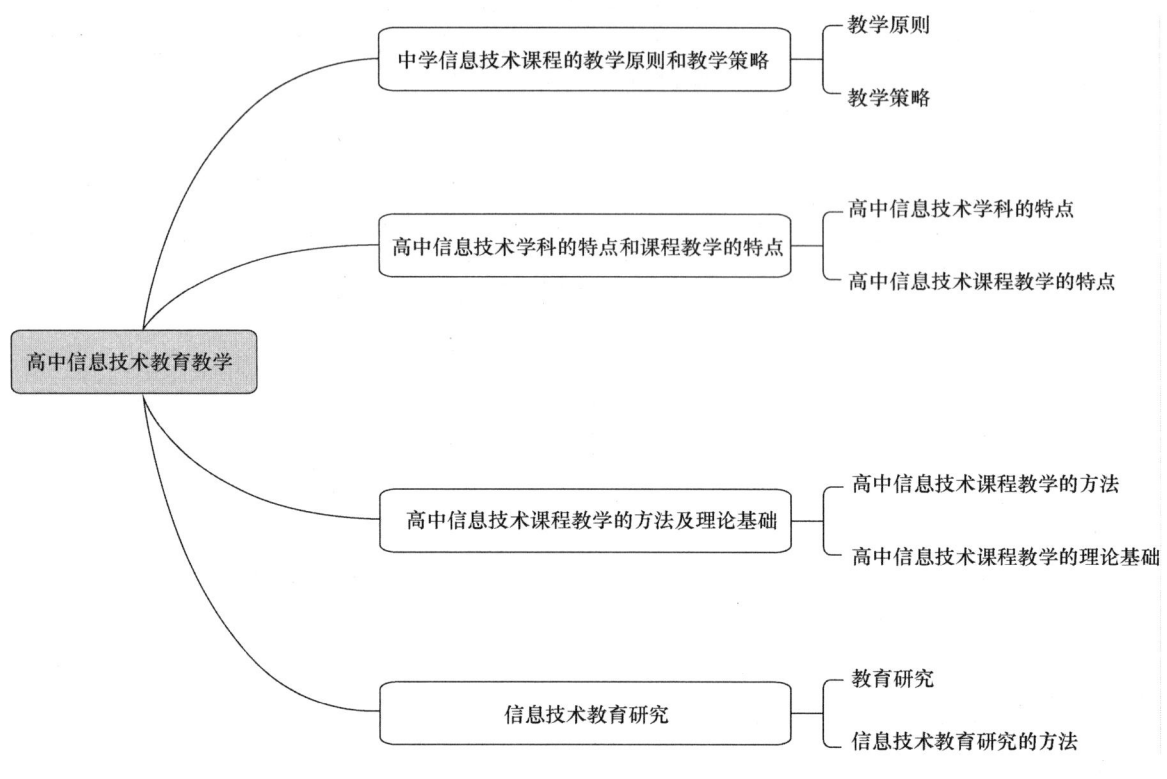

本章小结

（一）本章重难点

本章的重点是掌握中学信息技术教学原则、教学策略等一般知识。本章的难点是理解高中信息技术教学的特点、规律及一般过程，掌握高中信息技术教学的基本方法。

（二）学习时要注意的问题

在学习本章内容时要注意以下几点问题：

1．熟练掌握和运用信息技术教学的教学策略；
2．熟练掌握和运用信息技术教学的基本方法；
3．熟记多元智能理论、建构主义理论、混合学习理论。

备考指南

本章主要介绍了信息技术学科教学的基本理论和方法、教学原则、教学策略等一般知识，在历年真题中多以教学设计、教学实施、教学评价等题型出现，偶尔也出现单项选择题，考查方式较灵活。学习时还需要学生熟记多元智能理论、建构主义理论、混合学习理论，掌握信息技术教学的特点、原则以及教学方法，这是历届考试中的重点内容。

自测训练

一、简答题

1．请简要回答高中信息技术学科的特点。

2. 简述多元智能理论中的八大智能类型。
3. 请简述中学信息技术课程的教学原则。
4. 请简述中学信息技术课程的主要教学策略。
5. 请简述中学信息技术课程的教学方法。

二、案例分析题

1. **案例：**

周老师在"Flash 动作动画"一节课的教学中，首先演示了如何插入一个新建元件，在其中画个小球，随后演示在主场景中如何制作小球从左上角到右下角的直线运动动画（无大小和滚动变化），并布置层次学习任务。

第一层任务：模仿老师做一个同样的小球沿直线运动的动画。

第二层任务：创作"小球从空中落到地上，再弹回到空中"的动画。要求：小球本身在旋转；小球下降时由小变大；上升时由大变小。

很多同学在完成第一层任务后，都觉得第二层任务难度太大，甚至有的同学索性终止了操作，开始上网看电影、听音乐……

问题：

（1）周老师主要采用了什么教学方法进行教学？（2分）这种教学方法的主要特点是什么？（4分）他为什么要进行分层次的任务设计？（4分）

（2）周老师设计的两层任务水平上存在什么问题？（3分）如何改进？（7分）

2. **案例：**

王老师觉得在信息技术课上采用任务驱动教学法教学效果较好，他给高一2班讲授"图像加工工具"时，在关于"金山画王"这部分内容的教学环节中，拟采用这种教学法，主要教学过程如下：

王老师首先通过打开各种图片格式文件的示例，给同学们介绍了"金山画王"的主要特点、使用方法和注意事项。

王老师提出"任务"，请同学们使用"金山画王"打开计算机中不同格式的图片素材，熟悉金山画王软件。

5分钟后，王老师巡视学生的整体情况，发现有不少同学已完成这项任务，其中一些同学还在玩小游戏或做其他事情，他所希望的"热火朝天"的学习景象并未出现，这使他觉得这部分内容的教学教案并不如他想象得那样理想。

问题：

（1）请简要分析王老师在这一教学环节中使用的任务驱动教学法存在哪些不足？（8分）

（2）针对以上不足，请给王老师提出改进教学的建议。（12分）

参考答案及解析

一、简答题

1.【参考答案】

高中信息技术学科主要具有综合性、基础性、工具性、实践性、开放性和层次性六大特点。

2.【参考答案】

多元智能理论中包含了八大智能，分别是：语言智能、逻辑-数学智能、空间智能、肢体动觉智能、音乐智能、人际智能、内省智能和自然观察智能。

这八大智能类型在不同的个体中具有不同的特点,但是它们之间并不存在地位与顺序的主次之分。

3.【参考答案】

中学信息技术课程的教学要遵守如下四大原则:

(1) 基础性与发展性相结合原则;

(2) 全面发展与个性发展相统一原则;

(3) 信息技术与日常生活和学习相整合原则;

(4) 科学教育与人文教育相融合原则。

4.【参考答案】

中学信息技术课程主要有如下几种教学策略:

(1) 先行组织者教学策略;

(2) 情境教学策略;

(3) 动机教学策略;

(4) 启发式教学策略;

(5) 九段教学策略;

(6) 情境-陶冶教学策略(暗示教学策略);

(7) 自主学习教学策略;

(8) 支架式教学策略;

(9) 随机进入式教学策略;

(10) 抛锚式教学策略。

5.【参考答案】

中学信息技术课程主要可采用如下几种教学方法:

(1) 讲授教学法;

(2) 示范教学法;

(3) 同步教学法;

(4) 探索式教学法;

(5) 任务驱动教学法。

二、案例分析题

1.【参考答案】

(1) 周老师采用了任务驱动教学法。

任务驱动教学法的主要特点是:以任务为主线,以教师为主导,以学生为主体,做中学,学中做。

分层次任务设计主要是由两个"需要"决定的:学情的需要和认知规律的需要。

(2) 周老师设计的两层任务水平的难度相差太大,在完成第一层任务之后,不能很好地过渡到第二层任务,所以学生们在完成第一层任务之后觉得任务难度过大,很多学生都开始开小差。

应该在第一层任务和第二层任务之间加一个过渡性的任务。改进后的分层任务如下:

第一层任务:模仿老师做一个同样的小球直线运动的动画。

第二层任务:创作"小球从空中落到地上,再弹回到空中"的动画,要求小球本身在旋转。

第三层任务：创作"小球从空中落到地上，再弹回到空中"的动画，要求小球下降时由小变大，上升时由大变小。

2.【参考答案】

（1）王老师在这一教学环节中采用的任务驱动教学法主要存在以下不足：

① 教学环节上不符合任务驱动教学法的流程，任务驱动教学法的流程应该是：教师提出问题→教师带着学生分析问题→学生自主探究解决问题→作品展示与评价。王老师上课时并没有明确提出一个任务，而是直接讲授，实际上还是"讲授＋练习"的方法，不算是任务驱动教学法。

② 任务目标导向性不强，王老师只是让学生简单地用"金山画王"打开不同类型的图片，打开以后做什么没有交代；学生在反复打开图片的过程中并不能达到熟悉软件的目的。

③ 任务没有趣味性和挑战性，任务只有具有趣味性和挑战性时，才会激发学生自主探究、完成任务的欲望；任务设置不当，会抹杀学生学习的热情和积极性，还会导致学生注意力的分散和转移。

④ 任务整合性不强，任务的设定应该有一定的整合性，如综合应用软件的多个功能，完成一幅作品；王老师的任务只是单纯地将图片打开，缺乏整合性。

（2）改进建议：

① 王老师可以提前用"金山画王"设计几幅作品，比如"美丽的春天""海底世界"等，上课后，先让学生欣赏老师准备的作品，激发学生学习的兴趣；

② 提出本节课的任务：利用"金山画王"描绘自己眼中的图片；

③ 给学生提供"金山画王"的视频教学课件，学生在课件的帮助下完成任务；

④ 对学生作品进行展示和评价，王老师可以就学生创作过程中的比较集中的问题，做详细解答。

第十一章 信息技术教学设计

考纲内容

本章为信息技术教学设计,在考纲中要求如下:

1. 学生学习需求分析

(1) 了解学生认知特征,分析学生的学习需要,确定学生的学习起点。

(2) 具有分析学生已有的信息技术学习经验和个体差异的能力。

2. 信息技术教材分析

(1) 根据《普通高中技术课程标准(实验)》(信息技术)及教材编写思路和特点,了解信息技术教材内容和信息技术教学目标之间的关系,能结合学习需要对教学内容进行合理的选择和组织。

(2) 通过教材内容分析和学生已有的知识基础与技能,确立教学重点与难点,并设计相应的教学解决方案。

3. 确定信息技术教学目标

(1) 领会"知识与技能""过程与方法""情感态度与价值观"三个维度教学目标的含义。

(2) 根据《普通高中技术课程标准(实验)》(信息技术)、教材和学生的认知特征,确定具体课程内容的教学目标并准确表述。

4. 选择教学策略和方法

(1) 根据信息技术学科的特点和学生认知特征,选择合适的教学策略和教学方法。

(2) 根据学生的学习起点,明确教学内容与学生已有知识和技能之间的关系,确定教学内容的相互关系和呈现顺序。

(3) 了解信息技术资源的多样性,能根据所选教学内容合理开发、选择和利用教学资源。

5. 信息技术教学设计的综合应用

(1) 理解信息技术学科教学内容组织的基本形式和策略,能够设计合理的教学流程。

(2) 通过研究典型的信息技术教学设计的案例,掌握教学设计的方法,评析教学案例。

(3) 能够在规定时间内完成所选教学内容的教学设计。

考纲解读

在学习本章内容时,考生应做到以下几点:

(1) 通过学习者分析,了解学生认知特征,分析学生的学习需要,确定学生的学习起点,包括已有的信息技术学习经验和个体差异的能力。

(2) 了解信息技术教材内容和信息技术教学目标之间的关系,能结合学习需要对教学内容进行合理的选择和组织,确立教学重点与难点。

(3) 领会"知识与技能""方法与过程""情感态度与价值观"三个维度教学目标的含义,确定信息技术教学目标并准确表述。

(4) 能够根据信息技术学科的特点和学生认知特征,选择合适的教学策略和教学方法。

(5) 了解信息技术资源的多样性,能根据所选教学内容合理开发、选择和利用教学资源。

(6) 理解信息技术学科教学内容组织的基本形式和策略,能够设计合理的教学流程,掌握教学设计的方法,评析教学案例;能够在规定时间内完成所选教学内容的教学设计。

第一节 教学设计概述

一、教学设计

教学设计是指以优化教学效果为目的,以学习理论、教学理论和传播理论为理论基础,运用系统方法分析教学问题、确定教学目标、建立解决教学问题的策略方案、试行解决方案、评价试行结果和修改方案的过程。

二、教学设计的内容

一般来说,教学设计的内容包括以下几个方面:学习需要分析、学习内容分析、学习者分析、学习目标的阐明、教学策略的制定、教学媒体的选择和应用、教学设计效果的评价。我们通常会采用教学设计的过程模式来清楚地描述教学设计的基本过程,如图 11.1 所示。

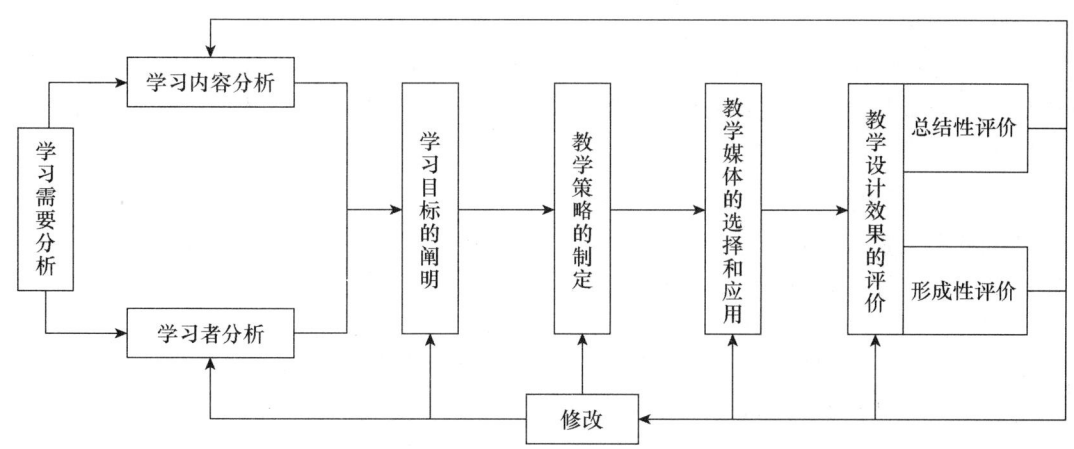

图 11.1 教学设计的过程模式

第二节　信息技术教学设计前期分析

一、高中信息技术教材特点分析

1. 内容更重操作

从内容侧重点上看，高中信息技术教材已经从过去的"操作步骤叙述"向"问题解决过程"转变，克服了过去教材中内容与习题设计侧重于软件的操作步骤，忽视信息技术在学习与实际生活中应用的弊端。从案例选材上看，大多选取贴近学生学习和生活的实例，使学生易于理解并且有亲切感。

2. 活动设计多元化、个性化

从活动设计上看，高中信息技术教材已经从过去的活动任务单一化向活动任务多样化、个性化转变，并在活动中体现多元化的评价，克服了以往教材中活动设计脱离地区差异、脱离学生的心理年龄与实践能力，无法满足学生的个性化需求等弊端。活动形式丰富多彩，从难易程度不同、地区信息技术发展不均衡和学生个性差异等方面加以考虑，力求实现全体学生的全面发展和个性发展。

3. 全面培养信息素养

从培养目标上看，高中信息技术教材已经从过去的单一知识技能训练向信息素养全面提升转变，注重知识与技能、过程与方法、情感态度与价值观三维目标的培养。教材注意渗透人文教育，克服了过去教材上重技术轻人文的现象，实现了技术能力与人文素养的双重构建。教材在设计中尽可能创造空间，使学生有机会将知识、技能运用于解决实际问题的过程当中，体验人文情感，形成与信息社会相适应的价值观和责任感。

4. 编排结构更加科学

从编排结构上看，高中信息技术教材既注意到学科知识的系统性、科学性和前瞻性，又考虑到高中学生的年龄特点与认知心理规律，注意设计的灵活性、开放性，体例新颖，呈现方式灵活多样。各模块内容根据地区差异、社会实际与技术发展情况有合理延伸与拓展。

二、学习者分析

学习者分析属于教学系统设计中的前端分析，目的在于更多地了解学习者的特点（如学习风格等），为教学内容的选择和组织、学习目标的编写、教学活动的设计、教学方法和教学媒体的选择和运用等提供依据。

（一）学习风格

学习风格就是学习者持续一贯的带有个性特征的学习方式和学习倾向。学习风格会影响每个学生的思维方式、行为方式、学习方式和信息加工方式。

1. 学习风格的构成要素

学习风格主要有生理因素、心理因素、社会因素和环境因素四个要素组成。学习风格构成要素及对应学习者表现如表 11.1 所示。

表 11.1 学习风格构成要素及对应学习者表现

要素	具体要素	学习者表现
生理因素	视觉型	学习者习惯通过视觉通道来接受学习材料,喜欢通过视觉媒体提供的图像进行学习,善于观察,视觉记忆较强
	听觉型	学习者习惯通过听觉来接受学习材料,对语言、音乐的接受能力有较强的优势
	动觉型	学习者喜欢通过做、触摸直接参与学习过程,在完成学习的过程中喜欢身体的参与,对能够自己动手操作的学习内容和认知活动感兴趣
心理因素	认知方面	指归类、信息加工、分析和综合、记忆过程中的趋同、沉思和冲动等
	情感方面	指学习者的自觉性、学习动机、成就动机、控制点、抱负水准、焦虑水平等
	意动方面	指学习者的坚持性、语言与表达、冒险与谨慎、动手操作能力等
社会因素	自我	喜欢单独行事
	结伴	喜欢有同伴
	同伴、团队	喜欢作为团队的一员参加活动,喜欢和小组在一起
	成人	喜欢和家长或教师在一起开展活动
	程序化	喜欢程序化的任务
	多样化	喜欢过程不定的任务
环境因素	声音	学习者对背景音乐的要求,喜欢安静或者喜欢有背景声音
	光线	学习者对光照条件的要求,喜欢温和的、昏暗的或者明亮的光照条件
	温度	学习者在学习或活动时对温度的要求
	坐姿	坐姿与学习者所处学习环境及陈设有关,即学习者喜欢正式的桌椅还是非正式的沙发、地毯等

2. 学习风格的特征

学习风格具有三方面的特征,如表 11.2 所示。

知识拓展
11.1

表 11.2 学习风格的特征

特征	说明
稳定性	学习风格的形成需要一个长期的过程,形成之后很少因学习其他内容或学习环境改变而改变
独特性	学习风格在学习者个体神经组织结构及其机能基础上,受到家庭、教育和社会文化的影响,通过自身长期的学习活动而形成,具有鲜明的个性特征
兼有活动和个性两种功能	人的个性,诸如能力、气质和性格等对学习的影响和作用往往是间接的。而学习风格是学习者惯常使用的、有所偏爱的学习策略和学习方式,它直接参与学习过程,一方面使学习过程得以顺利进行,另一方面使学习过程和学习结果受个性的影响

（二）学习准备

1. 学习准备的类型

学习准备主要有两种类型：一是学习者对特定的学习内容,已经具备了哪些知识与技能,以及对有关学习的认识水平和态度;二是学习者的年龄、认知成熟度、学习动机、学习期望、工作经历、个人经验等。

2. 学习准备分析

我们将对第一类学习准备的分析称为起点行为分析或起点能力分析,这类分析与所学内容直接相关,将对第二类学习准备的分析称为一般特征分析。

学习者的起点能力是指学习者学习新知识必须具备的原有知识、技能的准备水平，是决定新知识学习成效的关键。因此，教师在教学前应该借助一些方式（课堂提问、课外访问、测试）对学习者的起点能力进行检验，目的在于了解学习者是否具备学习新知识的必要先决条件、知识与技能，否则学习者的学习效果将大打折扣。

学习者的一般特征是指他们拥有的与学科知识内容无关，但影响其学习的生理、心理和社会等方面的特点，包括年龄、性别、认知程度、学习动机、个体经验等。在教学设计的过程中，教师可以以学生的一般特征为依据，来制订教学策略、选择教学方法和媒体。

（三）学习者特征分析与教学策略

教师在制定教学策略前要对学生的学习风格以及学习准备进行分析，以选择适合学生学习特征的教学策略。在实际的信息技术教学过程中，教师可以为不同学习风格的学生分配不同的任务，例如，让具有整体型学习风格的学生进行作品的整体结构设计，而让具有序列型学习风格的学生对作品的细节进行设计。

除此之外，教师也应依据学生的不同学习特征有意识地进行教学。例如，针对具有思考型学习风格的学生，教师可以鼓励他们多发言、多动手，提高速度。

总之，教师要在分析学生的学习风格及学习准备的基础上，灵活地运用教学策略、方法等，对学生的短处加以弥补，从根本上促使学生进步。

三、学习内容分析

（一）学习内容的分类

1. 广义的知识分类

现代认知心理学家广义上把知识定义为：主体通过与其环境相互作用而获得的信息及其组织。知识是人脑中的一种内部状态，是通过主体与客体相互作用而建构的。广义的知识可分为三类：陈述性知识、程序性知识和策略性知识。

（1）陈述性知识。

陈述性知识主要是指言语信息方面的知识，是个人根据一定的线索能够陈述的知识，用于说明事物"是什么""怎么样""为什么"等问题，如描述一个事实，陈述某种观点、信仰等，这类知识也可以称为描述性知识。

（2）程序性知识。

程序性知识主要是指"做什么""怎么做"的知识，是一种实践性的知识。这类知识也称为操作性知识，是从已知状态向目标状态转化的知识。程序性知识对应于加涅学习结果分类中的智慧技能和认知策略。

（3）策略性知识。

策略性知识主要是关于"如何学习""如何思维"的知识，是调节学习者的注意、记忆、思维的能力的知识。让学习者"学会学习、学会创造"的关键点就是策略性知识。它是对陈述性知识和程序性知识进行灵活运用的一种技能，是一种控制自己学习和认知过程的知识。

2. 加涅的学习结果分类

加涅将学习结果分为五类，分别是言语信息、智慧技能、认知策略、动作技能和态度。这五类学习代表了个体所获得的所有学习结果。教学设计和安排上的差异是由于学习结果的类型及其学习条件的不同而导致的。

(1) 言语信息。

言语信息的学习即掌握语言信息传递的内容,帮助学生解决是什么的问题,学习的结果是通过言语信息表现出来的。比如,北京是中国的首都。言语信息也指有关事物的名称、时间、地点、定义以及特征等方面的事实信息(比如,学习认识时钟、四季的形成)和有组织的整体的知识(如天体的运行)。

(2) 智慧技能。

学习者运用符号与外界保持接触的能力就是智慧技能。智慧技能包括辨别、概念、规则、高级规则等。辨别是最基本的智慧技能。智慧技能主要是运用智慧帮助学习者解决怎么做的问题,是对外界的符号、信息进行处理加工的技能。比如,怎样把分数转换成小数;怎样使动词与句子主体一致等。

(3) 认知策略。

认识策略是学习者用以控制注意、学习、记忆、思考等行为的内在组织技能。认知策略包括复述、精细加工、组织等。比如,画出组织结构图。

(4) 动作技能。

动作技能又称运动技能,是指身体动作的质量(比如敏捷、准确、有力和连贯等)不断改善从而形成的整体动作模式,如体操运动、写字技能。它也是能力的一个组成部分。

(5) 态度。

态度是影响个体对人、对物、对事的行为的复杂的内部状态,它带有情感和行动,而不需要很多知识的参与。态度的习得有多种形式,有些可能是源于个别的事件,也可能是源于个体对某种事物的成功与欢乐的体验,有些则可能是常常模仿或观察他人的行为而获得的。虽然个体的很多态度是在家族和社会中获得的,但学校在个体的态度培养上也有非常重要的作用。

(二) 学习内容分析方法

学习内容分析方法主要有归类分析法、层级分析法、信息加工分析法和程序分析法。

1. 归类分析法

归类分析法主要是研究对有关信息进行分类的办法,旨在鉴别为实现教学目标而需学习的知识点。在确定分类的标准后,把要实现教学目标所需的知识点归纳为若干方面,从而确定教学内容的范围。

2. 层级分析法

层级分析法是用来揭示为了实现教学目标而所需掌握的从属技能("从属技能"是指学生为了有效地达到教学目标而必须掌握的那部分技能)的内容分析方法。

3. 信息加工分析法

信息加工分析法是加涅提出的,是将教学目标要求的心理过程揭示出来的内容分析方法。这种心理操作过程及其所涉及的能力构成了学习内容。实际上就是将思考问题的详细过程展示出来,在这个过程中所展示出来的知识与能力就是要学习的内容。

4. 程序分析法

程序分析法常用来确定同动作技能相关的从属技能。在对心理动作目标的各组成部分进行说明时,可以提出以下问题:"当完成这一步动作时,学生具体做了些什么?"对这一问题的回答就是学生要完成这一步动作实际上涉及的若干个具体活动,它们合在一起就是对这一步做了程序分析。

第三节　信息技术教学目标设计

一、教学目标的概念与特点

（一）教学目标的概念

教学目标是一个教学程序的意向的计划，是希望学生通过学习，行为、情感、思维得以变化。它是预先确定的，可以通过教学达到，并且能够用现有技术测量的教学结果。

（二）教学目标的特点

教学目标具有五个特点，分别是预期性、系统性、层次性、可行性和灵活性。

1. 预期性

预期性是指教学目标是师生在教学活动中预期达到的教学结果。在开展教学活动之前，人们就可预见教学活动可能促使学生身心等方面发生的变化。教学目标以学生发展现状为基础，但又超越其发展现状，是经过努力可以达到的要求。

2. 系统性

系统性是指教学目标是一个由若干具体目标组成的系统整体，具体教学目标之间构成一个有机联系的网络，因此，我们必须以系统联系的观点来看待教学目标。组成教学目标系统整体的各具体教学目标都是联系在一起的，在实践每个具体教学目标时，应该站在教学目标系统整体的高度来确定各具体目标的地位及价值。

3. 层次性

层次性是指教学目标系统内部的各具体目标不是都在一个层级上，而是鲜明地分布在不同层级上。较高层次的教学目标可以分解为较低层次的教学目标，只有实现了较低层次的教学目标，才能实现较高层次的教学目标。各项教学目标的实现，都要遵循从易到难、由浅入深的规律。

4. 可行性

可行性指教学目标必须是具体、可行的。经验表明，在实现一定的目标时，除了考虑目标的价值之外，还需要考虑目标的实现是否可能。一般说来，教学目标的具体、可行，有利于其在实践中顺利达成，正确的教学目标必须具有可行性。

5. 灵活性

教学目标的灵活性是由教学活动的复杂性决定的，同时为教师创造性开展教学提供了机会。教学目标可以因校、因课、因班制宜，由教师根据具体教学实际编制，内容水平可以有一定的弹性，留有余地，以便灵活掌握，获得最佳成效。

知识拓展
11.2

二、设计教学目标的意义

教学目标是教学活动的出发点和归宿，是课堂教学的灵魂。因此，确定教学目标是教学设计中最先要考虑的问题。设计教学目标的意义主要表现为以下几个方面。

1. 教学目标是教师选择教学内容，运用教学方法、教学策略、教学媒体以及调控教学环境的基本依据

教学目标规定着教学活动的方向、进程和预期结果，或者说，它具体指引着教学活动往哪里走，只有知道了往哪里走之后，才能选择适当的内容、方法来达成预期目标。如缺乏清晰的目标，教学将失去导向，只能盲目进行。因此，设计教学的第一步就是确定清晰

的教学目标。

2. 教学目标是评价教学效果的基本依据

教学目标具有重要的评价功能,由于它具体规定着教学活动的预期结果和质量要求,因而在检验、评价教学效果时必须从教学目标出发,以教学目标为基本的评价尺度。缺少教学目标或教学目标不明确,都会给教学评价工作带来困难。从这个意义上讲,设计明确的教学目标也是由教学评价工作的需要所决定的。

3. 教学目标是学习者自我激励、自我评估、自我调控的重要手段

由于教学目标能提供给学生一个明确的方向,使学生明确通过学习要达到的具体目标,因而在学习过程中它可以有效激发学生学习的内部动力,增强学习的兴趣,帮助学生根据目标指引的方向不断调整学习方式,积极克服困难,为达成预定的学习目标而努力。

由此看来,教学目标在教学活动中发挥着指向、评价和激励等多方面作用。在教学设计中,科学、合理地确定好具体的教学目标,对于保证教学活动的顺利进行具有十分重要的作用。

三、教学目标的分类

确定教学目标是教学设计的首要环节。因此,对教学目标的准确分类就具有重大意义。而在众多的教学目标分类的理论中,布卢姆关于教学目标的分类理论十分具有代表性,对教师分析和设计教学目标具有重要的借鉴和参考价值。

布卢姆的教学目标分类是对学生行为的分类,并且代表学生的学习结果。布卢姆将教学目标分为认知领域、情感领域、动作技能领域三大类,并且提出每一类别的目标具有层次性。

1. 认知领域的教学目标

认知领域的教学目标包含从低级到高级、由简单到复杂的六个层次:知识、领会、运用、分析、综合、评价。

(1)知识:记住所学材料,包括对具体事实、方法、过程等的回忆。该层次教学目标可使用的描述动词有定义、叙述、背诵等。

(2)领会:领悟所学材料的意义,但不一定将其与其他事物相联系。该层次教学目标可使用的描述动词有解释、辨别等。

(3)运用:将所学概念、规则等用到新情境中。该层次教学目标可以使用的描述动词有计算、操作等。

(4)分析:将整体材料分解成其构成成分并理解其组织结构。该层次教学目标可使用的描述动词有分解、说明等。

(5)综合:将所学的零碎知识整合为知识体系,强调创造能力,需要产生新的模式或结构。该层次教学目标可使用的描述动词有创造、编写等。

(6)评价:对材料做价值评判,包括按材料内在标准或外在标准进行评判。该层次教学目标可使用的描述动词有评价、对比等。

2. 情感领域的教学目标

依据价值内化的程度,情感领域的教学目标可以分为接受、反应、价值化、组织、价值与价值体系的性格化形成五个级别,各级别的含义和举例如表11.3所示。

表11.3 情感领域的教学目标的五个级别及其含义和举例

级别	含义	举例
接受	学习者愿意注意某些特定的现象或刺激。学习结果包括从意识到某事物存在的简单注意到选择性注意,是低级的价值内化水平	如静听讲解、参加班级活动、意识到某问题的重要性
反应	学生主动参与,积极反应,表现出较高的兴趣。学习结果包括默认、愿意反应及反应的满足	如阅读规定的材料、自愿读规定范围之外的材料、以愉快的心情阅读材料
价值化	学生将特殊的对象、现象或行为与一定的价值标准相联系,包括接受某种价值标准、偏爱某种价值标准和为某种价值标准做奉献	如欣赏文学作品、为发挥集体的有效作用而承担义务
组织	学习者在遇到多种价值观念呈现的复杂情境时,将价值观组织成一个体系,对各种价值加以比较,确定它们的相互关系及它们的相对重要性,接受自己认为重要的价值观,形成个人的价值体系	如先处理集体的事,然后考虑自己的事或形成一种与自身能力、兴趣、信仰等协调的生活方式等
价值与价值体系的性格化	个人具有长时间控制自己的行为以至发展出性格化"生活方式"的价值体系。教学目标着重学生的一般适应模式(包括个人的、社会的、情绪的),强调学生行为的典型化和性格化。达到这一阶段以后,行为是一致的和可以预测的	如保持谦逊的态度和良好的行为习惯,在团队中表现出团队合作精神等

3. 动作技能领域的教学目标

动作技能领域的教学目标分类较著名的是美国学者辛普森的分类。他把动作技能领域的教学目标分为知觉、定向、有指导的反应、机械动作、复杂的外显反应、适应、创新七个层次。各个层次也均有各自的一般目标,这些目标可以用一些特殊学习结果和行动动词加以表示。

(1) 知觉:指运用感官获得信息以指导动作。

(2) 定向(定势):指对稳定的活动的准备。

(3) 有指导的反应:指复杂动作技能学习的早期阶段,包括模仿和尝试错误。

(4) 机械动作:指学习者的反应已成习惯,能以某种熟练和自信水平完成动作。此阶段的动作模式并不复杂。

(5) 复杂的外显反应:只包括复杂动作模式的熟练动作操作,操作的熟练性以迅速、连贯、精确和轻松为指标。

(6) 适应:指技能的高度发展水平,即学生能修正自己的动作模式以适应特殊装置或满足具体情境的需要。

(7) 创新:指创造新的动作模式,以适应具体情境。

四、教学目标的阐明

以研究行为目标著名的美国学者马杰强调,应该以具体明确的方式说明学生完成学习任务后能做什么。用马杰自己的话说就是:假如你对要去的目的地不清楚的话,那么你很可能会抵达另一个地点,而且不知道自己走错了目的地。

马杰在1962年出版的《程序教学目标编写》这本经典著作中提出,一个完整的教学目标应包括三个基本要素：行为、条件和标准。

在教学设计的实践中，有的教育研究者认为有必要在马杰的三要素的基础上，加上对教学对象的描述。这样，教学目标就包含了四个要素。为了便于记忆，我们把这四个要素简称为 ABCD 模式。

A——对象（Audience）：阐明教学对象。

B——行为（Behavior）：说明通过学习以后，学习者能做到什么（行为的变化）。

C——条件（Condition）：说明上述行为在什么条件下产生。

D——标准（Degree）：规定达到上述行为的最低标准（即达到所要求行为的程度）。

（一）教学目标的编写

1. 对象的表述

教学目标的表述中应注明教学对象，例如，"高中二年级（5）班学生""参加编程大赛的全体同学"等。在教学目标的编写过程中，有的学者还主张说明对象的基本特点。

2. 行为的表述

在教学目标的表述中，行为的表述是最基本的，即说明学习者在教学结束后，应该获得怎样的能力或者可以达到怎样的行为。如果用传统的方法表述教学目标，较多使用"知道""领会""掌握"等动词来描述学习者将拥有的能力，有时如果需要，再加上表示程度的词语，如"深刻理解""充分掌握"等。因为程度副词的程度不好确定，所以这种表述方式会给后续的评价带来一些困难。这些词语可用来表述总括性的课程目标和单元目标，但在编写具体的教学目标时并不适合使用。

描述行为的基本方法是使用一个动宾结构的短语，其中，行为动词说明如何学习，宾语则说明学习什么。"描述""对比""列举""比较"等都是行为动词，在它们后面加上动作的对象，就构成了教学目标中关于行为的表述。例如，（能）操作计算机，（能）说出五大洲、四大洋的名称，（能）列举选择教学策略时应考虑的基本因素，（能）比较单词中同一字母的不同发音。

3. 条件的表述

在教学目标的表述中，还应列出学习者完成规定行为所需要的条件，即说明在评价学习者的学习结果时，应在什么样的情况下评价。如要求学习者"能写出 800 字左右的文章"，条件则可能指"在哪些提示下、在哪些资料的帮助下、利用什么工具"等环境因素。条件主要包括下列几个因素。

（1）环境因素，如空间、光线、气温、室内外噪音等。

（2）人的因素，如各人单独完成、小组集体进行、各人在集体的环境中完成、在教师指导下进行等。

（3）设备因素，如工具、设备、图纸、说明书、计算器等。

（4）信息因素，如资料、教科书、笔记、图表、词典等。

（5）时间因素，如速度、时间限制等。

（6）问题明确性的因素，如为引起行为的产生，提供什么刺激和刺激的数量等。

4. 标准的表述

标准是行为完成质量可被接受的最低程度的衡量依据。对行为标准做出具体描述，是为了使教学目标可测量。标准一般从行为的速度、准确性和质量三方面来确定。例如，在 2 分钟以内准备好必需的加工配件（速度）；测量正方形的宽和长，误差在 ±3mm 以内（准确性）；加工件质量要达到国家Ⅱ级标准（质量）。

> 教学目标编写范例：
>
> 小学六年级的学生，通过一周的信息技术 Word 课程学习，至少能够输入文字、插入图片、修改文字的大小和颜色、修改行距，并可以在 1 小时之内完成 400 字的字体、字号、行距、对齐排版。

上面的教学目标实例中包含了对象、行为、条件和标准四个要素。

（二）编写教学目标的注意事项

1. 教学目标的行为主体须是学习者，而不是教师

在编写教学目标时，行为主体必须是学生，而不能是教师。因为教师的行为按要求发生了，并不等于学生的学习目标就实现了。例如，"培养学生的数学思维能力"这样的教学目标表述是不恰当的。因为，该教学目标的行为主体是教师，而不是学生。这样意味着只要教师组织学生进行了学习活动，学生的学习目标就达成了，实际则常常不是这样。

2. 教学目标须用教学活动的结果来描述，而不能用教学活动的过程或手段来描述

从这个意义上讲，诸如"学生应受到观察的训练"就是一个不合适的教学目标表述。虽然该教学目标的行为主体是学生，但它没有说明最终要达到的结果。我们可以这样表述："初中二年级学生在观看各种风的图片时，应能将微风、狂风、台风分别标记出来，准确率达 90%。"其中，"将微风、狂风、台风分别标记出来"这样的表述表达出了具体的、可观察的教学结果。

3. 教学目标的行为动词须是具体的，而不能是抽象的

具体是指学习动词应是可以观察的，如说出、能正确操作等，像"明白""知道""掌握""理解"等抽象动词，会给以后的教学评价带来困难。这些抽象的词语可用来表述总括性的课程目标和单元目标，但在编写具体的教学目标时应避免使用。

五、教学目标的制定

（一）新课程的三维教学目标

新课程的三维教学目标包括：知识与技能，过程与方法，情感、态度与价值观。

1. 知识与技能

知识：主要是指学生要学习的学科知识（教材中的间接知识）、意会知识（生活经验和社会经验等）、信息知识（通过多种信息渠道而获得的知识）。

技能：是指通过练习而形成的完成某种任务所必须掌握的活动方式。技能一般可分为四种：基本技能、智力技能、动作技能和自我认知技能。

2. 过程与方法

过程：其本质是以学生认知为基础的知、情、意、行的培养和开发过程，是以智育为基础的德、智、体全面发展的过程，是学生的兴趣、能力、性格、气质等个性品质全面形成和发展的过程。

方法：指学生在学习过程中采用并学会的解决问题的办法。

3. 情感、态度与价值观

情感：主要是指人的社会性需要是否得到满足时所产生的态度体验。人的情感可分为七类：情绪、热情、兴趣、动机、求知欲、道德体验和美的体验。

态度：不仅包括学习态度和对学习的责任，还包括乐观的生活态度、求实的科学态度和

宽容的人生态度等。

价值观：一般是指人们对问题的价值取向的认识，这里主要是指学生对教学中问题的价值取向或看法。

（二）三维教学目标的编写

1．三维教学目标的陈述方式和叙写要点

教学目标可分为结果性目标和体验性（或表现性）目标两大类。

结果性目标的陈述方式就是指出学习的结果。该方式所采用的行为动词明确、可测、可评。

体验性（或表现性）目标的陈述方式就是描述学生的心理感受、体验（或明确安排学生表现的机会）等。该方式所用行为动词是体验性的、过程性的。

要想清晰而明确地表述教学目标，在编写的时候至少应涵盖行为和内容两个方面，所用的行为动词必须能区分所表述的具有不同特征的行为。

2．三维教学目标常用行为动词

根据不同的学习水平，从每一水平中的层次特征出发，我们列出了三维教学目标常用行为动词，如表11.4 所示。

表11.4 三维教学目标常用行为动词

学习水平	层次特征	常用行为动词
知识	了解——再认或回忆、识别、举例说明、描述对象的特征	说出、举例说明、识别、背诵等
	理解——把握内在逻辑联系，对知识做出解释、扩展、提供证据、判断等	解释、概括、判别、猜测、推断等
	应用——使用抽象的概念、原则，总结、建立新的合理联系等	设计、撰写、解决、总结、推广、证明等
技能	模仿——在原型示范或指导下完成操作，对提供的对象进行模拟、修改等	模仿、临摹、重复、例证、缩写、听唱、跟奏等
	独立操作——独立完成操作，进行调整与改进，尝试与已有技能建立联系	完成、演唱、演奏、测试等
	迁移——在新情境中使用已有技能或是同一技能在不同情景中使用	改编、转换、灵活运用、举一反三等
过程与方法	经历——经历知识形成的过程，独立或合作参与活动，获得初步经验，建立感性认识	经历……的过程
	体验——经历知识的形成，并能对知识做出一定解释和应用的过程	体验……的过程
	探索——经历应用所获得的知识探索发现问题、分析和解决问题的过程	探索……的过程
情感、态度与价值观	感受——经历学习活动后建立的感性认识	感受、感悟、聆听、参观、观摩、访问等
	认同——经历学习活动后表达感受、态度及价值判断等	接受、同意、采纳、拥护、怀疑、抵制、反对等
	内化——确立相对稳定的态度，表现出持续的行为	养成、树立、具有、追求、塑造等

第四节 教学策略和教学方法的选择

一、教学策略和教学方法概述

(一) 教学策略

教学策略是指在教学过程中,为完成特定的教学目标,依据教学的主客观条件,特别是学生的实际,对所选用的教学顺序、教学活动程序、教学组织形式、教学方法和教学媒体等的总体考虑。也就是说,教学策略是在教学的各个环节中使用的指导思想和方法。

(二) 教学方法

教学方法是为了实现教学目标,完成共同的教学任务,教师和学生在教学过程中运用的方式与手段的总称。

教学方法包括教师教的方法(教授方法)和学生学的方法(学习方法)两大方面,是教授方法与学习方法的统一。教授方法必须依据学习方法,不然的话,教学活动可能会缺乏针对性和可行性,从而不能有效地达到目的。但是,因为教师在教学过程中处于主导地位,所以在教授方法与学习方法中,教授方法处于主导地位。

(三) 教学方法与教学方式

教学方法与教学方式并不相同,但两者联系密切。一方面,教学方式是构成教学方法的细节,是运用各种教学方法的技术。教学方法是由一系列的教学方式组成的;另一方面,教学方法是一连串有目的的活动,能独立完成某项教学任务。而教学方式只被运用于教学方法中,并为促成教学方法所要完成的教学任务服务,其本身是不能完成一项教学任务的。

二、信息技术课堂教学策略的选择

信息技术课堂中常用的教学策略主要有先行组织者教学策略、情境教学策略、动机教学策略、启发式教学策略、九段教学策略、情境-陶冶教学策略、自主学习教学策略、支架式教学策略、抛锚式教学策略和随机进入式教学策略。这在本书模块二第十章已经详细介绍过,本节针对信息技术课堂教学中常见的合作学习模式和探究学习模式,选择了小组合作学习策略和任务驱动教学策略加以讲述。

(一) 小组合作学习策略

小组合作学习就是以合作学习小组为基本形式,系统利用教学中动态因素之间的互动,促进学生的学习,以团体的成绩为评价标准,共同达成教学目标的教学活动。新课标提倡"自主、合作、探究",课堂中利用小组合作学习可以让学生自主探究学习,有效培养学生的探究意识和合作精神,构建学科知识;还可以调动学生的学习积极性,活跃课堂气氛;也有利于学生沟通交流能力和问题解决能力的发展。

小组合作学习要求把全班学生按"组内异质、组间同质"的原则,分成学习小组,以便启发引导之后,学生面对面地进行小组讨论。小组成员一般为4~5人。

小组人员分工及分工标准:根据每个人的特长不同进行不同的分工;先确定一位小组长,每组学习任务的分工由小组长完成,小组长根据每个成员的特长分配学习任务;小组成员根据分配好的学习任务开展学习活动,形成组内合作、组间竞争的模式。

小组合作学习中教师的角色定位：教师是全班小组合作学习的组织者和掌控者；是组内研讨的参与者；是小组研讨的引导者。

（二）任务驱动教学策略

任务驱动教学策略指在学习的过程中，学生在教师的支持与帮助下，紧紧围绕一个共同的任务活动中心，在强烈的问题动机的驱动下，通过对学习资源的积极主动应用，进行自主探索和互动协作的学习，并在完成既定任务的同时，产生一种学习实践活动。任务驱动教学策略要求在教学设计以任务为主线，以教师为主导，以学生为主体。任务驱动教学中，如何确定任务是核心，怎样"驱动"是关键，提高学生信息素养是最终目的。

任务驱动教学策略的实施一般包括创设情境、确定问题（任务）、自主学习/协作学习和效果评价四个步骤。

在采用任务驱动教学策略的时候，一定要选择合适的任务，一般以生活中的情境或学生的需要为任务。任务应有利于使学生获得个性化发展，有利于培养学生的信息素养。在信息技术课堂教学中，教师可以利用日常使用信息技术过程中出现的各种现象创设问题情境。学生在使用信息技术的过程中，一定会遇到很多问题，如网页打不开等。这是他们信息技术经历中很重要的一部分，这些经历也是创设问题情境的良好素材。

教师在采用任务驱动教学策略进行教学时，可能会遇到一些问题，如任务设置的难度较大、学生水平差异较大。这时，教师可以采取其他教学策略来辅助。

三、信息技术教学中常用的教学方法

信息技术教学中常用的教学方法有讲授法、讨论法、直观演示法、任务驱动法、游戏教学法、范例教学法、问题教学法和情境教学法。

（一）讲授法

讲授法是教师通过简明、生动的口头语言向学生传授知识，发展学生智力的方法。它是通过叙述、描绘、解释、推论来传递信息、传授知识、阐明概念、论证定律和公式、引导学生分析和认识问题的。运用讲授法的基本要求主要有以下几点。

（1）讲授既要注重内容的科学性和思想性，又要尽可能地与学生的先备知识相联系。

（2）讲授时应该注重培养学生的学科思维。

（3）讲授应该具有启发性。

（4）讲授要讲究语言艺术，即语言要生动形象、富有感染力，条理清楚、通俗易懂，音量和语速要适中，语调要抑扬顿挫，更容易使学生接受。

（二）讨论法

讨论法是在教师的指导下，学生以全班或小组为单位，围绕教材的中心问题，发表自己的看法，通过讨论或辩论活动获得知识或巩固知识的一种教学方法。运用讨论法的基本要求主要有以下几点。

（1）讨论的问题要具有吸引力。讨论前教师应设计出讨论的问题和讨论的具体要求，并指导学生收集资料，进行相关的调查研究，准备发言提纲。

（2）学生讨论时，教师要善于启发诱导，引导学生积极思考并发表自己的观点。讨论要围绕讨论的目的，联系实际，尽可能让每个学生都发言。

（3）讨论结束时，教师应进行小结，概括讨论的情况，帮助学生获得正确的观点和系统的知识。

（三）直观演示法

直观演示法是指教师通过在课堂上展示各种实物、直观教具或进行示范性实验，让学生观察以获得感性认识的教学方法。直观演示法是一种辅助性教学方法，要和讲授法等其他教学方法结合使用。运用直观演示法的基本要求主要有以下几点。

（1）目的一定要明确。

（2）现象要明显且容易观察，这样学生才能有直观的感受。

（3）尽量减小次要因素的影响。

（四）任务驱动法

本书第十章第三节中我们已介绍过任务驱动教学法。在使用任务驱动法进行教学时，教师可以给学生布置探究性的学习任务，学生可通过查阅资料、实践操作等，对知识体系进行整理，找出解决问题的方法，再选出代表进行讲解，最后由教师进行总结。任务驱动法可以以小组为单位组织进行，也可以以个人为单位进行，它要求教师布置的任务要具体，其他学生要积极提问，以达到共同学习的目的。任务驱动法可以让学生在完成任务的过程中，形成分析问题、解决问题的能力，发展学生的独立探索及合作精神。

（五）游戏教学法

游戏教学法，顾名思义，就是在游戏中进行教学，使学生在一种竞争的气氛中学习教材中的内容或者学到必须掌握的课外知识的一种教学方法。游戏教学法将游戏和教学巧妙结合在一起，可以更好地激发学生的学习兴趣。

（六）范例教学法

知识拓展
11.3

范例教学法是指教师在教学中选择真正基础的、本质的知识作为教学内容，通过"范例"内容的讲授，使学生掌握同一类知识的规律的方法。运用这种教学方法的主要目的在于促进学生的自主学习和独立学习，将所学知识进行迁移，并进一步发展所学的知识，以此来促进学生的思维方法和行动能力。

（七）问题教学法

问题教学法是指在教学中从学生的认知规律和实际出发，科学地设计问题，巧妙地提出问题，通过师生的互动，鼓励学生学会提问，要理论和实际相结合，以教材为主，而又不拘泥于教材，解决学生不正确的认识和模糊的观点，然后得出正确结论的教学方法。

问题教学法一般包括感知教材内容、鼓励学生提问、通过问题授课和深入研究问题四个基本环节。

1. 感知教材内容

首先，教会学生看书的方法，要由面到点，再由点到面，确定主次关系。其次，引导学生处理和把握教材，学会自学。再次，就是学生完成对教材内容的从感性认识到理性认识的升华，并结合自己的已有经验和教材的知识结构主动地进行学习。

2. 鼓励学生提问

教师需要鼓励学生从新的角度去提出问题，这样才能有新的发现和突破，在教学中，可以采用"学思问"表格来帮助学生提升问题意识，克服提不出问题的障碍。

3. 通过问题授课

根据不同的具体情况，这个环节可采用不同的方式。对于大多数学生感兴趣并且具有现实意义的问题,可以采用全班讨论的方式进行;对于一部分学生感兴趣并且有一定讨论价值的问题,可以采用分小组讨论的方式进行;对有一定难度的问题,或是学生的知识结构中所不包含的问题,就需要教师来亲自解答;对于有些学生认识上比较极端的问题,采用个别解答的方式会更好。

4. 深入研究问题

教师应认真分析学生的问题,这样可以更加准确把握学生的心理特点,并且可以将其作为课堂教学之中丰富而鲜活的素材。

（八）情境教学法

情境教学法是创造课文中讲述的情景,并在课堂上再现的一种教学方法。通过教师的情境创设与引导,学生可置身于课本中的真实环境中,这样可以激发学生的想象力,增强学生的感受力。

情境教学法一般包括选择案例、课外准备、课堂演练和答疑、分析总结四个基本环节。

1. 选择案例

首先,所选案例要同学生所学内容相接近;其次,案例要力求简洁,使学生能在上课时间内完成;再次,案例不应当是完整的,应该缺少结果。因为这样可以使学生对案例的理解提出自己的见解,可以锻炼学生分析问题和解决问题的能力,有利于学生之间的互相学习。

2. 课外准备

根据班级的情况将学生分成3—4个模拟演练小组,各组对案例进行深入分析,组长需要负责本小组的讨论,需要将本组活动的每个步骤都安排妥当。

3. 课堂演练和答疑

每个小组都经过准备之后,就可以按照事先安排好的步骤进行模拟演练。演练结束之后,教师和其他小组成员都可以提出自己的意见和想法,然后演练小组答疑,双方都充分表达自己的观点。

4. 分析总结

每个小组需要对自己小组的情况进行反思总结,然后各小组互相交流。教师需要对每个小组的情况进行深入分析,并对每个小组进行总结性评价,指出优点和缺点,尤其要表扬优点,鼓励小组创新。

四、信息技术课堂教学方法的选择

运用恰当的教学方法,教师可以引导学生感知知识,掌握知识,发展思维,开发智力,进而掌握一定的学习技巧,并能使学生在道德、情操、审美意识等方面得到发展。选择信息技术课堂教学方法要做理性思考。

信息技术课程的核心目标是让学生通过该课程的学习,体验信息技术给自己的学习、生活和娱乐等诸多方面带来的变化,由此培养学生使用信息技术的兴趣,陶冶信息素养,并在这个过程中,促进他们多种能力、个性情感的和谐发展。因此,在中学信息技术教育教学方法的选择上,要因材施教、难度适宜。选择最优教学方法主要有以下几个依据。

1. 依据具体教学任务、教材内容特点

如果教学内容的难度不高,学生也具备自学的基础,并且时间相对来说也比较充裕,就可以采取独立学习的方法。如果教材难度适中,学生有一定的自学习惯和自学能力,并且学生具备的知识基础也不错,可以学好这部分内容,最后有时间讲解疑难问题时,就可采用探索法。如果教材难度较高,而且学生也没有自学教材的知识基础,学习这一课题所安排的时间不够用于自学时,就不能采取独立学习的方法。

2. 依据学生年龄特征

每个年龄段的学生都有一定发展水平的学习能力,都有一定的学习潜力,都有主导的思维活动品质、个性意志范围和感情范围。教师要在教学过程中研究、认识、考虑学生的年龄特征和个性特征,从而选择合适的教学方法。例如,对于高年级的学生来说,他们的抽象思维能力和逻辑思维能力都得到了极大发展,可以使用探索法和演绎法等,也可使用图表、符号等手段,采取讨论或者独立探索的方法等。

3. 依据班级及学生的发展水平

教学方法是否最佳是相对学生的学习水平而言的,针对各个班级学生的不同发展水平,教师应该不同对待。教师应在多种多样的教学方法中进行甄别,根据不同班级的具体情况,采用最优的教学方法。如果班级的基础知识水平较高,那么学习教材就适当增加实践法,减少直观法;如果班级知识基础差,那么就要多使用直观法,减少独立学习教材的分量。除此之外,教师还要了解同一班级内不同学生的发展水平,对于学习程度较好的学生,教师要为他们提供较为复杂的学习任务,如增加作业的范围和数量,布置一些具有难度的习题,让他们完成一些有关演示仪器和实验仪器的作业等,尽可能让学生有事可做。对学习程度稍微差点的学生,教师应尽可能保持其学习兴趣。教师需要针对班上的大多数学生,才能最佳地组织教学,选择最合理的教学方法和手段,以求达到最好的教学效果。

4. 依据教师自身的特点

教学方法的最优化应该是以教师的创造性为基础条件的,不应该排斥教师的创造性。教学方法的选择除了要以上述三个方面为依据外,还应该依据教师自己的特点,这样才能有效提高教学效果。教师的技巧在于,他在教学过程中能够最大限度地发挥自己的知识和能力,有的教师善于逻辑思维,有的教师擅长画画,有的教师擅长唱歌等。每个教师都应该根据自身的特点,选择并运用最恰当的教学方法。

信息技术课堂教学方法的选择,除了上述所列举的几条依据外,还应综合考虑教学环境、教学设备、教师的个性心理活动等因素,以取得最佳的教学效果。教学方法的选择要因教材、教师、学生的不同而异,教学方法的优化组合的根本原则是贯彻理论联系实际的原则。

第五节　教学媒体的选择与应用

媒体是指承载、加工和传递信息的介质或工具。当某一媒体被用于教学目的时,作为承载教育信息的工具,该媒体就被称为教学媒体。教学媒体是教学内容的载体,是教学内容的表现形式,是师生之间传递信息的工具,如实物、口头语言、图表、图像以及动画等。教学媒体往往要通过一定的物质手段而实现其信息传递功能,如书本、板书、投影仪、录像以及计算机等。

教学媒体由两个相互联系的要素构成:一是硬件或现代教学设备,即用以储存和传递教学信息的多种教学机器;二是软件,又叫教材,即录制或承载了教学信息的各种片、带、软盘等。

知识拓展
11.4

一、教学媒体的选择

（一）选择教学媒体的依据

通常情况下,选择教学媒体的依据主要有以下四个。

1. 依据教学目标

每个知识点都有教学目标,每个教学目标的达成都需要使用教学媒体,那么,要达成不同的教学目标,就需要选择适合的教学媒体去传递教学信息。

2. 依据教学内容

各个学科的特点各有不同,所以选择教学媒体的时候应该有所区别,同一学科内的不同章节,在选择教学媒体的时候也可能会有所不同。

3. 依据教学对象

不同年龄阶段的学生具有不同的特点,接受能力也不尽相同,选择教学媒体的时候必须考虑这一点。

4. 依据教学条件

教学条件不同,教学媒体也会有很大不同,比如选择教学媒体时需要考虑资源状况、经济能力、师生技能、管理水平等。

（二）选择教学媒体的原则

1. 有效信息原则

从美国视听教育家戴尔的"经验之塔"可以看出,各种教学媒体所体现的学习经验层次是不同的:有的是观察的经验,有的是做的经验,有的则是抽象的经验。所以,对于不同的教学内容,应选择最适合的教学媒体来呈现。

学生的认知结构是逐步形成的,它与年龄有关,此外,也与个人的知识、经验有关。所以,选择教学媒体的时候除了需要考虑教学内容外,还要考虑学生的现有知识水平。这样才能使教学媒体发挥应有的作用。

2. 优化组合原则

每种教学媒体都有自己的优点,同时也有其缺点,没有哪一种教学媒体是适合所有教学活动的。所以在应用教学媒体的时候,应该将各种教学媒体相结合,取长补短,以求取得最好的教学效果。需要注意的是,要以最好的教学效果为出发点,而不只是教学媒体形式上的使用。

（三）选择教学媒体的方法

为了指导一线教师在教学过程中教学媒体选择得更加合理,人们还积累了一系列教学媒体选择方法。

1. 问题表

问题表就是列出一系列问题,媒体使用者可以通过回答问题,对比回答结果,然后选择出适用于一定教学情境的教学媒体。

2. 矩阵式

矩阵式以教学方法为一个维度,以媒体的技术水平为另一个维度,然后以适合使用的典型媒体作为描述两者之间关系的参数,如表 11.5 所示。

表 11.5　教学媒体选择矩阵图

教学方法	媒体的技术水平		
	低技术水平	中技术水平	高技术水平
讲解	印刷材料、黑板、录像/录音、实物展示台、书写白板、幻灯/投影	多媒体播放系统、电子讲稿（如PPT）、概念地图、DVD、语言实验室、电子记录白板、视频广播、Web资源	多媒体网络教室、虚拟教室、双向视频会议系统、数字语音室、卫星电视、Web资源/主题资源、电子互动白板、视频流/音频流
演示	录音（如语言、音乐）、录像、幻灯/投影、实物展示台	多媒体播放系统、电子讲稿（如PPT）、概念地图、DVD、音频会议系统、Web资源	电子互动白板、虚拟现实软件、数字博物馆、双向视频会议系统、卫星电视
个别指导	印刷材料（如指导手册）、面谈、电话（课外）	超媒体课件、音频会议系统、语音邮件、Web资源	个性化教学软件、数字语音室、即时聊天系统、桌面视频会议系统
操练与练习	印刷材料、录像、录音	DVD、PC课件、Web资源、语音系统/语言实验室	数字语音室、Web课件、桌面会议系统、音频流
自主学习	印刷材料、录像、录音、E-mail	DVD、Web资源、新闻组、电子图书馆	Web课件、主题资源、网志（BLOG）、数字图书馆、桌面会议系统、双向视频会议系统
小组讨论	记事本、E-mail、录音	音频会议系统、语音邮件	虚拟学习社区、即时聊天系统、桌面会议系统、Web电话
全班交流	黑板/墙报、问答、口头汇报、幻灯/投影	电子小报、音频会议系统、新闻组、电子讲稿（如PPT）	虚拟学习社区、BBS、电子表决系统、双向视频会议系统、桌面会议系统
合作学习	印刷材料、E-mail、电话	音频会议系统、PPT、传真、语音邮件	虚拟学习社区、即时聊天系统、桌面会议系统、Web电话

3. 算法型

在确定运用何种教学媒体的过程中，有些教师会对备选媒体的功能与其所需要付出的代价进行量化比较，得到不同媒体的效益指数，从而确定适用于特定教学情景的媒体，这种媒体选择方法一般称为算法型。对于代价的计算，只是一个相对概念，例如，在选择幻灯片和计算机展示图片的代价时，可以根据学校的情况，如果学校的计算机数量有限，那么制作一张幻灯片的代价要小一些，但是在计算机已经很普及的情况下，在网络上寻找一张图片的代价就要小很多。

4. 流程图

将教学媒体选择的过程分解成一套按序排列的步骤，每个步骤都会设置一个问题，将问题以框图的形式呈现，由选择者回答"是"或"否"，然后按逻辑被引入不同的分支，根据对问题的回答来确定使用哪种教学媒体。

二、信息技术教学中教学媒体的选择和应用

（一）高中信息技术课程教学资源

高中信息技术课程教学中，使用较多的资源类型主要是文字教材、电子教材、多媒体课

件、学习软件、网络资源等。随着信息技术教学的不断完善,课程资源也在不断地丰富和发展,更多的课程资源进入到了信息技术教学中。这种情况对信息技术教学的发展有着较大的帮助,但是,课程资源的数量增加并不代表教学质量的提升。因为我们要明白一点,就是课程时间的有限性,即便是拥有用不完的资源,实际能够使用的课程资源还是有限的。为此,只有挑选出最有利的课程资源,才能够提高教学的质量。另外,教师必须具有将多种资源有机整合的能力,才能使多种教学资源相辅相成,发挥更大的作用,达到更好的教学效果。

(二) 高中信息技术课程教学中教学媒体的选择和设计

高中信息技术课程教学中教学媒体的选择和设计应做到以下几点。

(1) 确定教学目标:将教学目标具体化,明确目标类型。

(2) 列出教学活动:列出可以预见的课堂师生活动情况,越具体越好。

(3) 选择教学信息传输类型:依据教学目标、教学活动计划、学生的认知水平和学习能力等选择教学活动中教学信息的传输类型。

(4) 呈现媒体和资源列表:选定教学信息传输类型之后,列出媒体和资源需求列表,划定媒体和资源选择的范围。

(5) 选择最佳媒体和资源:根据媒体选择的依据和原则,选择各个教学环节的最佳媒体资源。

第六节 高中信息技术教学设计的综合应用

在分析了教材和学习者,确定了教学目标、教学媒体、教学策略和方法之后,就要制作出教学设计方案。教学设计方案一般包括以下几个方面的内容。

(一) 指导思想与理论依据

学科课程标准是指导教师教学的依据,教学理论、学习理论是教师进行教学的基础,指导思想将影响教学目标的确定、教学方式的选择等。这一部分也是依托、体现新课程理念的环节。

(二) 教学背景分析

(1) 教学内容:要分析本阶段内容在整体信息技术课程中的地位和作用,以及本节课在本阶段中的地位和作用,明确本节课的主要教学内容。

(2) 学生情况:学生的一些基础状况,包括智力因素和非智力因素。

(3) 教学方法:所选择的教学方法和选择这种教学方法的原因。

(4) 技术准备:包括教学资源的确定和教学环境的选择等。

(三) 教学目标

要确定三维教学目标:知识与技能,过程与方法,情感、态度与价值观。确定教学目标时应注意以下几点。

(1) 目标的主语应是学生。

(2) 目标要体现出学生需要掌握的技术内容。

(3) 目标要体现出学生技术应用能力方面的内容。

(4) 目标要体现出对应课标中课程目标中的内容。

(5) 目标要体现出能力层次(学习目标的行为动词)。

（四）教学重点和难点

（1）重点：本节课中非常重要的内容（不宜很多），教学过程中应该分配一定的时间用于突出重点。

（2）难点：难点是学生不易理解和掌握的部分，它不一定是重点，教学过程中应该安排一定的时间用于突破难点，一节课不宜难点过多，也不宜没有难点。

（五）教学流程

教学流程可以逐条列出，也可以用示意图的形式表示，目的在于使教学过程更加清晰、一目了然，体现出授课教师思路的清晰程度。教学流程主要有以下几个参考环节。

（1）创设情境：让学生尽快进入学习状态，激发学生的学习兴趣。

（2）温故知新：引发知识的承前启后，组织学生复习之前所学的知识，同时引出新知识。

（3）新课讲解：讲授新知识，可以采用多种教学方式。

（4）实践操作：主要是学生自主操作，教师及时指导，教师应关注全体学生。

（5）分享交流：学生之间可以分享各自的知识，通过最终作品来交流，这样可以增加学生、师生之间的互动，使学生获得更多经验，体验成功的喜悦。

（6）效果评价：教师要在了解学生学习情况的基础上，对学生的学习效果进行评价，学生也可以自评或互评。效果评价也是学生了解自己的方式之一。

（7）归纳总结：教师或教师组织学生对本节课知识进行小结，联系各个知识点，以使学生形成系统的认识，形成信息技术的整体概念。

（8）拓展提高：拓展延伸一些新的内容，使学有余力的学生学到更多。

（六）实际教学过程中须注意的事项

教学整体过程不一定涉及方方面面，要根据具体的学生情况、学习内容而定，实际教学过程中须注意以下几条事项。

（1）教师活动要体现出教师的讲授、引导、学习过程监控等方面的作用。

（2）学生活动要体现出学生的学习关键点，如思考、观察、操作、讨论等。

（3）技术应用要体现出这一环节所使用的技术手段、资源等。

（4）时间安排要体现出教师对整体课堂的流程安排。

（七）学习效果评价设计

学习效果评价设计时应注意以下几点。

（1）评价方式要多样化，但也不宜过多。

（2）评价内容不要过于复杂，要易于操作。

（3）要设计评价量规，量规内容不宜过多，形式可以是给出分数、评价等级、给出简单评语等。

（八）关于板书

板书的用途主要是突出重点、提示学生。提醒的内容包括技术的主要环节、学习任务、具体操作要求等。板书要起到标尺的作用，以帮助学生把握自己的学习方向。

本章知识结构

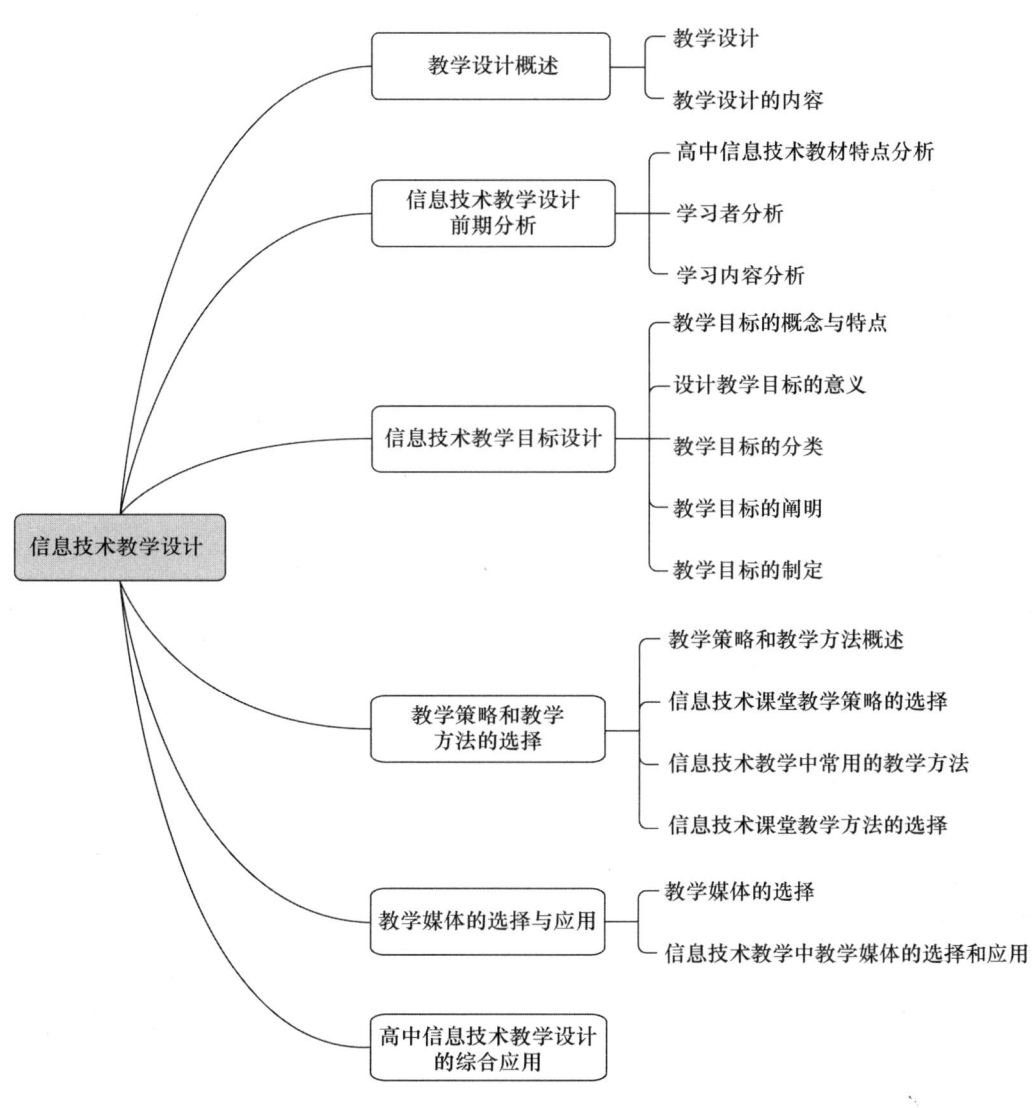

本章小结

（一）本章重难点

本章的重点是根据信息技术学科的特点和学生认知特征，选择合适的教学策略和教学方法；理解信息技术学科教学内容组织的基本形式和策略，能够设计合理的教学流程；通过研究典型的信息技术教学设计的案例，掌握教学设计的方法，评析教学案例。本章的难点是能够在规定时间内完成所选教学内容的教学设计。

（二）学习时要注意的问题

在学习本章内容时要注意以下几点问题：
1. 掌握制定教学目标的方法；
2. 能够合理选择教学策略和教学方法；
3. 合理利用信息技术教学资源，设计多样化的学习活动。

备考指南

教学设计部分主要出现于历年考试的主观题中,题型为简答题、案例分析题或教学设计题,约占试卷总分的23%,属于必考内容。因此,考生对于教学设计基础知识的掌握和运用尤其重要。

在学习本章内容时,需要考生能够针对高中学生的认知特征、知识水平及学习需要选择合适的教学内容,制定具体的教学目标;能够根据教学内容的特点、学生个体差异,确定教学重点和教学难点;能够根据不同课程模块的特点,合理选择教学策略和教学方法;能够合理利用信息技术教学资源,设计多样化的学习活动,引导学生积极参与学习过程。

自测训练

一、简答题

1. 请简述任务驱动教学策略是什么,列出它的实施步骤。
2. 学习内容分析的方法有哪些?
3. 在给高中一年级开设"搜索技巧"课前,请对学生进行学习者起点能力分析。

二、案例分析题

1. 案例:

在准备第一章《网络的组建与运行》的阶段测试题时,对于局域网的基本拓扑结构这一知识点,王老师与李老师分别设计了如下题目。

王老师的题目:

(单选)以交换机为中央节点,其他计算机都与该中央节点相连接的拓扑结构是(　　)。

A. 环型结构　　　　B. 总线型结构　　　　C. 星型结构　　　　D. 树型结构

李老师的题目:

(单选)某大型超市中的几台收银机突然同时发生了网络故障,无法提供收银服务,服务员很抱歉地请排队等候的顾客移至其他可以正常工作的收银台完成付款。据此可以推断,这个大型超市当中收银台网络互连的拓扑结构有可能属于(　　)。

A. 环型结构　　　　B. 总线型结构　　　　C. 星型结构　　　　D. 树型结构

问题:

(1) 请从布鲁姆教学目标分类的角度,写出两位老师测试题目考查的目标层次。

(2) 在不更改题目描述情境的前提下,请修改李老师的题目,使其更加科学、严谨。

2. 案例:

实习教师林老师与她的指导教师程老师对高一教材的部分内容重新进行了组织,设计了一个"我的悠长假期电子相册制作"的学习任务,该学习任务的完成需要10个课时,第1~2课时学习摄影常识,第3~6课时学习Photoshop图像处理知识,第7~9课时学习音视频处理知识,第10课时学习电子相册集成知识。本节是图像处理的第2课时,课上林老师首先为同学们带来了一个"制作证件照"的范例,并讲解示范了如何利用"图层""快速选择""裁剪"和"颜色填充"工具制作证件照,同学们对这节课的内容很感兴趣,可是下课时有几位同学走近林老师,问道:"老师,电子相册中需要有证件照吗?"林老师很自然地回答道:"不需要,但这个内容很实用,又正好能用得上裁剪、快速选择等工具,所以就给大家安排了这个任务。"林老师的指导教师程老师将这一切看在眼里,在自己的听课记录本上对课题"制作证件照"画上了一个大大的问号。

问题：

（1）从完整的信息处理过程的角度，分析林老师是怎样设计"电子相册制作"的学习内容的？（10分）

（2）"制作证件照"内容具有实用性，但与"电子相册制作"学习任务的关联不紧密。你认为应该如何处理这部分教学内容？（10分）

三、教学设计题

1. 阅读材料，根据要求完成教学设计。

上课内容为"信息的编码"的第一课时，主要介绍了二进制的含义、特点、运算法则以及二进制与十进制之间的转换。通过本节课的学习，学生知道信息编码的意义，能说出二进制的含义及基本特征，会进行二进制与十进制的转换。

教学环境：交互式电子白板教室环境，如图11.2所示。除交互式电子白板外，教室还配有实物展台、电脑、投影机等教学设备。

图11.2 交互式电子白板教室环境

电子白板的主要功能有：演示（演示图片、动画、视频等多媒体信息）、书写（多种笔可供书写）、控制（在白板上的触控相当于鼠标操作，直接控制计算机并显示反馈）、记录功能（存储、回放等）、拖拽功能、辅助教学功能（聚光灯、拉幕、放大镜）、图形功能等。

教学对象：高中一年级学生

教学用时：1课时（45分钟）

要求：

（1）请分析本节课教学内容的特点（5分），并结合教学内容的特点选择一种适宜的教学方法，简要说明理由（5分）。

（2）针对"二进制与十进制转换"这一知识点分别设计1道填空题和1道单项选择题。（10分）

（3）基于所提供的教学环境，根据题（2）所设计的题目，设计练习环节的师生活动，并说明使用的电子白板功能，将表11.6填写完整。（15分）

表11.6 练习环节师生活动设计表

师生活动	电子白板运用

2. 阅读材料,根据要求完成教学设计。

理解算法的概念是理解计算机解决问题的过程与方法的重要基础之一。关于计算机算法的概念,一般表述为"用计算机编程解决问题,首先应确定解决问题的思路和方法,并写出正确的求解步骤,这就是所谓的算法。简单地说,算法就是解决问题的方法和步骤"。

教学目标:

(1) 通过本节课的学习,学生能够准确地描述出算法的概念。

(2) 通过本节课的学习,学生能够举例说明算法的选择对提升问题解决效率的作用。

(3) 通过本节课的学习,学生能够用自然语言和流程图表述变量交换的算法。

教学材料:教师以"液体交换"问题为例介绍算法的概念。液体交换的问题为:"有两个杯子 A、B,分别盛放酒和醋,要求将两个杯中的液体互换,即 A 中放醋,B 中放酒。"

教学环境:多媒体教室

教学对象:高中一年级学生

要求:

(1) 试分析教师介绍算法时,运用"液体交换问题"作为示例的意图。(8分)设计板书,呈现该问题的具体算法。(7分)

(2) 基于该示例,设计一个教学片段,帮助学生理解算法的概念。(20分)

3. 阅读材料,根据要求完成教学设计。

教育实习是师范院校培养适应中小学教育教学需要、高素质专业化教师的重要实践环节,也是师范生更好地理解教育教学知识,掌握教学设计与实施能力的重要途径。

实习生小周将要上课的内容是"数据库系统"。本节课的教学目标之一是学生能够理解数据库系统的构成及相关基本概念,初步掌握数据库的建立及基本操作。教材中选用的数据库案例是"学生选修课程信息库",该数据库包含课程信息表、课程选修信息表、学生信息表,如图 11.3 所示。

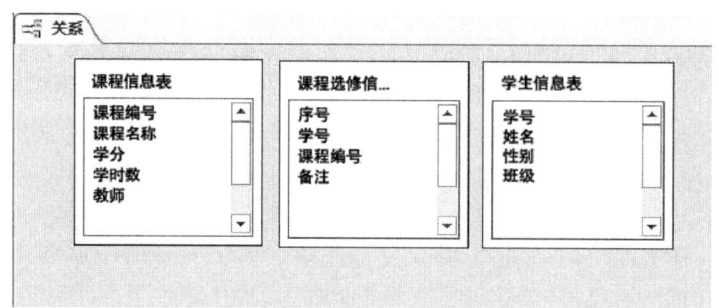

图 11.3　学生选修课程信息库

数据库、数据库管理系统、数据库应用系统等概念及其相互关系如图 11.4 所示。

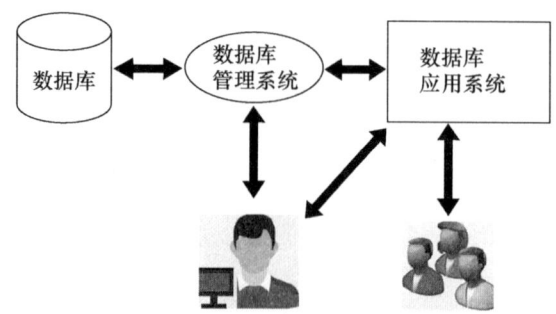

图 11.4　数据库系统主要组成及关系

教学对象：高中一年级学生
教学环境：多媒体网络教室
教学用时：1课时（45分钟）
要求：

（1）结合教学内容的特点和学生实际，分析教材中选用"学生选修课程信息库"示例的意图（8分）；请设计一段教师语言，向学生解释图11.4所示的数据库系统主要组成及关系。

（2）基于教材所选的数据库案例，设计一个教学片段，让学生在体验中理解数据库系统的构成及相关基本概念。（20分）

参考答案及解析

一、简答题

1.【参考答案】 任务驱动教学策略指在学习的过程中，学生在教师的支持和帮助下，紧紧围绕一个共同的任务活动中心，在强烈的问题动机的驱动下，通过对学习资源的积极主动应用，进行自主探索和互动协作的学习，并在完成既定任务的同时，产生一种学习实践活动。在信息技术教育中，任务驱动教学策略要求教师在教学设计中以任务为主线，以教师为主导，以学生为主体，如何确定任务是核心，怎样"驱动"是关键，最终达到提高学生信息素养的目的。

任务驱动教学策略一般包括创设情境、确定问题（任务）、自主学习/协作学习和效果评价四个实施步骤。

2.【参考答案】 学习内容分析方法主要有归类分析法、层级分析法、信息加工分析法和程序分析法。

3.【参考答案】

学习者起点能力分析：高一学生在初中阶段已经积累了一定的网络使用经验，但对比较高级的信息搜索技巧不甚清楚；而且已经具备了一定的使用信息技术的经验，大部分学生曾经使用或搜索引擎，能够简单运用搜索引擎查找信息，但对一些常用的搜索技巧并不清楚，使用的也不多。在讲搜索引擎时，没有明确的、有趣的搜索对象，仅仅是输入一两个关键词搜索信息，不能满足学生的需要，很难引起学生的兴趣，学生也认识不到搜索引擎对人们学习、生活和工作的重要性。因此，要选取与学生学习生活有关的事例，适当提高搜索难度，让学生体会到利用搜索引擎完成搜索任务的乐趣和意义。

二、案例分析题

1.【参考答案】

（1）布鲁姆把教学目标分为认知领域、动作技能领域、情感领域三大类，并且提出每一类别的目标具有层次性。

王老师的测试题目考查的是认知领域中的"领会"层次。

李老师的测试题目考查的是认知领域中的"运用"层次。

（2）李老师给出的题目不能最终确定唯一的标准答案。根据李老师给出的题目，答案可以为总线型结构、星型结构或是树型结构。因此，在题目当中需要加上一个特定的条件来确定唯一的答案。按照日常生活的实际来看，大型超市的拓扑结构一般为星型结构，因此，李老师的题目可更改如下：

某大型超市中的几台收银机突然同时发生了网络故障，无法提供收银服务，服务员很抱歉地请排队等候的顾客移至其他可以正常工作的收银台完成付款，发现也不可以付款。最终维修人员发现是因为控制室中央设备出现故障。据此可以推断,这个大型超市的收银台网络互连的拓扑结构有可能属于(　　)。

2.【参考答案】(1)刚开始的时候学习摄影常识,这是信息采集的过程;图像处理的几个课时是信息加工的过程,即把得到的照片做各种处理;音视频处理是教会学生为电子相册增加音频和做成小视频,以使电子相册更加美观;最后的电子相册集成就是将前面所学的知识联系起来,最终完成电子相册的制作。

(2)"制作证件照"的内容虽然具有实用性,但与主题——"电子相册制作"学习任务的关联不紧密,学生会对教学内容产生疑问。可以把证件照改为一些也可以使用裁剪、快速选择等工具进行处理的拍摄回来的比较典型的照片,这样可以使学生对课程的理解更加深入,学习兴趣也更加浓厚。

三、教学设计题

1.【参考答案】

(1)本节课的主要内容是二进制的含义、特点、运算法则以及二进制与十进制之间的转换,知识点较多且比较抽象,教师可以选择讨论法和练习法进行教学。具体理由如下:本节课内容理论知识较多,讲解时间过长会导致学生出现抵触情绪。讨论法是学生在教师的指导下为解决某个问题而进行探讨以获取知识的方法。其优点在于能更好地发挥学生的主动性、积极性,这在很大程度上能够帮助学生进一步认识、理解二进制。在进制转换的学习中,练习法能够促进学生掌握进制转换技巧,培养学生解决问题的能力。

(2)① 把十进制的 10 转换成二进制应为(　　)。

A. 1001　　　　　B. 1010　　　　　C. 0101　　　　　D. 1110

② $(1011)_2$ 转换成十进制应为____。

(3)① 请学生将电子白板进行校准。

步骤一:用电子笔的笔尖点击交互白板校准快捷键。

步骤二:用电子笔点击屏幕四个角上依次出现的黑色"＋"号的中间位置。

步骤三:显示"校准完毕!"后点击"确定"按钮,即完成校准操作。

② 请学生练习电子白板的锁定功能。

步骤:左上角选择"对象浏览器",选择需要选定的内容,点击上方的小按钮选中"锁定"即可。"锁定"前打钩即可实现锁定功能,反之则取消。

③ 练习环节师生活动设计表如表 11.7 所示。

表 11.7　练习环节师生活动设计表

师生活动	电子白板运用
首先,教师请学生对习题进行解答,并在电子白板上写出解题步骤(同时将学生的解答过程录制下来,以便需要时进行回放)	1. 利用电子白板的书写功能,将解题步骤书写在电子白板上,以及电子白板的记录功能,将相关过程存储下来
其次,将学生的作答区域进行放大,方便其他同学观看和检查	2. 利用电子白板的控制功能,对重点内容进行放大
最后,对学生作答的整个过程进行回放,分析学生的解题思路,并进行总结	3. 利用电子白板的回放功能,对解题步骤进行回放

2.【参考答案】

(1)① 选用"液体交换问题"作为示例,一是因为这是日常生活中常见的问题,而本课的内容相对来说比较抽象,从学生日常生活中常见的问题出发过渡到本课,学生比较容易理解；二是因为选取的这个生活实例可操作性强，能够引起学生的兴趣和参与感。

② 板书如下：

一、A 杯子的酒→空杯

二、B 杯子的醋→A(空杯)

三、空杯中的酒→B(空杯)

（2）① 导入环节：教师先让学生联系生活，自行解决生活中液体交换的问题，待学生解决后让学生用自然语言总结步骤。

② 新授环节：教师展示学生总结的步骤，解释说明——像这样的解决问题的方法和步骤就是算法。为了让学生进一步掌握算法这一概念，可以让学生分小组讨论，共同探究如何用流程图进行描述。最后请小组代表对本组的流程图进行讲解说明。

③ 巩固环节：教师给出问题——求从 1 累加到 100 的和。要求学生给出两种解决该问题的方法和步骤。

④ 总结环节：师生共同总结出解决问题的首要因素是要确定解决问题的思路和方法，另外，不同的算法的选择对问题解决的效率有着至关重要的影响。

3.【参考答案】

（1）① 选用意图："学生选修课程信息库"这一案例联系了学生生活实际，使枯燥的知识形象化，便于学生理解及进行知识的迁移，能更好地实现教学目标。此外，从内容来看，此示例具有典型性，便于教师讲授。

② 数据库(Database)是按照数据结构来组织、存储和管理数据的仓库，有很多种类型，从最简单的存储各种数据的表格到能够进行海量数据存储的大型数据库系统都在各个方面得到了广泛的应用。数据库管理系统是一种操纵和管理数据库的大型软件，用于建立、使用和维护数据库，比如 DB2、Oracle、MySQL、Access 等，是系统软件。数据库应用系统是由数据库系统、应用程序系统、用户组成的，具体包括数据库、数据库管理系统、数据库管理员、硬件平台、软件平台、应用软件、应用界面，如 12306 火车购票系统、图书管理系统等。

（2）教学片段：

通过剖析"学生选修课程信息库"数据库的学习过程，我们对数据库的基本内涵有了一些认识。并且对使用数据库管理信息的基本思路和方法有了一定的了解，下面我们学习数据库、数据库管理系统、数据库应用系统的含义和关系。

① 学生浏览教材自主概括三者的定义。

② 教师通过课件展示三者的关系，总结三者的含义。

③ 教师提出任务：

任务一：打开 F 盘"学生选修课程信息库.mdb"文件。

任务二：在打开的数据库中修改李明同学选修的课程。

任务三：使用"学生选修课程信息查询系统"查询李明同学的选课信息。

④ 学生小组分析任务并完成。

通过剖析，亲自体验数据库、数据库管理系统、数据库应用系统的含义和关系。

教师评价学生任务完成情况并总结。

⑤ 请学生联系实际生活，感受数据库在信息管理方面的优势。

第十二章 信息技术教学实施

考纲内容

本章内容为信息技术教学实施,考纲中要求如下:

1. 课堂学习指导

(1)了解信息技术学科教学情境的创设、学习兴趣的激发与培养的方法,掌握指导学生学习的方法和策略,帮助学生有效学习。

(2)了解学生信息技术学习的基本特点,能够根据信息技术学科特点和学生认知特征引导学生进行自主学习、探究学习和合作学习。

2. 课堂组织调控

(1)掌握信息技术教学组织的形式和策略,具有初步解决信息技术教学过程中偶发事件的能力。

(2)了解对信息技术教学目标、教学内容和教学方法等教学活动因素进行调控的方法。

3. 信息技术教学实施的综合应用

(1)能依据信息技术学科特点和学生的认知特征,恰当地运用教学方法和手段,有效地进行信息技术课堂教学。

(2)掌握信息技术实践教学的功能、特点和方法,强化科学探究意识,培养学生的创新精神和实践能力。

(3)能恰当整合多种教学资源,提高信息技术教学的质量和效率。

考纲解读

在学习本章内容时,考生主要应做到以下三点:第一,记忆信息技术学科情境创设和激发、培养学生学习兴趣等信息技术课堂学习指导基础知识,以便引导、帮助学生进行自主学习、探究学习和合作学习等;第二,能够根据给定的教学内容,整合已有教学资源,设计教学活动并实施课堂教学;第三,要了解常用的课堂偶发事件的处理方法,具备在课堂教学中处理各种偶发事件的能力。

第一节　信息技术课堂学习指导

一、信息技术课堂教学的有效导入

（一）导入

课堂导入在教学中扮演着重要的角色，它是课堂教学的前奏，就像是一出好戏的"序幕"一般。好的导入像是打开学生兴趣之门的钥匙，能够很好地引起学生的注意。好的开始是成功的一半，导入环节起着桥梁作用，它连接着新旧知识，连接着教师和学生。在高中信息技术课程的教学中，根据具体的教学内容，在上课之前创设一个好的课堂情境，利用导入吸引学生注意力，激发学习兴趣，能为整个课堂的成功奠定基础。

（二）信息技术课程情境导入创设的必要性

在信息技术课程的学习中，最为重要的是兴趣的激发和目标的设立。一节课成功、精彩与否，与导入环节直接相关。好的课堂导入可以拉近教师和学生的距离，活跃课堂气氛，激发学生的学习动机，从而为课堂教学的成功奠定坚实的基础。

（三）信息技术课堂教学常用导入方法

信息技术课堂教学常用的导入方法有情境导入法、谈话导入法、复习导入法和预习提问导入法。

1. 情境导入法

情境导入法是指教师根据具体教学内容的需要，创造一定的教学情境，使学生在一定的情境下不知不觉地进入主题。情境导入法的优点是直观、形象且引人入胜。

2. 谈话导入法

谈话导入法是通过学生与教师的谈话，即通过问与答的形式导入新课的一种课堂导入方法。谈话导入法的特点是直接明了，师生间答的互动形式可以活跃课堂气氛，在教师与学生的谈话过程中自然地引出教学内容。

3. 复习导入法

复习导入法是教师为更好地讲授新课，在授课之前帮助学生回忆，引导学生复习与所授新知相关的知识点的一种课堂导入方法。复习导入法的优点是能够帮助学生建立新旧知识之间的联系，使学生所学知识更加系统化。因此，复习导入法适合用于讲授的内容和复习内容联系较紧密的情况。

4. 预习提问导入法

预习提问导入法是教师在课前向学生布置预习内容，学生明确新课内容的关键点，然后教师在课堂开始时有针对性地进行提问，引导学生进入学习状态的一种课堂导入方法。预习提问导入法使学生在课前就已经对所学内容有了一定的了解，有了比较充分的心理准备，不仅能够提升学生课堂上的自信心，还可以培养学生的自学能力，使学生养成良好的学习习惯。

二、信息技术教学中探究学习的指导

（一）教师的有效指导

教师的有效指导在探究学习中起着重要的作用，往往与学生的学习效果密不可分。

在探究学习中,学生自发、主动、积极的态度是探究学习质量的基础和保障。因此,教师应该精心设计教学活动,并提供有效的指导,通过真实、具体、有意义的探究问题激发学生的学习兴趣,并尽量使探究活动对学生的实际生活产生借鉴意义。

(二) 学生的有效倾听

"听"是一切交际语言活动中最重要、最基础的环节,是学生获取信息的主要渠道。培养倾听能力对学生尤为重要,倾听的过程,也是引起学生之间的共鸣或者引发争论的基础。所以在教学中,教师应引导学生学会倾听,让有效倾听贯穿课堂始终,从而促进学生自主参与课堂学习,进而提高课堂教学实效。

(三) 提供自主学习材料,创设自主学习条件

教师在教学活动中扮演着组织者、引导者、参与者等角色,学生则在教师的引导下去探索知识。在教学活动中,教师应当给予学生充分的空间,为学生提供自主学习材料,积极地创设自主学习条件,培养学生的自主学习能力;同时,教师应将学习的主动权交予学生,给他们提供自主学习的平台,促进学生个性发展。这主要体现在以下两个方面。

1. 提供操作的机会

在教学中,教师应尽量为学生提供自己动手操作的机会,凡是学生能够自主操作的,都尽可能地让学生运用自己的各种感官参与到学习活动当中,丰富学生的感性知识,在实践中解决问题,促进学生知识能力双发展。

2. 创设交流的机会

在教学活动中,教师应用心设计教学活动,给学生留出自主思考与交流的空间,为学生创设更多的交流机会,促进学生独立学习与合作交流两方面能力的共同发展。

(四) 提倡合作学习,营造学生合作学习的氛围

合作学习是要求学生在小组中一起从事学习活动,共同完成一定学习任务的一种学习方式。在课堂中开展合作学习,能够密切学生之间的关系,教师成为学生合作学习的组织者、指导者和参与者。这有利于建立新型的师生关系,从而形成师生平等协作的课堂氛围。合作学习的课堂通过学生的充分交往,可以营造一种学生合作探究的氛围。学生不仅能够主动思考,而且能够相互交流、一起讨论。

(五) 引导学生进行反思,提高学生探究学习能力

反思是学习的重要环节,通过反思,学生可以更好地了解自己,发现学习中存在的问题,深化知识理解,提高探究学习能力。教师可以引导学生从以下三方面进行反思。

(1) 反思自己是否已经把握有关的知识结构,是否达到了通过探究学习掌握知识的目的;

(2) 回忆自己学习的思维过程,找出其中的问题,如自己在哪些地方走了弯路?什么地方是这次探究的思维的关键?这种关键思路在什么条件下还可以运用于其他什么类型的问题?

(3) 反思还有没有更简捷的思路和更好的解决办法?

反思不是简单的回顾,而是寻找学科知识的交叉点,总结、理解、概括思路,形成知识的迁移。在学完一个章节之后,教师可引导学生对本章节的知识、方法进行反思性总结;也可以对本章节的内容进行系统化梳理,建构知识网络,对其中反映的思维特征进行反思,帮助学生理清学习思路。此外,教师还要引导学生反思自己的学习效果,如在本章节的学习过程中,是否达到了教学目标?是否对于这些知识有了新的认识?还有什么欠缺的地方?为什

么？如何弥补等。

反思的过程可以帮助学生建立新旧知识之间的联系，促进知识的同化和迁移；还可以帮助学生建构科学方法，让学生体验科学的奇妙和伟大，并在反思中不断提高、发展和创新。

实践证明，探究学习既能够让学生在课堂上充分展现自己的积极、主动与创造性，提高课堂教学效率，还能够使师生关系融洽，促进师生共同成长，是实施素质教育的有效途径之一。

三、信息技术教学中合作学习的指导

（一）培养学生的合作意识

小组合作学习是指将全班学生按照某种方法分成若干个小组，集小组成员的智慧完成一定的学习任务的一种学习方式。当前社会，大部分学生都是独生子女，他们有着不一样的性格，特立独行，但往往也比较缺乏合作意识。面对这种状况，教师需要在教学的同时，注重培养学生的合作意识，使其了解合作的重要性与作用。并通过多组织学生进行合作学习，使学生体会合作的快乐和益处，进而激发学生合作学习的积极性。

（二）引导学生养成合作习惯

合作意识是指培养学生想到合作、乐于合作，而合作习惯则是指让学生知道如何合作。培养学生的合作习惯，首先，要让学生学会倾听，了解他人的想法。在合作的最初阶段，学生可能会只想着发表意见，而忽略了倾听的重要性。此时，教师应该让学生了解合作学习不是"各自为政"，成为个人英雄，而是大家一同参与，"众人拾柴火焰高"。其次，在合作学习的过程中，教师要注意引导和教会学生在倾听过程中总结要点，并将听到的内容多与自己的想法对比。最后，教师要引导和鼓励学生经过思考发表自己的看法。

教师在合作学习中有着不可忽略的作用。教师应该参与到合作学习当中，认真倾听学生的意见，用自己的行为影响学生。此外，教师应当在合作学习中多引导那些因害羞、自卑或其他原因不太愿意发表自己看法的学生大胆说出自己的想法，并充分地给予肯定，增强他们的自信心，培养他们勇于表达的习惯。

（三）指导学生建立良好的合作关系

合作学习中教师要积极引导每个学生认识到合作的重要性，使小组中每一名成员都认识到相互的合作关系。每一位成员都要为组内的其他成员负责，都要积极努力，为小组目标的达成贡献力量。

在合作学习中，教师的角色只是协助者，学生是学习的主角。在教学过程中，教师要注意各小组的活动情况，观察学生的学习过程和学习表现，并适时地介入活动，为学生提供必要的协助，以使小组成员进行有效的沟通，达到有效的合作。

（四）合理分组，明确职责

信息技术教学目标的实现情况受多方面因素的制约，学生的逻辑思维能力、观察能力、动手能力，甚至语言表达能力都会影响教学目标的实现。那么，在合作学习中如何能够又快又好地实现教学目标呢？合理分组、明确职责是最重要的前提条件。

分组的方式包括同质分组和异质分组。同质分组指的是将特质相同者分为一组，即将知识水平和学习能力等相同、相近的学生分到一组，保证"组内同质，组间异质"。异质分组指的是将特质不同者分为一组，即将知识水平、学习能力等不同的学生分到一组，保证"组内异质，组间同质"。

每个小组内部都应该有若干职务,如组长、记录员、报告员等。一般情况下,角色安排要由小组自己讨论来决定,这样有利于提高小组成员的积极性,也有利于各个成员完成自己的任务。

(五) 监督合作过程

学生之间存在着个体差异,这可能会导致在合作学习过程中合作与交流出现问题或困难。教师应该发挥合作学习中的监督、引导作用,培养学生之间的互相支持与配合精神,让学生在相互帮助的过程中建立信心,并保持良好状态。此外,教师还应当注重观察每一个学生的状态,对于不善于表达的学生要给予充分的肯定;对于自以为是、好大喜功的学生要在肯定其聪明的同时,培养其团队合作精神;对于缺乏合作活动意识的小组要鼓励大家合作交流、畅所欲言;对于个人主义的小组也要推动小组共同协商讨论。

(六) 评价合作效果

评价是教学中的重要环节。适时、准确的评价可以有效地提高学生参与活动的成就感和积极性。在小组学习中,教师应组织学生通过自我评价、小组成员评价、教师评价等多种评价方式对学生在参与合作学习中的表现进行综合评价,评价可以涉及小组、个人任务完成情况和学生小组活动参与情况等。有效的评价可以促进学生合作、交流能力的发展,还可以帮助教师发现学生的不足及合作学习中存在的其他问题,及时提供反馈与指导。

第二节 信息技术课堂组织调控

一、信息技术课堂教学组织形式

(一) 什么是教学组织形式

教学组织形式是指围绕既定的教学内容,在一定时空环境中,师生相互作用的方式、结构与程序。教学组织形式是围绕一定的教学目标而设计的,因此,不同的教学目标所要求的教学组织形式可能不同。一般来讲,每种教学组织形式都有一套成熟的规范和程序,它对师生的角色扮演、作用和相互作用的方式,以及实施的步骤都有比较详细的说明。

(二) 常见的信息技术课堂教学组织形式

1. 班级授课

班级授课是一种集体教学形式,把学生按照年龄和知识水平分别编成固定的班级,把教学内容分解成相互连续的课时,教师有计划、有安排地向学生授课。全班集体授课主要适用于那些需要教师系统讲授的知识性的学习内容。信息技术课程的信息基础知识,包括信息技术与计算机常识,信息技术与计算机发展趋势,计算机系统硬件构成、工作原理,计算机软件系统,计算机如何表示数据,计算机安全,信息道德等都适合采用班级授课这种教学组织形式。

2. 全班或分组集体上机

信息技术课程中的"应用软件操作技能"部分,如文字处理、多媒体技术、网络应用、数据库操作等内容,还有"基础知识"部分的操作系统等内容,学生都需要通过上机操作才能学会。在信息技术课程的教学中,在机房进行集体授课活动是一种不可或缺的教学组织形式。需要注意的是,教师应根据计算机数量合理安排学生上课。如果生机比(生机比=学生用计算机台数/学生总人数)小于等于2,即全班学生一起到机房上课,能保证每个学生一台计算机或每两人一台计算机,就可以全班一起上机;如果生机比大于等于3,就需要把学生分为几组,轮流去上机。此外,在学生机位的安排上,也要注意把学生异质搭配,即把能力较强和能力一般的学生穿插着分配到各个机位上。

3. 分组协作学习

如果学习任务难一些,学生难以独立完成或按时完成,就应考虑采用分组协作学习这种教学组织形式。保证把学生异质分组,每4~6人一组。分组协作学习时,每个小组要有一个确定的课题。确定课题的方式主要有两种:一种是教师拟定足够的题目,供学生自主选择;一种是每个小组没有明确主题,但有统一要求,学生有很大自主设计的空间。分组协作学习能激励学生发挥出自己的最高水平,促进学生互帮互助、共同提高,有助于问题的解决。

4. 个别指导

个别指导是教师对个别学生进行有针对性的指导的教学组织形式,主要是为了满足不同学习能力的学生的个别需要。有的学生的信息技术水平明显高于或低于其他学生,也就是说,集体教学内容完全不适合这些学生,这种情况下,教师就可以对这些学生进行个别指导。对信息技术水平高的学生来说,除了让他们帮助其他学生学习之外,还可以单独为其指定更深层次的学习内容。

5. 现场教学

现场教学就是教师根据信息技术教学的任务,组织学生到有关现场,像机房、网络中心或者施工现场(如修路时在地下深埋通信电缆的现场,装修房屋时进行布线的现场等),进行教学活动的一种组织形式。现场教学为学生提供了丰富的感性认知和直接经验,使学生更易于理解书本知识。组织现场教学时,教师也要事先拟定教学计划和教学重点,从教学实际需要出发,并需要提前跟现场负责人员联系好、安排好,确保学生的安全。

二、信息技术课堂教学过程中偶发事件的处理

每位教师在自己的课堂教学过程中,都会或多或少地遇到一些偶发事件。在信息技术课堂教学中,由于教学媒体容易出现问题,如设备死机、不能上网等,所以就更容易出现偶发事件。这就要求教师要具备一定的预见能力和应变能力。处理教学中偶发事件的方式,不仅关系到教师是否能够展现其师德师风、个性魅力,还会影响学生的学习效果和心情。因此,教师应学会充分利用自己的才智,运用适当的策略合理应对和处理教学中的偶发事件。

(一) 课堂偶发事件的类型

根据来源不同,课堂偶发事件可分为三大类:来自外部环境的课堂偶发事件、来自学生的课堂偶发事件和来自教师的课堂偶发事件。

1. 来自外部环境的课堂偶发事件(外扰型)

课堂教学不是封闭的,它与外部环境有着千丝万缕的联系。因此,课堂教学不可能完全隔断外部环境的干扰。比如,教室内正在上课,忽然室外一辆汽车呼啸奔驰而过或者一只小鸟突然飞进教室等。

2. 来自学生的课堂偶发事件

来自学生的课堂偶发事件又可以具体分为三种类型:分心型、纠纷型和恶作剧型。

(1) 分心型。

分心型课堂偶发事件主要是指由于一些学生不注意听讲或者教师讲的时间过长,导致学生听得倦怠了或者由于学生自制能力差,出现在课堂上睡觉、做小动作等情况。这时教师若对他们进行提问,学生往往会答不上来或答非所问,这必然会引起哄堂大笑。

(2) 纠纷型。

课堂教学中常常会出现这样的情形：教师正在认真上课，同学们也在专心听讲，突然同座位或相邻座位的两个学生大声争执起来，甚至大打出手。这就属于纠纷型课堂偶发事件。

(3) 恶作剧型。

有的学生对教师的一些做法不满，会在课堂上伺机发难；有的学生爱出风头，故意为难老师，扰乱课堂秩序；也有个别学生的品质极差，故意在课堂上捣乱。由上述情况导致的课堂偶发事件就是恶作剧型课堂偶发事件。

3. 来自教师的课堂偶发事件

来自教师的课堂偶发事件又可以具体分为两种类型：失误型和困扰型。

(1) 失误型。

课堂教学中，教师难免会出现讲解错误、板书错误或实验操作失误等，教师的这些失误难免会引起课堂的骚动，这时就会出现失误型课堂偶发事件。

(2) 困扰型。

课堂教学中常常会出现这样的情形，有的教师普通话不够标准、表达能力不强，有的教师对某些教学内容准备不充分，导致讲解不清楚，学生听不明白，于是学生互相观望或小声议论。这些都属于困扰型课堂偶发事件。

(二) 课堂偶发事件的处理方法

处理课堂偶发事件，常见的方法有借题发挥法、将"错"就"错"法、因势利导法和停顿修整法。

1. 借题发挥法

借题发挥法指教师将偶发事件巧妙地与自己的教学融合，利用意外状况借题发挥，既解决了偶发事件可能给课堂教学带来的困扰，又借助偶发事件增强了课堂教学效果。

2. 将"错"就"错"法

在教学过程中，教师也难免会犯错。但错误已经犯下，不妨采用将错就错法，如教师可引导学生对比正确与错误的做法，以加深学生的理解。

3. 因势利导法

因势利导法是指按照事情发展的趋势，向有利于实现教学目标的方向加以引导。在处理课堂偶发事件时，教师要挖掘发生的偶发事件本身所含有的积极意义。

4. 停顿休整法

在教学活动中，学生可能因为精神疲劳或其他原因无法集中精力学习，这时，教师可以暂时停下来，让学生休息几分钟或者玩个小游戏调整一下，让学生放松放松再继续讲课，这样效率会大大提高。

三、信息技术课堂调控

课堂调控指的是在教学过程中，教师为更好地促进教学效果，依据学生在教学中所提供的反馈，有意识、有目的地调节和控制教学活动。很多教师把课堂调控等同于纪律控制，这是对调控的误解。课堂调控应是一项多元组合的教学保障策略，主要包括教学目标调控、教学内容调控和教学方法调控三个方面。

(一) 教学目标调控

1. 促进三维目标的实现

新课程强调三维目标的有机统一，只有实现三维目标融合的教学才能促进学生的和谐发展。当然,这并不意味着任何教学内容的三维目标对学生的发展都是等值的,所以,教师要根据具体情况灵活地整合三维目标。知识与技能维度的目标让学生"学会",过程与方法维度的教学目标让学生"会学",情感态度和价值观维度的目标让学生"想学"。学习者在积极反思、大胆批判和实践运用的过程中,才能实现知识与技能的目标;通过对学科知识技能的反思、批判与运用,才能提升其情感态度和价值观;以积极的情感、态度和动力去学习,以知识和技能目标为适用对象,才能体现过程与方法本身存在的价值。

2. 协调基础性目标与发展性目标的关系

基础性目标应该是学生在每个阶段或者每节课要掌握的一些知识性内容。发展性目标是针对学生所应具备的基本素养或能力而提出的,它需要经过较长时间的课堂教学才能实现。教师在具体教学过程中要处理好基础性目标和发展性目标的关系,根据具体的课堂教学内容,确定发展性目标实施的可能性,并可有选择地组织学生对一些教学内容进行探究活动。

3. 在达到课程目标基本要求的基础上设立多级目标

教师应该让全体学生在三维目标上获得全面的发展,达到课程标准的基本要求。同时,要根据学生具体的信息技术水平、能力上的差异、地区差异等设立多级教学目标。对于层次较低的学生,可适当降低目标,多鼓励、多帮助,并可提供有针对性的个别指导;对于水平较高的学生,可以提出更高的要求,少限制、多支持,鼓励其更上一层楼。

(二) 教学内容调控

传统的课堂教学追求教学结果与教学目标的高度一致,教学过程必须严格按照预先设定的程序进行。教学过程就是追求预设的教学目标的实现过程,然而,课堂动态生成资源观强调,教学不是教师教学生学、教师传授学生接受的过程,而是教与学交往、互动的过程,师生双方相互交流、相互沟通、相互启发、相互补充,在这个过程中教师与学生分享彼此的思考、经验和知识,交流彼此的情感、体验与观念,丰富教学内容,求得新的发现,教学是一个发展的、增值的、生成的过程。

因此,课堂教学内容需要适时进行调控。教师通常会提前做一些课程备课,并预计学生的反映。但随着教学的进行,学生的知识水平不断改变,接受程度也不尽相同。例如,教师预计是难点的知识,学生接受效果良好,预计较容易的知识,个别学生却没能跟上。因此,教师需要根据学生的课堂反映对教学内容讲解的时间等因素进行调整。

此外,课堂的生成是动态的,很有可能出现预设以外的情况,这时教师不必严格按照预设程序进行,要根据出现的问题及时对课堂教学内容进行调控。

(三) 教学方法调控

1. 教师角色的转换

传统教学片面强调教师的教,形成了以教师为本位的教学关系。如今,要将整个过程中教师的角色进行转换,课堂不再以教师为主体,而是以学生为主体。教师的作用不断转化,教师发挥的不仅仅是"教"的作用,还发挥着引导者、辅助者的作用。

2. 选择教学方法要有针对性

教师运用的教学方法要针对学生的准备状态、教学内容的特点、集体的教学目标、教学方法的适用范围、已有的软硬件条件和教师自身的素养条件等,教师要综合权衡,选择和使用合适的教学方法,不能凭借个人好恶或因循守旧,盲目地选择和使用教学方法。

3. 教学方法应灵活多样

教师要根据教学过程中的各种条件变化灵活选用教学方法,并可选择和使用多样化的教学方法,以丰富教学过程,实现教学效果最大化。

第三节 信息技术教学实施的综合应用

一、信息技术课堂教学

（一）课堂教学的基本结构

在我国,课堂教学的一般过程也称课堂教学结构。课堂教学结构与课堂教学效果密切相关。优化课堂教学结构要把握好两个原则:第一,要充分发挥学生学习的主体性,按照这一原则,在教学中采取"先学后教"的方法是科学的;第二,教学活动要符合学生认识发展的规律。按照这一原则,教师就要按照认识论和学习的规律来安排教学。

课堂教学的基本结构一般包括五个部分:组织上课、检查复习、讲授新知识、巩固新知识、布置课外作业。

1. 组织上课

组织上课的目的在于促使学生对上课做好心理上和学习用具方面的准备,集中注意力,积极自主地进入教学情境。

2. 检查复习

检查复习的目的在于复习、检查已学内容,弥补学习上的缺陷,为新课做准备。比如,可以通过点评学生提交的作品,复习以前的知识点,进一步引出新知识。

3. 讲授新知识

讲授新知识的目的在于使学生在当前认知基础上学习新知识。学生可先根据教师提供的课前练习题或课后习题对本课内容自学,课上教师针对性提问检查,答疑解惑,并让学生亲自应用知识解决问题。教师还可对学生进行引导,重点讲解重难点以及学生反馈中的共性问题,从而使学生全面地掌握新知识。

4. 巩固新知识

巩固新知识的目的在于发现、解决学生存在的问题,使他们基本巩固和消化所学的新知识,为继续学习和独立作业做准备。

5. 布置课外作业

布置课外作业的目的在于培养学生应用知识分析问题、解决问题的能力和自学能力。信息技术课的作业尽量要求学生以作品的形式提交,如可以要求学生提交一个动画、一幅用软件处理好的图像或提交一份按要求设计好的 Word 文档等。

（二）课堂教学的技能

一般来说,课堂教学技能包括导入技能、归纳总结技能、说明技能、提问技能、强化技能、变化技能等。

1. 导入技能

导入是教师在教学内容的开始处引导学生进入学习状态的方式。巧妙地运用导入技能可以激发学生的学习兴趣和求知欲望,从而产生一种利于学生学习的教学情境,促进课堂教学达到预设的效果。

2. 归纳总结技能

归纳总结是在完成一部分或一个教学内容后,教师引导或组织带领学生对所学的知识进行梳理,找出脉络和规律性的东西,并进行引申的一种活动。归纳总结一般有以下几种形式。

（1）对知识的结构与主线进行梳理，强化重难点，明确关键问题，常用的方法有图示、列表等。

（2）将新学的知识与原有知识进行比较，找出异同点，如本质特征、内在联系，以便学生能更深入地理解知识；或者系统地总结所学知识，使学生将前后知识串联起来，促进知识系统化的形成。

（3）开展与教学内容相关的小组或班级活动，如竞赛、讨论等，通过活动应用对知识进行归纳和总结。

（4）通过练习（如提问或测验），使学生用口头或笔答等形式对所学内容进行巩固。

（5）引导学生将所学内容与其他学科或生活相联系，拓宽学生的视野，激发学生的研究兴趣。

3．说明技能

说明是通过对知识的分析，揭示事物的构成要素和发展过程，使学生把握事物的内在联系和规律的一种活动。常用的说明方式一般有以下三种。

（1）事实性说明。

教学中有许多重要的事实需要学生了解和理解，对这些事实进行的说明称为事实性说明。事实性说明又可具体分为叙述性说明和描绘性说明。

① 叙述性说明主要是有条理地向学生叙述科学的原理和事实，如计算机的硬件结构、工作原理及网络设备的功能等，这些都需要教师进行系统的叙述性说明。

② 描绘性说明是在叙述性说明的基础上加许多修饰的成分，增强语言的感染力，唤起学生的情感和想象，使他们更好地感知教材内容。这种说明语言丰富且带有感情色彩，语调、语速常随着内容的变化而变化，能紧扣学生心弦。

（2）论证性说明。

信息技术学科在讲授基本原理时常需要采用论证性说明，比如在讲算法分析、程序设计的过程中，就离不开论证性说明。教师在使用这种方法时，应该处处设疑、步步深入，不仅教给学生知识，而且要指示认识事物的途径；语言的逻辑性要强，应能充分说明各种事物、现象和结论之间的关系；结论要简明扼要、准确，具有高度概括性。

（3）启发性说明。

教师通过使用启发性的语言、引导学生对已有知识或生活经验进行回忆、提供启发性的材料来帮助学生理解各种事实和现象的说明称为启发性说明。启发性说明要求教师的语言通俗易懂、不失科学性、形象直观、比喻恰当。

4．提问技能

提问技能是教师以提出问题的形式，通过师生的相互作用检查学习、促进思维，帮助学生巩固知识、运用知识、促进学生学习的一种技能。提问技能一般有以下几种类型。

（1）回忆提问。

回忆提问一般用于开始上课时教师带领学生回忆上一次课程内容或即将论证某一问题的时候。回忆提问有两种类型：一是教师描述某个知识点，让学生回答是否；二是教师要求学生自己描述已经学过的知识点。

回忆提问大多考查的是学生对知识的记忆情况，没有让学生表达自己想法的计划。所以，回忆提问一定程度上限制了学生思维的发展，不宜过多采用。

（2）理解提问。

理解提问一般用在教师对某个概念、原理讲解之后或课程结束的时候，用于检查学生对所学知识的掌握情况。理解提问有助于深化学生对知识的理解,发展学生的思维能力。

(3)运用提问。

运用提问是指教师为学生创设一个问题情境,根据情境向学生提问,要求他们运用刚刚学习的知识和已经掌握的知识解决问题。在运用提问中,教师应注意及时给予提示或引导。

(4)分析提问。

分析提问指教师让学生自己识别条件与原因,找出之间的关系,并根据自己的想法找到能够解释或鉴别的根据。分析提问包括三种类型:要素分析提问、关系分析提问和组织原理分析提问。

(5)综合提问。

综合提问的作用是激发学生的想象力和创造力。它主要包括两种类型:一是要求学生通过对已有材料的分析进行综合概括,进而得出结论,可称为分析综合;二是要求学生根据已有的事实进行推理,想象其可能的结论,可称为推理想象。综合提问适用于笔答作业或者课堂讨论。

(6)评价提问。

评价提问要求学生对某事物进行价值判断。在进行这种提问前,教师应首先引导学生建立正确的思想观念,也可以提出评判的标准。可用于评价提问的内容一般有:软件的性能、方法的优劣、作品制作效果等。

5.强化技能

在美国心理学家斯金纳的强化理论中,强化是行为发生变化的主要因素,对强化的控制就是对行为的控制。教师可以通过一些强化技能促进和帮助学生的某一行为发生变化或朝更好的方向发展。

强化一般包括以下几种类型。

(1)语言强化。

语言强化指当学生出现了所期望的行为后,教师及时给予学生口头表扬、书面表扬或者鼓励等,以加强学生对这些行为的印象,将来出现更多的这类行为。

(2)符号强化。

符号强化指教师运用一些比较醒目的符号强化学生的学习活动的行为,如作业上红色的对钩、星星、笑脸或PPT中用彩色或特殊符号标记的内容等。

(3)动作强化。

动作强化指教师用肢体语言(包括动作或表情)强化学生的学习的行为,如点头、鼓掌、微笑、竖大拇指等。

(4)活动强化。

活动强化把活动本身当作学习的强化物,即教师常常把容易引起学生兴趣的活动放在难度较大的学习活动之后的行为。例如,在课堂上积极回答问题的学生可以参加课外小组活动;这次实验做得好的学生可以参加附加实验等。

教师在运用强化技能时,应注意明确目的,做到恰如其分,还要注意强化方式的多样化和灵活性,要根据教学对象的特点进行有效的强化,这样才能达到较好的效果。

6.变化技能

变化技能是教师运用不同的方式引起学生注意力,引导学生学习,促进知识传递和情感交流的一种教学技能。变化技能可以为课堂教学方法带来变化并赋予教学多样性。变化技能包括教师教态的变化、教学媒体的变化以及师生间相互作用的变化。

(1) 教师教态的变化。

教师教态的变化一般包括教师的身体动作、言语表达和面部表情等方面的变化。

① 身体动作变化。

身体动作的变化主要是指教师在教室里身体位置的移动和身体局部动作的变化。

身体位置的移动是指教师在讲课时位置的变化。教师应注意不要总是站在讲台或黑板的前面,应该适当地走动,以便于观察和组织学生的学习,及时为学生提供指导;此外,这也有利于师生情感的交流。

身体局部动作变化是指除去教师全身的动作外,教师的手、头部等的动作变化。身体局部动作变化也是教师在教学过程中传达思想或辅助语言教学的一种方式。教师可以以手势助说话,手势的运用可以吸引学生的注意力,帮助学生把注意力迅速地集中到教学重点上;还可以进行模仿,表示物体的形状、大小及动作行为等信息。同样,教师也可以借助头部的动作向学生传递信息,如通过点头或摇头传递肯定或否定的态度等。

② 言语表达的变化。

言语表达的变化指教师讲课时语言(如语速、语调、音量、停顿等)的变化,语言的变化不仅可以使课堂更加生动,还可以适时、方便地强调重点,提醒学生集中注意力听课等。

③ 面部表情的变化。

面部表情对于人与人之间的情感交流非常重要。教师不同的表情会传递给学生不同的信息,学生会感受到教师的情绪以及对于学生的态度,进而做出强化、保持或调整等行为。

(2) 教学媒体的变化。

在实际的教学中,学生容易在长时间使用同一种教学媒体时产生疲惫,注意力随之下降。因此,在教学过程中,教师要注意综合运用多种教学媒体,调动学生不同的感觉器官,全面有效地向学生传递教学信息。

(3) 师生间相互作用的变化。

教学活动是在师生的相互作用之中开展的。在教学过程中,教师应该积极地变换师生互动方式,使师生互动方式尽可能多样化。

师生间相互作用的变化主要体现在两个方面:第一是师生之间的交流方式的变化,这关系到师生之间、生生之间、学生与教学内容之间的相互作用;第二是教学组织形式的变化,教师应结合教学内容,合理安排个别学习、集体学习和小组学习形式之间的变化,以激发学生的学习兴趣,排除消极影响。

二、信息技术实践教学

(一) 信息技术实践教学的作用

《中小学信息技术课程指导纲要(试行)》中明确提出信息技术上机课不应少于总学时的70%,这意味着实践对于信息技术课程教学的重要性,也表明了在信息技术课堂上,必须要在理论学习的基础上进行实践。上机实践是实现中小学信息素养教育的基本手段,是培养学生操作技能的主要途径。信息技术实践教学的作用如下。

1. 信息技术实践是信息技术理论到应用的桥梁

在课堂上,学生首先习得信息技术理论,然后通过上机实践形成直观、具体的感性认识,从而克服认知困难,并提高动手实践能力。

2. 信息技术实践是培养学生基本技能的重要手段

基本技能的形成离不开实践。在实践过程中，学生通过观察、思考、实践操作等活动，可进一步发展观察能力、思维能力、实践操作能力。信息技术实践运用科学的方法，也有助于培养学生的信息素养。

3. 信息技术实践是激发学生学习兴趣的主要方式

信息技术实践中真实、形象、生动的多媒体表现形式，可以增强学生学习的乐趣，进而激发学生学习信息技术的浓厚兴趣。

（二）信息技术实践教学的特点

1. 以学生为实践主体

信息技术课程与计算机课程不同，它更加注重培养学生的自主学习、探究学习和合作学习的习惯与能力，注重培养学生主动思考、发现问题和探索未知事物的精神。学生是教学活动的主体，学生只有通过积极思考、独立活动才能把人类认识世界的成果转化为学生自己的知识和能力。最有效的方式就是实践，在实践的过程中发现问题、探究问题、解决问题可以激发学生的学习兴趣，培养学生的创造能力。在实践教学中，教师要切实确立学生主体的意识，发挥学生的主体性，逐步培养学生的实践能力和创新意识。

2. 注重培养学生的创新意识和创新能力

实践是创新之源泉，创新是实践之结果。只有经过自己亲身实践的知识，才是活的、有用的知识。实践活动是一种具有现实问题性、实践探索性和综合应用性的活动，对于改变我国学生强于基础、弱于应用，强于答卷、弱于动手，强于考试、弱于创新的现实状况，培养学生的创新意识和创新能力，具有重要的现实意义。

3. 注重与其他学科的整合

培养学生获取、处理与其他各学科学习内容相关信息的能力是信息技术课程的主要目的之一，这关系着信息技术课程如何与其他课程进行整合的问题。课程整合是指将不同课程所涉及的材料和能力整合在一起，使学习处于具体、真实的情境之中，要求学生运用多种知识和能力解决问题。现代教育引入了以计算机为主的信息技术教学手段，提出了以多媒体方式组织教学信息的思想，这就为信息技术课程与其他课程的整合提供了理论基础和技术手段。

（三）培养学生计算机操作技能的方式

1. 多种方法同时使用

完成同一个任务可能有多种实现的途径。教师在培养学生计算机操作能力时，要从不同的角度着手，培养学生运用不同方法解决问题的能力，并促进学生发散性思维的形成。

2. 单项练习和综合练习相结合

任何一项操作都可以分为几个简单的步骤，对每一步，教师要逐一讲解操作要领并做好示范。对于综合性的复杂操作，教师应将其分解成多个基本操作进行教学。此外，当学生学习了几种基本操作后，教师要根据具体情况组织学生进行综合性实验，以培养学生解决问题的化归思想和综合实验能力。

3. 集中练习和分散练习相结合

总体来说，适度的分散练习比过于集中练习好。这不仅在实践上较经济合理，而且还能提高练习的效果，在促进学生技能的保持上效果也比较好。一般在开始练习阶段，时间要短一些，到了后期，练习时间长一些为宜，整体上应做到集中和分散相结合。

三、信息技术教学资源的整合

(一) 教学资源整合的内容

1. 教材内部资源的整合

教材是最重要、最基础的教学资源,是教学的基本要素。对教材的整合主要体现在以下两个方面。

第一,随着教学的不断推进,要不断地结合之前讲解过的概念、观点与原理,将新旧知识整合在一起,并继续应用到后续的教学之中。这样不仅可以帮助学生巩固当前的知识,还能够为之后的教学打下坚固的基础。

第二,整合教材中的案例、插图、素材资料,并将其运用到教材中的其他地方,从而打破教学资源的局限性,使学生融会贯通,并养成复习的好习惯。

2. 学科内部资源的整合

整合学科内部资源,就是把所有学科内容融为一个有机整体,这也体现在两个方面:一是随着学年度的推移,要不断地把前边已学过的内容整合运用到后续学习中;二是要把已学过模块的案例、插图、小资料等素材加以整合,运用到后续模块的能够说明问题的地方去,不应局限于在哪个模块出现就只服务于哪个模块的教学。

3. 跨学科资源的整合

学科与学科之间是有关联的。将不同学科的资源进行整合,可以开阔学生的视野,使学生对知识的理解更系统、更深刻,同时也有助于提高学生的综合素质。

4. 教师资源的整合

教师资源的整合是指将各科教师的经验教训进行总结,加以整合、提炼并进行借鉴与学习,从而使教师在教学中扬长避短,提高课堂教学效率。此外,同科组的教师共同备课,分工合作、交流沟通、资源共享也是教师资源整合的重要形式。

5. 校际资源的整合

校际资源的整合主要是指把各兄弟学校教师的经验与教训、学生中蕴藏的资源、图书资料、硬件设施等借鉴拿来,为我所用。这种资源共享方式可大大提高资源的利用效率,帮助各校实现更好的教学效果。

6. 教材内外资源的整合

教材承载的信息毕竟是有限的,所以,需要将教材内外资源进行整合,主要是根据教材内容的需要,把教材以外的馆藏资料、课外读物、网上信息等加以收集整理,以形成对教材资源的有效补充,从而达到更好的教学效果。

(二) 教学资源整合的方法

1. 利用替换思想,提高教学的适应性

(1) 加减,即添加与删减。

添加是指补充更多的材料,其基本方法有两种:延伸和拓展。所谓延伸,是指提供更多同类型的材料,因而它主要是量的变化。扩展则指增加不同的材料,重在挖掘对学生有价值的学习内容,因而它主要是质上的变化。同样道理,删减也包括材料数量和质量的缩减两个方面。需要注意的是,在质量上对教学资源进行增减时,还应对教学方法和教学要求进行调整。

(2)修改,即详写与简写。

教师可以将教学活动与学生自身的背景和兴趣联系起来,引入贴近学生实际的真实的语言,可以设计更多的解决问题的任务,也可以将远离学生生活实际的学习内容进行适当的简化。

2.利用重组思想,提高教学的逻辑性

教师可以根据教学的需要将教学资源(特别是教材)中的各部分内容进行重新排序,如调整章节内知识呈现的先后顺序或重新安排章节的教学顺序等。

本章知识结构

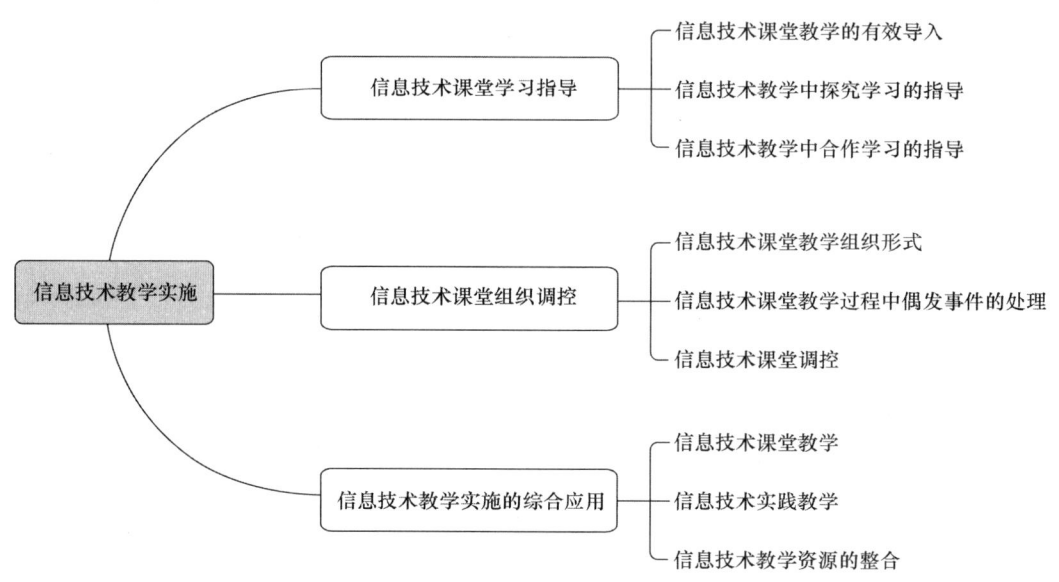

本章小结

(一)本章重难点

本章重点是信息技术教学组织形式和信息技术课堂教学技能,考生应能依据信息技术学科特点和学生的认知特征,恰当地运用教学方法和手段,有效地进行信息技术课堂教学设计和实施。本章难点是信息技术课堂教学中偶发事件的处理,考生应知道常见的偶发事件有哪些类型,遇到不同类型的偶发事件时应怎样灵活应对和处理。

(二)学习时要注意的问题

学习本章内容时,考生应注意以下三点:

1.信息技术作为一门独立的学科,有它自己的学科特点,学生的认知特点也各不相同。因此,考生应将信息技术学科特点和学生认知特点结合起来,选择恰当的教学组织形式和教学方法来设计和实施信息技术教学。

2.信息技术课程的教学资源比较丰富,考生应能有效整合多种教学资源,提高信息技术教学的质量和效率。

3.教学偶发事件是每位教师都会面临的问题,信息技术教师也不例外,考生要知道课堂偶发事件的类型,更要具备运用恰当的方法处理信息技术课堂偶发事件的能力。

备考指南

本章属于信息技术教学实施部分,这部分内容在考试时约占试卷总分的21%,题型以简答题和案例分析题为主。在备考本章内容时,考生主要应做到:能够依据信息技术教学需要,恰当选用相关的教学资源;能够创设教学情境,有效地将学生引入学习活动;能够运用信息技术教学策略,有效地组织教学活动;能够根据学生的学习反馈优化教学环节;能够恰当地处理信息技术教学中的偶发事件。

自测训练

一、简答题

1. 请简要回答教师在进行课堂教学时,什么情况下采用小组合作学习为宜。
2. 信息技术课堂教学中常用的导入方法有哪些?

二、案例分析题

1. 案例:

杨老师准备上"视频、动画信息的简单加工"一课,按下面思路开展教学:播放视频文件实例→给学生详细介绍 Windows Media Player 和超级解霸的使用方法、各自的特点和注意事项→让学生用学生机上的 Windows Media Player 和超级解霸播放杨老师提供的四种格式文件素材,并请学生谈感受→向学生布置从光盘上采集视频文件的任务,分三个难易层次。杨老师在实际教学中布置任务环节发现学生机只有 Windows Media Player,无超级解霸。结果杨老师手足无措,乱了方寸,草草收场,沮丧地离开了教室。

问题:

(1) 杨老师的教学中存在哪些不足?

(2) 如果你上课时发生这种意外,你准备怎样处理?

2. 案例:

"声音素材的编辑与合成"一课的主要内容是 GoldWave 软件的基本应用。邹老师请同学们课前自己录制了爱国诗朗诵《我爱这土地》音频。课上,通过讲解、练习巩固,同学们掌握了基本操作技能。随后,邹老师布置了"为《我爱这土地》配乐"的学习任务,请同学们完成自己的配乐作品。

任务要求:

① 将你录制的诗朗诵音频进行裁剪、降噪、回声等处理;

② 选取一段配乐,并根据你录制的《我爱这土地》音频时长进行裁剪;

③ 将裁剪好的配乐进行音量效果调整,主要包括淡入、淡出、音量更改、匹配音量等操作;

④ 将配乐与诗朗诵进行声道混音;

⑤ 以 MP3 或 WAV 文件格式进行保存。

完成任务后,同学们将自己的作品进行了展示,并在邹老师的指导下进行了评价。作品评价环节结束后,进入课堂小结,邹老师提问:"同学们,大家还记得我们今天学了什么吗?谁来说一说?"

同学们纷纷举手回答,通过互相提示、补充,大家回顾了本节课的主要内容。接着,邹老师用 PPT 呈现结构图(如图12.1所示),请同学们自行对照。

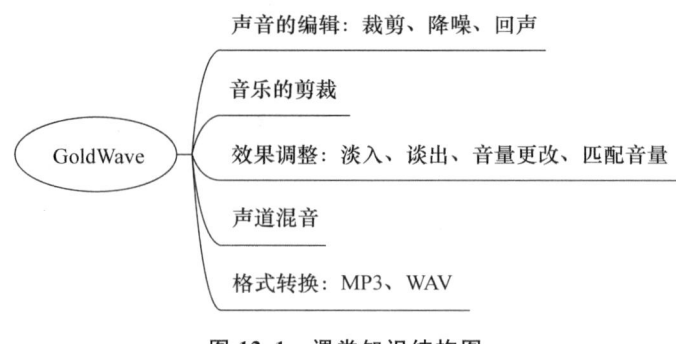

图 12.1 课堂知识结构图

然后，邹老师展示了一段获得大家一致好评的作品和同学们一起欣赏，结束了教学。

问题：

(1) 邹老师用了哪些方法完成了课堂小结？

(2) 这些方法对学生的学习起到了什么作用？

(3) 请分析邹老师布置的学习任务的意图？

3. 案例：

这学期，王老师计划在高一年级的教学中应用一款新的教学软件。在第一节课的导课环节，王老师并没有按照常规直接讲授"信息技术的概念、信息技术对个人和社会的作用"等，而是首先为同学们介绍了这款软件的基本功能和账号注册、登录步骤，然后让每个学生创建账号和密码，当同学们登录后讨论谁登录最快时，王老师点击软件上"登录名单"面板的"登录时间"，并将结果展示在投影屏幕上，解开谜底。同学们通过该活动感受到信息技术的方便、快捷。此时，王老师顺势导出本课课题。随后，王老师通过多次与学生问答、互动，启发大家全面了解信息技术对个人与社会发展的作用。为巩固学习成果，王老师与同学们玩了一个"抢答游戏"，通过软件反馈的抢答结果，王老师筛选出抢答最快的同学回答问题。

下课前，王老师让大家进入该软件的"测验考试"模块并完成"信息技术基础"测验，测验结束将结果展示在投影屏幕上。之后，王老师根据"一目了然"的结果对学生存在的共性问题进行补充讲解。

问题：

(1) 与直接导课相比，王老师的导课有什么不同？（10 分）

(2) 在这节课的教学中，王老师利用软件支持了哪些教学活动？（10 分）

参考答案及解析

一、简答题

1.【参考答案】

新课标提倡"自主、合作、探究"，改变过去灌输教学的老方法，鼓励学生亲历学习过程，来构建学科知识，提高信息素养。小组合作可以很好地做到这一点，并且很多时候可以通过这种形式调动学生的积极性，提高他们的学习乐趣，并且有利于营造活跃的课堂氛围。一般是教学内容相对较难、操作方法比较复杂等情况下使用小组合作的形式进行学习。比如，Flash 引导层动画的制作，Excel 的函数使用情况，教学内容较难，小组合作教学就非常必要。小组合作学习有利于培养学生的合作意识，可以让学生教学生，减轻教师的工作负担。

采用异质分组更能体现小组合作学习的效果。

2.【参考答案】

信息技术课堂教学中常用的导入方法有情境导入法、谈话导入法、复习导入法和预习提问导入法。

二、案例分析题

1.【参考答案】

（1）杨老师教学中的不足主要有三点：

① 课前准备不足。上课需要什么素材和软件教师应该提前做好准备，上课前在学生机上安装好，并调试好，确保学生上课时能用；同时教师还应该将所需软件的安装程序在电脑中备份。

② 课堂调控和应变能力欠缺。发生这种情况，杨老师没能随机应变，灵活处理。

③ 教学思路没体现出以学生为主体。杨老师一上课就播放视频，讲软件的使用方法、特点和注意事项，有教师主体的倾向；教师可以用任务引导，让学生通过完成任务自己探索掌握两个软件的不同，教师只起点拨和引导的作用。比如，任务1：用两个软件分别播放视频，初步感知两个软件的异同；任务2：播放视频，并从视频中截取一张图；任务3：播放视频，并从视频中截取一段保存下来。信息技术课尤其强调学生的自主探究。

其实，杨老师之所以出现这些问题，最主要的原因是他没有从学生"学"的角度来准备和设计这堂课，而是从教师"教"的角度来设计和准备的，所以没有去检查学生机软件是否可用。

（2）如果是我，我会这样处理：

① 如果学生机可以上网，可以引导学生自己上网下载超级解霸软件，然后继续上课。

② 如果学生机不能上网，可以用教师机下载，然后传给学生。

③ 如果学生机和教师机都不能上网，可以临时调整教学，先安排别的内容，下次准备好软件后再安排学生练习这节课的内容。

2.【参考答案】

（1）邹老师采用了师问生答的方式完成了课堂小结。

（2）这些方法对学生的作用：

① 对课堂教学进行归纳梳理，给学生一个整体印象。

② 能促进学生掌握知识、总结规律。

③ 是学生对新知识的一次很重要的记忆。

④ 为学生进一步学习架设桥梁、埋下伏笔。

⑤ 帮助学生巩固所学知识，建立复习的依据。

（3）邹老师设计的学习任务是封闭型任务，是每个学生都应自主完成的任务，它包含的主要是一些学生没有学过的新知识，新旧知识有一定的联系，要求每位学生都能掌握。这类任务规定了比较明确的学习目标、任务主题、任务要求和相关的资源，一般教师需要针对任务包含的重点问题引导学生做出比较清楚的分析，以明确重点、少走弯路，同时也需要学生在确定的任务主题内做出自己的特色发挥。多采用个体学习的组织形式，有时也可以采用松散的任务分组。学生在完成封闭型任务后能获得解决其他任务的基本的或关键性的知识和技能。

3.【参考答案】

（1）与直接导课相比，王老师采用了创设情境、设置活动任务的形式进行导入，通过学生自己动手操作,调动其积极性和主动性,通过讨论、启发谈话引起学生的认知冲突,从而使学生更直接地体会到信息技术的方便快捷,激起学生学习本节课的兴趣。

(2)在这节课的教学中,王老师利用软件创设情境,组织学生开展任务学习,使学生从中直观地感受到了信息技术的魅力,有效激发了学生学习新课的兴趣。

在巩固练习环节,王老师通过软件来呈现"抢答游戏"的抢答结果,在帮助学生巩固学习结果的同时,更进一步地加深了学生对信息技术应用的认识。

在小结测验环节,同学们通过软件中的"测验考试"完成了信息技术基础模块测试题,软件及时给予反馈结果。这不仅能够很好地帮助学生了解自身对知识的掌握情况,同时也为王老师改进教学、更有针对性地解决学生问题提供了参考。

第十三章 信息技术教学评价

考纲内容

本章内容为信息技术教学评价,考纲要求如下:
1. 信息技术学习评价
(1) 了解信息技术教学评价的知识和方法,具有科学的评价观,能够对学生的学习活动进行有效评价,促进学生的全面发展。
(2) 能够结合学生自我评价、学生相互评价、教师评价,帮助学生了解自身信息技术学习的状况,调整学习策略和方法。
2. 信息技术教学评价
(1) 能够依据《普通高中技术课程标准(实验)》(信息技术)倡导的评价理念,发挥教学评价的诊断、反馈、激励等功能。
(2) 了解教学反思的基本方法和策略,能够针对教学中存在的问题进行反思和评价,提出改进的思路。

考纲解读

在学习本章内容时,考生主要应做到:掌握教学评价的基本知识与方法,并能将其恰当地运用于信息技术学科教学之中;积极倡导评价目标的多元化和评价方式的多样化,发挥教学评价促进学生发展的功能;能够通过教学反思改进教学。

第一节 教学评价的概念与类型

一、教学评价的概念

一般认为,教学评价是根据教学目标的要求,按照一定的规则对教学效果做出描述和评定的活动,也可以简单地理解为确定教学和学习是否合格的过程。它是教学各环节中必不可少的一环,也是教学设计中极为重要的一个组成部分,其目的是检查和促进教与学。这说明教学效果是教学评价的对象,而教学目标则是制定评价标准的主要依据,评价者按照这个标准来判断教学的价值大小。①

二、教学评价的类型

根据不同的标准,教学评价可分为不同的类型。常见的教学评价分类标准及其具体分类有以下几种。

（一）依据评价作用进行分类

依据教学评价在教学活动中发挥的不同作用,教学评价可以分为三种类型：诊断性评价、形成性评价和总结性评价。

1. 诊断性评价

诊断性评价一般被运用于教学活动开始前,用于鉴定评价对象的学习准备程度,并据此采取相应措施,以使教学计划顺利、有效进行,是一种测定性评价。

2. 形成性评价

形成性评价一般在教学过程中实施,用于调整和完善教学活动,确保实现教学目标,是一种对计划、方案的执行情况和结果进行监控的评价。其目的主要在于改善教学过程。形成性评价侧重在过程中进行指导,并揭示学习中存在的问题,提出相应的调整措施。它是教学的重要组成部分和推动因素。

3. 总结性评价

总结性评价通常在学期中或学期末实施,指的是在预先设定的教学目标的基础上,对评价对象完成目标的情况（教学效果）做出评价。它侧重考查学生在整体上对某门学科的掌握程度,具有概括水平高、测试范围大等特点。

（二）依据评价基准进行分类

依据评价基准的不同,教学评价可分为相对评价和绝对评价。

1. 相对评价

相对评价是以被评价对象中的某个或若干个个体为基准,将基准与其他评价对象一一比较,从而确定其他评价对象在集合中的相对位置的一种评价方式。相对评价通常用来了解学生的总体表现和学生之间的差异,也可比较不同群体间学习成绩的优劣。相对评价的不足是基准会根据群体的不同而产生变化,从而造成评价标准与教学目标偏离,不能全面地呈现教学上的优点和不足,也就不能为改善教学提出依据。

2. 绝对评价

绝对评价是在被评价对象的集合之外确定一个被称为客观标准的标准,在评价时,用客观标准与评价对象一一比较,从而判断评价对象的优劣。在实际教学中,评价标准是根据教学大纲来确定的评判细则。人们通常将绝对评价中进行的测验称为标准参照测验。绝对评价的优点是,它的标准比较客观,在准确的评价下,评价对象能够明确自己与客观标准的差距,以此达到激励评价对象的目的。绝对评价的缺点是客观标准难以做到完全客观,它容易受评价者的原有经验和主观意愿的影响。

（三）依据评价目的进行分类

依据评价目的的不同,教学评价可分为激励性评价、甄别性评价和发展性评价。

---

① 张剑平.现代教育技术——理论与应用[M].北京：高等教育出版社,2003：246.

1. 激励性评价

为激励学生学习进步而进行的评价统称为激励性评价。激励性评价的评价对象是学生。它的基本目的是激发学生建立或进一步强化学习欲望,增强学习斗志。激励性评价不仅重视学生的学习情况,也重视学生的其他各个方面,如学习方法、学习态度、学习意志、学习自觉性、参与教学的勇气与积极性、表达的勇气与水平等。激励性评价需要关注全体学生,更需要关注"学习困难"的学生。

2. 甄别性评价

甄别性评价属于终结性评价。它的主要目的是鉴别或选拔。甄别性评价一般是通过考试完成的。甄别性评价往往是综合性的,既是对学生学习的评价,又是对教师教学结果的评价;既是对学生学习结果的评价,又是对学生学习能力的评价。甄别性评价的评价结果是对评价对象进行等级区分。

3. 发展性评价

发展性评价是一种以学生为主体、以促进学生的发展为目的的教学评价。发展性评价主要具有以下几个特征。

(1) 发展性评价强调发展的连续性,重视对学生过去学习状况的考查,以期促进学生未来的发展。

(2) 发展性评价注重学生的个体价值,提倡教师与学生共同协商,确定评价目标。

(3) 发展性评价关注个体差异,重视学生学习的过程,强调对学生多方面能力的评价。

(4) 发展性评价的根本目的是促进学生达到教学目标,而不是检查和评比,注重学生本人在评价中的作用。

(四) 依据评价表达进行分类

依据表达不同,教学评价可分为定性评价和定量评价。

1. 定性评价

定性评价是对评价资料做"质"的分析,采用分析与综合、比较与分类、归纳与演绎等逻辑分析的方法对评价所获得的数据、资料进行思维加工。定性评价可以将分析的结果分为两种:第一种是描述性材料,数量化水平值较低甚至没有一点数量概念;第二种以描述性为主,但包含数量化的材料。

2. 定量评价

定量评价是对评价资料做"量"的分析,采用统计分析、多元分析等数学分析方法,从复杂的评价数据中得出规律性的结论。

定性评价和定量评价是息息相关的,它们互相补充,相得益彰,不能重视定性评价而弱化定量评价,反之亦然。

第二节　教学评价的功能与信息技术教学评价的原则

一、教学评价的功能

教学评价主要具有诊断、激励、反馈、教学和导向五方面的功能。

(一) 诊断功能

教学评价如同体格检查,是对教学现状进行的严谨的科学诊断。教学评价是对教学结果及其成因的分析过程,人们借此可以了解教学各方面的情况,从而判断它的成效和缺陷、矛盾和问题。全面的教学评价工作不仅能估计学生的成绩在多大程度上实现了教学目标，而且能解释成绩不良的原因。例如，学校、家庭、社会和个人中哪方面的因素是主要的；就学生个人来说，主要是由于智力因素，还是由于学习动机等其他非智力因素导致成绩不良，抑或是两者兼而有之。

（二）激励功能

教学评价对教学过程有监督和控制作用，对教师和学生则是一种促进和强化。教学评价能反映出教师的教学效果和学生的学习成绩。经验和研究都表明，在一定限度内，经常进行记录成绩的测验对学生的学习动机具有很大的激发作用，这是因为较高的评价能给教师、学生以心理上的满足和精神上的鼓舞，可激发他们向更高目标努力的积极性；即使评价较低，也能催人深思，激起师生奋进的情绪，起到推动和督促作用。

（三）反馈功能

教学评价的结果必然是一种反馈信息，这种信息可以使教师及时知道自己的教学情况，也可以使学生得到学习成功和失败的体验，从而为师生调整教与学的行为提供客观依据。教师据此修订教学计划、改进教学方法、完善教学指导；学生据此变更学习策略、改进学习方法、增强学习的自觉性。教学评价可以使教学过程成为一个随时得到反馈调节的可控系统，使教学效果越来越接近预期的目标。

（四）教学功能

教学评价本身也是一种教学活动。在这种活动中，学生的知识、技能将获得长进，甚至产生飞跃。如测验就是一种重要的学习经验，它要求学生事先对教材进行复习，巩固和整合已学到的知识技能，事后对试题进行分析，又可以确认、澄清和纠正一些观念。另外，教师可以在估计学生水平的前提下，将有关学习内容用测试题形式呈现，使题目包含某些有意义的启示，让学生自己探索、领悟，获得学习经验或达到更高的教学目标。

（五）导向功能

教学是有目的、有计划的活动，而教学评价是检测教学目标的实现成效，并做出相应价值判断以求改进的一种工作过程。从某种意义上说，教学评价也体现着"指挥棒"作用。通过持续的教学评价，可使教学活动朝着特定的教学目标迈进。

二、信息技术教学评价的原则

信息技术教学评价应遵循以下原则。

（一）评价应尊重学生的主体地位，促进学生的全面发展

在信息技术教学评价过程中，教师应尊重学生的个体差异，注重学生在不同起点上的提高，而不仅仅是看重他们是否都达到了某一共同标准；要用多样化的评价方式，多采用描述性评价语言，促进学生学科核心素养的提升。

（二）评价应公平公正，注重过程性评价与总结性评价相结合

在信息技术教学评价过程中，评价方案要事先制定并及时公布，不仅让教师、学生知晓，还应让家长，甚至社会了解。信息技术学科具有很强的操作性和实践性，学生经历的学习过程也是评价的重要依据，对学生的学业评价应尽量采用过程性评价和总结性评价相结合的方式。要充分利用信息技术的学科优势，采用电子作品档案袋、学习平台记录表等技术手段记录学生的学习状况，客观评估学生的学习过程与学习态度，力求全面、公平、公正地评价学

生的学业状况。

（三）评价应科学合理，提高评价的信度和效度

信息技术学科是一门应用性和实践性都很强的学科，学习内容大多与生活息息相关。因此，评价内容的设计与选择应贴近学生的学习和生活，注重评价的科学性和合理性。评价情境的创设既要有利于评价目标的落实，也要有利于学生的知识获取和能力提高。

（四）强调评价对教学的激励、诊断和促进作用

在信息技术教学过程中，教师应注意观察学生实际的技术操作过程及活动过程，分析学生典型的信息技术作品，全面考查学生信息技术操作的熟练程度和利用信息技术解决问题的能力。在对学生学业进行总结性评价时，应根据评价目的、学习内容及课程特点，采用多种评价方式，评价内容与手段要有利于学生学习，此外，教师还应利用评价结果反思和改进自己的教学过程，发挥评价与教学的相互促进作用。①

真题测试
13.1

第三节　信息技术教学评价的两个方面

信息技术教学评价主要包括两个方面：一是对学生学习的评价，二是对教师教学的评价。

一、对学生学习的评价

（一）评价方法

在信息技术教学中，对学生学习的评价方法主要有以下几种。

1. 上机操作考试

在信息技术教学中，上机操作考试是一种总结性评价。上机操作考试一方面可以用客观题（如单项选择题、多项选择题、判断题等）的形式考查学生理论知识（如计算机的网络拓扑结构、信息技术相关的伦理道德与法律法规等）的掌握情况，另一方面可以用操作题的形式考查学生常用计算机软件的操作使用情况（如 Word 的排版设置、Excel 的公式计算、幻灯片的制作、数据库的查询应用、图像的处理以及 Flash 动画制作等）。教师通过学生上机操作考试的成绩，可以得到学生相关知识学习情况的反馈，进一步了解每个学生存在的问题，以便有针对性地对学生进行个别指导。学生通过上机操作考试，可以检验自己一段时间以来学科知识的掌握情况，发现问题（如哪里操作还不熟练、哪些知识掌握还不到位等），并及时地进行复习和巩固。

2. 电子作品档案袋评价

电子作品档案袋评价是依托现代网络技术而对教育教学过程进行真实性评价，关注评价的发展性、反思性功能的一种有效的质性评价方式。在信息技术课程教学中，电子作品档案袋主要用来存放学生平时在信息技术课程中根据所学知识完成的作品，如 Word 制作的电子作业、PowerPoint 制作的演示文稿、Dreamweaver 制作的网页、Authorware 制作的多媒体报告、Photoshop 处理的图像、VB 设计的小软件等。教师通过电子作品档案袋可以了解学生在课堂教学中的学习情况，发现学生学习的不足之处，在下节课的教学中就可以对本节课中学生学习的不足之处进行补充复习或进行有针对性的指导，以帮助学生更好地掌握所

---

① 中华人民共和国教育部. 高中信息技术课程标准(2017 年版)[M]. 北京：人民教育出版社，2018：49-50.

学知识，进而使学生更好地学习后面的内容。

3. 学习平台记录表评价

学习平台记录表是一种由网络平台通过数据记录和数据分析生成的对学生学习情况的评价表。该平台可以对学生在平台上的学习过程以及学习情况进行实时记录。记录的内容主要包括学习者登录学习平台的次数、观看视频课程的时间、参与小组讨论的次数、讨论中发表帖子的数量和质量、小组成员的协作情况（如交流的时间、个人贡献等）、学习笔记记录情况、作品完成数量和质量等。然后平台会对这些数据进行整理和分析，并将分析结果以记录表的形式呈现给教师和学生本人。学习平台记录表是一种过程性评价，教师通过学习平台记录表的评价结果，可以了解每个学生的学习情况（如学习时间、学习方式、学习频率，以及知识应用情况、信息处理能力等）。学生通过学习平台记录表的评价结果，可以不断地对自己的学习活动进行反思，及时地进行自我调控和自我完善等。

（二）评价方式

在信息技术教学中，对学生学习的评价一般包括三种方式：学生自评、同学互评和教师对学生的评价。

1. 学生自评

学生自评就是学生自己对自己的学习状态、知识理解和掌握情况进行评价。学生自评的评价方式充分体现了信息技术教学评价以学生为主体，尊重学生个体特征的评价理念。学生最了解自己的情况，因此，也最能给出客观、真实的评价。需要注意的是，学生自评一般多用来组织和引导学生分析自己的学习，及时发现问题，进而调整学习状态、查漏补缺等。此外，教师在组织和引导学生进行自评时，应提前制定评价标准，制定评价标准时最好请学生参与。

2. 同学互评

同学互评一般多用于小组合作学习。在小组合作学习中，小组成员通过讨论、分工和协作一起完成某项学习任务。每个小组成员都对其他成员的表现（如是否积极参与讨论，是否认真、负责地完成本职工作，协作意识与协作行为如何，为小组做出了哪些贡献等）非常清楚。此外，在小组合作学习中，教师可能会穿插着参与某一个或某几个小组的活动，但不可能了解每个小组的全部活动情况及组内每个成员的具体工作表现。因此，请小组成员为组内其他成员做出评价也是非常有必要和可行的。需要注意的是，制定评价标准时要请学生参与，评价标准同样应在小组活动前就制定好。

3. 教师对学生的评价

教师对学生进行评价是最常见的教学评价方式。在信息技术教学中，教师可以通过组织上机操作考试了解和评价学生某一阶段的总体学习情况；通过电子作品档案袋了解和评价学生每节课或某个知识模块的学习情况；通过学习平台记录表了解和评价学生平时的学习习惯、学习技巧和学习过程等。

在实际信息技术教学中，上面三种评价方式往往是组合使用的。教师应结合学生自评、同学互评和教师对学生的评价，帮助学生了解自身信息技术学习的状况，以便学生及时调整学习策略和方法。

二、对教师教学的评价

（一）评价内容

在信息技术教学中，对教师教学的评价主要包括以下几个方面的内容。

1. 教学准备情况

教学准备情况具体包括知识准备情况(本节课的知识、作为基础的之前所学知识、延伸和拓展知识、与之相关的其他学科知识等)、教学环境准备情况(机房的计算机是否都能正常工作、需要上网时每台计算机是否都能联网、每台计算机上是否都提前安装好需要的软件等)、特殊情境导入准备情况(如果课堂教学需要用某种特殊情境进行导入,需要的材料、人员是否提前准备到位)、偶发事件应对方案准备情况(对教学中可能出现的偶发事件,是否准备了相应的处理方案)。

2. 课堂教学情况

课堂教学情况主要包括知识传授情况(知识讲解是否全面、重难点是否突出、相关操作的演示速度是否适当、是否能照顾到绝大多数学生等)、课堂把控情况(是否能充分调动学生的学习积极性、是否能根据教学内容有效发挥主导/引导/指导作用、课堂各种活动的时间安排是否恰当等)和偶发事件应对处理情况(如对机房突然断电、个别计算机不能正常联网、个别计算机软件运行出现问题、有些学生违反课堂纪律等偶发事件,能否灵活有效地应对处理)。

3. 作业布置与评价情况

信息技术课的作业多为应用型和操作型作业。评价教师的作业布置情况时,主要看所布置的作业是否符合学生的认知水平,是否符合当地的发展情况,是否为程度较好或较弱的学生布置了更有针对性的作业(如对程度较好的学生,提高作业的难度或布置拓展性作业;对程度较强的学生,降低作业的难度或减少作业的量)。评价教师对学生的评价情况时,主要看是否能坚持科学的评价理念,综合使用多种评价方法,有效发挥教学评价的诊断、反馈和激励等功能。

(二) 教学反思

教学反思是指教师对教育教学实践的再认识、再思考,并以此来总结经验教训,进一步提高教育教学水平。教师教学反思的过程,是教师借助行动研究,不断探讨与解决教学目的、教学工具和自身方面的问题,不断提升教学实践的合理性,不断提高教学效益和教科研能力,促进教师专业化的过程。教师教学反思的过程也是教师直接探究和解决教学中的实际问题,不断追求教学实践合理性,全面发展的过程。

教师一般可以通过以下几种形式进行教学反思。

1. 写反思日记

写反思日记是指教师在一天的教学工作或某项教学工作结束后,以日记的形式写下自己的体会和感受,回顾教学过程,分析所遇到的问题,总结经验和教训,以便在之后的教学中提高和改进。

2. 组内听课评课

组内听课评课是指某年级或全校所有年级同学科教师相互观摩彼此的教学。课后,听课教师详细描述他们所看到的情景,说出自己认为授课教师做得较好的地方以及不足之处。最后,大家对发现的问题进行讨论分析,给出切实可行的改进方案和建议。组内听课评课是授课教师进行教学反思的好方式,他可以通过大家反映的问题和给出的建议调整和改进自己的教学。同时,听课教师也可以通过观摩同事的课和之后充分的讨论,反观自己的教学行为,从而改进自己的教学。

3. 学生反馈

教学结束后,教师可以深入到学生当中或者请几位有代表性的学生到办公室,通过特定的问题和学生进行沟通和交流,了解学生的知识结构,把握学生的掌握程度,找出一些实际存在的问题,分析问题产生的原因,并思考恰当的解决方案。

本章知识结构

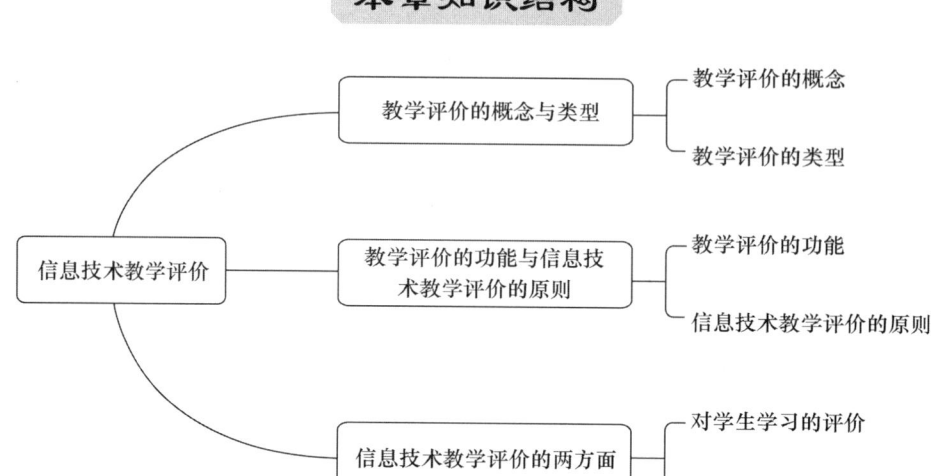

本章小结

（一）本章重难点

本章重点是知道信息技术教学中,对学生的评价的三种方式,一是学生自评,二是同学互评,三是教师评价;能在实际教学中综合使用三种评价方式,帮助学生了解自身信息技术学习的状况,以便学生及时调整学习策略和方法。本章难点是教学反思,了解教学反思的常用方法,能针对教学中存在的问题及时地进行反思,以不断改进教学。

（二）学习时应注意的问题

本章知识注重实际应用,考试中也是以案例分析题型出现,因此,学习时应注意理论联系实际。

备考指南

本章内容约占试卷总分的13%,每年基本都是以案例分析题的题型来考查的。备考这部分内容,考生主要应做到:掌握教学评价的基本知识(如分类、功能等),并能理论联系实际,对教学实践或教学案例做相应的评价分析。

自测训练

一、案例分析题

1. 案例：

在学习完"使用数据库"这节内容后,几位听课教师对王老师的课堂教学进行了点评。其中一位教师说:"这节课充分体现了以学习者为中心的课堂教学理念,学生积极性较高,有效地培养了学生的动手实践能力……"另一位教师说:"整体来看本节课基本达到了教学目标,学生也积极参与了教学活动,但在个别知识点上讲授不够清楚……"课后王老师写了教后记,反思了自己的教学。他写道:"有位教师评课的时候说个别知识点讲授不清楚,不知道是哪些知识点?……学生积极性高主要体现在哪些方面?……我这节课的成功与不足之处到底是什么?我该如何改进我的教学?"

问题:

(1) 案例中使用了哪些教学评价和教学反思的方式?请分别列举。

(2) 从"促进教学发展"的角度看,两位教师的评课是否有效?

2. 案例:

孙老师在教学"应用智能工具处理信息"时,通过以下几个案例导入,引导学生分析案例中所提及问题的解决手段,应用了何种智能工具。

案例1:王主任走进办公室给秘书小李布置了任务:"把这本教材第二章和第三章内容打印出来,作为公司职工培训材料。"虽然只有两章内容,但文字量足有30多页,怎么办?小李并没有着急,他利用扫描仪与汉字识别软件很快完成了任务。

案例2:一位不懂汉语的外国游客来中国旅游,在商店买东西时利用手机中安装的语音翻译App与售货员对话,顺利购物。

案例3:我们利用在线汉英翻译服务,输入汉字内容是"你好,我在这里挺好的,现在正在学习一些智能信息处理工具",然后得到英文翻译结果是……

然后,孙老师让学生独立操作案例中提到的智能工具。

……

最后,孙老师给学生留了这样的作业:请搜集智能信息处理工具在现实生活中的应用案例若干,并就应用案例写一篇关于"智能信息处理工具"的学习体会,上传至学习平台中的电子学习档案袋,同时给出表13.1作为评价标准。

表13.1 评价标准

水平	要求	技能
优秀	能说出一般信息处理工具和智能信息处理工具的区别	图文并茂,排版合理美观,有文本朗读,有相关实例的拓展资源链接
良好	能描述出相关实例中智能信息处理工具的简单原理	图文并茂,排版合理美观,有文本朗读
中等	能说出两个及以上的智能信息处理工具在现实生活中的应用实例	图文并茂,排版合理美观
差	不能说出两个及以上的智能信息处理工具在现实生活中的应用实例	不能做到图文并茂,排版合理美观

问题:

(1) 学生的作业属于什么评价方法?这种评价方法有什么特点?

(2) 表13.1所示的评价标准对学生完成作业起到什么作用?请分别说明"要求"栏目中"优秀""良好""中等"标准的描述体现了什么样的学习目标。

3. 案例:

在新学期的信息技术教学中,唐老师尝试运用Moodle平台为学生提供学习评价。他使用了Moodle的跟踪和日志功能,通过Moodle管理模块中的报表查看学生访问课程的次数、页面停留的时间和参与讨论的情况。在查看了这些情况后,唐老师还会通过QQ或微信、E-mail及时提醒未能按时完成作业或不积极参与学习的学生。此外,唐老师还在平台上为学生作品评价设计了一个"互动评价"模块,在这个模块中,学生可以对同伴的作品进行点评。唐老师也会参与学生的作品评价,有时还会对同学们的评价过程适时地进行指导,提醒同学们评价作品时要遵循评价标准,要有理有据地指出作品得分的理由。经过一个学期的探索,唐老师感到同学们的学习更积极了,制作作品更用心了。

问题:

(1) 唐老师利用 Moodle 平台的跟踪和日志功能实施的评价属于哪种评价方式?这种评价方式的主要特点有哪些?

(2) 请分析唐老师使用学习平台进行教学评价有哪些可借鉴之处。

4. 案例:

为了学生能够在课堂学习中巩固"算法与程序设计"的内容,吴老师经常在教学中给学生布置课堂作业。但是,由于授课班级的人数多,很多时候不能在课堂中对学生的作业进行及时批改和反馈。为了解决这一问题,吴老师开发了一个作业反馈系统,该系统可以实现对学生作业的自动批改与错误分析。学生每完成一道作业并提交系统后,就可以马上得到作业的反馈结果,某学生提交作业后获得的作业反馈示例如图 13.1 所示。学生不仅能够从系统中得知自己的作业得分,还能知道自己编写的程序错在哪里。

2018＊＊028 严＊杰 1404.frm 得分情况如下:		
产生区间[0,1000]内的随机数正确	本项分值0.5分	得0.5分
能输出产生的随机数	本项分值0.5分	得0.5分
选择排序外循环正确,循环变量为 i	本项分值1	得0分
选择排序 if 语句正确	本项分值0.5分	得0.5分

图 13.1　某同学提交作业后获得的作业反馈示例

利用系统的查询功能,教师可以查询所有学生、所有作业的完成情况,从整体上掌握学生的学习情况。教师端的成绩查询界面示例如图 13.2 所示。

班级	201403 201411 201407	练习	1404.frm 1403.frm 1402.frm	搜索成绩

学号	姓名	性别	本题分值	得分	批分日期
201＊＊019	周＊婧	女	13	13	2015.1.12
201＊＊001	王＊姝	女	13	11.5	2015.1.9
201＊＊039	曹＊平	女	13	11	2015.1.12
201＊＊038	周＊豪	男	13	9.5	2015.1.9
201＊＊002	温＊旺	男	13	9	2015.1.9

图 13.2　教师端的成绩查询界面示例

问题:

(1) 吴老师设计的作业反馈系统在支持教学评价方面有哪些优势?(8分)

(2) 如果需要系统支持教师对个别学生的学习进行指导与反馈,应如何改进如图 13.2 所示的教师查询页面的功能?(12分)

参考答案及解析

一、案例分析题

1.【参考答案】

(1) 主要应用了课堂观察评价法,采用教学日志、教学观摩、对话研讨等反思方式。听课教师对王老师课堂教学的点评是基于听课过程中对于整体课堂教学的观察来进行的;王老师课后写的教后记,以及教后记中一系列的反问问题都是王老师对于这节课的反思;其他教师来观摩王老师的课,课后还进行了点评,这也是一种教学反思。

(2) 两位教师的评价都太笼统和宏观,没有结合具体教学活动进行点评,不利于授课教师改进教学。例如,课后王老师写的教后记中的内容,"有位教师评课的时候说个别知识点讲授不清楚,不知道是哪些知识点?"如果评课教师在进行评价的时候,将"个别知识点"解释清楚到底是哪些知识点,那么王老师就能清楚地知道自己在讲课过程中,没有将哪些知识点讲清楚,这就有利于王老师在以后的教学中进行调整和改进,以使学生更好地学习,促进学生的发展。

2.【参考答案】

(1) 在案例中,学生的作业属于总结性评价,采用了电子作品档案袋评价方法。总结性评价又称为终结性评价,是某一教育、教学活动项目告一段落或实施结束后,为了确定工作成效而进行的评价。它侧重考查学生在整体上对某阶段知识或某项目知识的掌握程度,具有概括水平高、测试范围广的特点。电子作品档案袋评价是依托现代网络技术而对教育教学过程进行的真实性评价,它关注评价的发展性、反思性功能,是一种有效质性评价方式。教师通过电子作品档案袋可以了解学生在课堂教学中的学习情况,发现学生学习的不足之处,在下节课的教学中可以就学生学习的不足之处进行补充复习或有针对性的指导,以帮助学生更好地掌握所学知识,进而使学生更好地学习后面的内容。

(2) 表 13.1 所示的评价标准对学生完成作业的作用:① 强化激励功能。对于教师来说,适时的、客观的教学评价可以使教师明确教学工作中需要努力的方向;对于学生来说,教师的表扬和奖励、学习成绩测验等,可以提高学习的积极性和学习效果。② 目标导向功能。教师事先将评价的标准交给学生,使他们知道教师或其他学生将如何评价他们完成的学习任务,将有助于学生自己调节努力方向,从而达到教师预期的教学目标。

"要求"栏目中,"优秀""良好""中等"等标准的描述体现了知识与技能目标。知识与技能目标是指通过一定时间的学习,学生学习行为变化达成要实现的结果,也叫结果性目标,这是三维目标的基础。这个目标是显性的、可测量的。知识与技能目标中的"知识"指信息的获取、加工、管理、表达与交流等,"技能"指操作能力、动手能力、工具使用能力、信息表达能力等,常用句式是"学生会正确说⋯⋯/学生能够独立使用/操作⋯⋯"。

3.【参考答案】

(1) 唐老师利用 Moodle 平台的跟踪和日志功能实施的评价属于形成性评价。其目的是调整和完善教学活动,确保实现教学目标。其特点是教师可以了解学生学习的过程,及时反馈信息,及时调节,使学习计划和方案不断完善,以便顺利达到预期目的。

(2) 首先,唐老师利用 Moodle 平台的跟踪和日志功能及时了解学生学习的动态过程,能够及时发现问题和调整计划。

其次,唐老师还会通过 QQ 或微信、E-mail 及时提醒未能按时完成作业或不积极参与学习的学生,充分利用了现代网络资源,高效地发挥了教师的主导作用。

再次,唐老师设计的"互动评价"模块体现了评价主体多元化的评价原则。一方面可以从多个方面、多个角度出发对学生进行更全面、更客观、更科学的评价。另一方面,有利于学生不断地对自己的学习活动进行反思,对自己的活动进行自我调控、自我完善,促进评价习惯的养成,从而提高学生的信息素养。

最后,唐老师在作品评价之前,制定了评价标准,评价标准的设立减少了评价者的主观因素对评价结果的不良影响。

4.【参考答案】

(1) 第一,从评价主体的角度来分析,材料中吴老师在这一环节中主要采用了基于作业反馈系统的学生自评的方式。学生通过此系统实现了对自己学习效果的自评自测,借助作业反馈系统即时反馈的自测结果,学生可以清楚地看到自己对知识的掌握程度,便于自身及时调整学习方式和进度,更有效地进行学习。

第二,从评价速度来看,作业反馈系统有利于提高评价的工作效率,同学们答题结束,系统自动生成了每道题的分值,师生都能及时获得学习反馈信息。

第三,从评价内容来看,对于教学内容的评价较为全面,反馈的评价结果非常详细直观,一目了然,师生一眼就能看出各模块的分值。

第四,从评价功能来看,评价更加立体化。吴老师能通过正确率的分析,明确学生掌握知识的情况,便于调整教学目标,及时突破教学难点。学生能够及时明确学习方向,瞄准学习目标。学生和教师了解学习过程中存在的缺陷和不足,从而促进教师改进自己的教学行为,使学生完善自己的学习过程。

(2) 为了达到系统支持教师对个别学生的学习进行指导与反馈的目的,可以在图 13.2 中每位同学的成绩后面加一列"教师评语及指导意见",增强师生互动性。这样,教师能及时将学生的学习情况及改进学习的意见反馈到平台上,学生可以通过平台及时看到教师的评语和指导意见,明确学习目标,有效提升学习效率,增强学习效果。教师能参与到评价过程中,其一,可使评价主体多元化;其二,可使评价内容更为全面;其三,可使评价结果得到多维度的归因。

教师教育"课证融合"系列教材

书　　名	作者	书号	定价
教育学基础（中学）	傅建明	978-7-301-29594-6	48.00
教育学基础（小学）	虞伟庚	978-7-301-29659-2	58.00
学前教育学	董吉贺	978-7-301-29612-7	48.00
心理学（中学）	桑青松　罗兴根	978-7-301-29655-4	46.00
心理学（小学）	范丹红	978-7-301-29661-5	48.00
学前儿童发展	王俏华	978-7-301-29613-4	45.00
中学政治学科教学论新编	陈美兰	978-7-301-30353-5	53.00
国家教师资格考试历年真题及参考答案解析（中学卷）	陈建华　舒　婷	978-7-301-30296-5	38.00
国家教师资格考试全真模拟与预测试题及参考答案解析（中学卷）	陈建华	978-7-301-30344-3	38.00
国家教师资格考试历年真题及参考答案解析（小学卷）	陈建华	978-7-301-30295-8	48.00
国家教师资格考试全真模拟与预测试题及参考答案解析（小学卷）	陈建华	978-7-301-30345-0	38.00
国家教师资格考试历年真题及参考答案解析（学前教育卷）	陈建华	978-7-301-30221-5	38.00
国家教师资格考试全真模拟与预测试题及参考答案解析（学前教育卷）	陈建华	978-7-301-30157-9	38.00

购书可扫此二维码

"教师资格考试服务网"
微信公众号

教师资格考试交流群
QQ二维码

国家教师资格考试指导系列图书

书　名	作者	书号	定价
幼儿园笔试			
综合素质（幼儿园）	虞伟庚　郑先如	978-7-301-24619-1	38.00
保教知识与能力（幼儿园）	王俏华　傅建明	978-7-301-26949-7	38.00
《综合素质（幼儿园）》练习册	虞伟庚	978-7-301-24795-2	30.00
《保教知识与能力（幼儿园）》练习册	王俏华　傅建明	978-7-301-28107-9	34.00
小学笔试			
综合素质（小学）	傅建明　张昌勋	978-7-301-24622-1	38.00
教育教学知识与能力（小学）	陈焕章	978-7-301-24799-0	46.00
《综合素质（小学）》练习册	王俏华	978-7-301-24793-8	30.00
《教育教学知识与能力（小学）》练习册	陈焕章	978-7-301-24796-9	36.00
中学笔试			
综合素质（中学）	谢先国　王凤秋	978-7-301-24620-7	38.00
教育知识与能力（中学）	洪　明　张锦坤	978-7-301-24790-7	54.00
《综合素质（中学）》练习册	傅建明	978-7-301-24794-5	34.00
《教育知识与能力（中学）》练习册	洪　明　张锦坤	978-7-301-24797-6	30.00
语文学科知识与教学能力（初级中学）	谢先国	978-7-301-26748-6	45.00
《语文学科知识与教学能力（初级中学）》练习册	谢先国	978-7-301-26811-7	38.00
语文学科知识与教学能力（高级中学）	柯汉琳　周小蓬	978-7-301-28305-9	48.00
数学学科知识与教学能力（高级中学）	张景斌	978-7-301-28191-8	48.00
英语学科知识与教学能力（高级中学）	孙淼　林立　刘洁	978-7-301-26837-7	47.00
历史学科知识与教学能力（初级中学）	余柏青	978-7-301-26472-0	42.00
《历史学科知识与教学能力（初级中学）》练习册	余柏青	978-7-301-28558-9	45.00
信息技术学科知识与教学能力（初级中学）	乔爱玲	978-7-301-31074-8	估价 49.00
《信息技术学科知识与教学能力（初级中学）》练习册	乔爱玲	978-7-301-31075-5	估价 39.00
信息技术学科知识与教学能力（高级中学）	乔爱玲	978-7-301-30958-2	49.00
《信息技术学科知识与教学能力（高级中学）》练习册	乔爱玲	978-7-301-31038-0	33.00
面试教材			
中小学教师资格考试面试通关教程	叶亚玲	978-7-301-26547-5	38.00

购买链接：http://tb.cn/SiIjKWx